Bankinformatik-Studien

Herausgegeben von Professor Dr. DIETER BARTMANN
Institut für Bankinformatik an der Universität Regensburg

Band 7

Titel der bisher erschienenen Bände

Christian Gehrke

Informationsagenten im Data Warehousing

Mit 50 Abbildungen
und 8 Tabellen

Physica-Verlag

Ein Unternehmen
des Springer-Verlags

Dr. Christian Gehrke
Truderinger Straße 148c
D-81825 München

ISBN 3-7908-1301-X Physica-Verlag Heidelberg

Die Deutsche Bibliothek – CIP-Einheitsaufnahme
Gehrke, Christian: Informationsagenten im Data Warehousing / Christian Gehrke. – Heidel-
berg: Physica-Verl., 2000
  (Bankinformatik-Studien; Bd. 7)
  ISBN 3-7908-1301-X

Physica-Verlag ist ein Unternehmen der Fachverlagsgruppe BertelsmannSpringer.
© Physica-Verlag Heidelberg 2000

Umschlaggestaltung: Claudia Binder, Graphikdesign, Erding
SPIN 10765466   88/2202-5 4 3 2 1 0 – Gedruckt auf säurefreiem Papier

Geleitwort

Der Aufbau und die Nutzung von Data Warehouses nimmt derzeit einen breiten Raum in der Diskussion des Electronic Commerce ein. Konzeptionelle und methodische Fortschritte lassen sich unmittelbar in eine Verbesserungen der Kundeninformationssysteme umsetzen und damit den elektronischen Vertriebskanal stärken.

Entscheidend für die Qualität eines Data Warehouse ist die systematische und umfassende Versorgung mit wissensgenerierender bzw. wissenstragender Information. Im Augenblick speist sich das Data Warehouse aus den operativen Datenbeständen, die meist in Form von Zeitreihen abgelegt werden. Sie sind aber beileibe nicht die umfassenden Träger aller verfügbarer Information. Im Rahmen des Wissensmanagements werden zusätzlich Daten, oftmals vom Typ eines Dokuments, abgelegt, die für die vorliegende Aufgabenstellung sehr wertvoll sein können. Auch externe Daten können für das Data Mining von beträchtlichem Nutzen sein. Das Problem dabei ist, daß ein durchgängiger Zugriff auf diese erweiterte Datenbasis möglich sein muß. Dies ist aber bislang nicht der Fall.

Der Autor bietet hier einen neuen Ansatz, der anhand eines Prototypen, dem sogenannten JumpOne-System, validiert wurde. Er erweitert die Data Warehousing Technologie so, dass dem Benutzer ein zugriffsintegrierter Arbeitsplatz zur Verfügung steht. Auf ihm sollen Zugriffe zu allen verfügbaren Daten weitestgehend automatisiert und ohne den Einsatz spezifischer Retrieval-Sprachen für den Benutzer erfolgen können. Eine Durchgängigkeit auf Applikationsebene ist ebenso gefordert wie die Integration von Kommunikationsprozessen. Als Lösungskonzept präsentiert der Verfasser eine User Workbench in einer offenen Systemarchitektur. Sie besteht aus einer Information Workbench, einer Communication Workbench und einer Application Workbench.

Dieses Architekturprinzip orientiert sich nicht nur am State-of-the-Art. Es ist in seiner Ausformulierung eine wegweisende Innovation für die Gestaltung des Bankarbeitsplatzes der Zukunft.

Regensburg, im Februar 2000   Dieter Bartmann

Vorwort

Im Sommer 1997 war das Thema Data Warehouse in der deutschen Wissenschaft noch sehr spärlich besetzt. Nur wenige sahen in diesem Themengebiet wissenschaftlichen Handlungsbedarf. Was fehlte, war ein Ansatz zur Integration von DWH-Systemen in bestehende Unternehmensinformationslandschaften.

Im Rahmen meiner Forschungsarbeiten an der Universität Regensburg habe ich mich mit den heute als „Enterprise Information Portals" bekannten Information-Workbenches auseinandergesetzt. Die Ergebnisse meines Promotionsvorhabens sind in dieser Schrift niedergelegt. Das engagierte Mitwirken „meiner" Studenten ermöglichte die Entwicklung des Forschungsprototypen „JumpOne", der an verschiedenen Stellen in diesem Buch beschrieben wird.

Ich möchte allen Freunden, Kollegen und Mitarbeitern am Lehrstuhl für Wirtschaftsinformatik und am Institut für Bankinformatik und Bankstrategie an dieser Stelle meinen herzlichen Dank für die vielfältige Unterstützung aussprechen.

Besonders danken möchte ich Herrn Prof. Dr. Dieter Bartmann, Inhaber des Lehrstuhls für Wirtschaftsinformatik II und Direktor des Institutes für Bankinformatik und Bankstrategie, und Frau Gabriele Matzinger, die mir oft mit Trost, offenem Ohr und helfender Hand zur Seite stand.

München, im Februar 2000   Christian Gehrke

Inhaltsverzeichnis

1 Einleitung

Mit zunehmender Geschwindigkeit der Marktausbreitung und Fluktuation der Marktinhalte gestalten sich betriebliche Entscheidungsprozesse komplexer: Die Versorgung mit adäquaten Informationen spielt auf allen Stufen der Unternehmenshierarchie eine wichtige Rolle.

Der Trend zu flexiblen Organisationsstrukturen und die stete Bereitschaft zur Anpassung der Ablauforganisation an die Unternehmensumwelt erlauben es nicht, die Informationsversorgung vorgangsspezifisch auszurichten. Eine „Zementierung" der Informationsversorgung durch Erweiterung der operativen Anwendungssysteme ist jedoch häufig noch betriebliche Realität. Ein solches Vorgehen führt zu einer großen Belastung der DV-Abteilung, da ein permanenter Abgleich der operativen Systeme mit den betrieblichen Vorgängen notwendig ist.

1.1 Problemstellung

Betriebswirtschaftlich bedeutsame Entscheidungen werden in der Regel auf der Grundlage umfangreicher Datenrecherchen gefällt. Hierzu greift der Mitarbeiter auf verschiedene Daten (strukturierte Zahlen vs. unstrukturierte textuelle Dokumente) aus verschiedenen Quellen (unternehmensinterne Datenspeicher der operativen Systeme, unternehmensexterne kommerzielle Online-Datenbanken, Internet und unternehmensinternes Intranet) zu.

Ein Data Warehouse (DWH) existiert parallel zu den operativen Systemen eines Unternehmens und faßt - vereinfacht ausgedrückt - deren verschiedene zur Informationsnachfrage häufig genutzten Datenspeicher zusammen. Data Warehousing-Abfragewerkzeuge ermöglichen dem Informationsnachfrager flexible Analysen, ohne die Leistungsfähigkeit der sonstigen Systeme zu beeinträchtigen. Das Data Warehouse ist darauf ausgelegt, unternehmensinternes Zahlenmaterial in großen Mengen zu verwalten. Hochfluktuatives unternehmensexternes Zahlenmaterial oder Dokumente werden auch weiterhin in separaten Informationssystemen abgelegt und sind ausschließlich über deren proprietäre Abfragewerkzeuge zugreifbar.

In einer Bank fällt im Zuge des elektronischen Produktionsprozesses eine große Menge an verwertbaren Daten an. Die verschiedenen Informationssysteme sind jedoch häufig nicht über einen integrierenden Zugang erreichbar. Dem Informationsnachfrager steht folglich kein einheitlicher Zugang zu den von ihm benötigten Informationen zur Verfügung. Der Benutzer wird bei der Formulierung seines Informationswunsches nicht gesamtheitlich unterstützt, jedes Abfragewerkzeug muß von ihm separat zum Informationskontext navigiert werden. Im Anschluß daran sind die erhaltenen Rechercheergebnisse verschiedener Abfragewerkzeuge vom Benutzer zu einer Gesamtaussage zusammenzufassen und evtl. in andere Systeme zu überführen[1].

Durch die zunehmende Nutzung von elektronischen Zugangsmedien an der Bank-Kunde-Schnittstelle verlieren Finanzdienstleister einen Teil des wichtigen persönlichen Kundenkontaktes. Auf der Grundlage von Informationen können Kundenberater den Kunden eine personalisierte Ansprache bieten[2].

Die Beziehung zum Kunden kann mit Hilfe von flexiblen und individuell anpaßbaren Kundeninformationssystemen wieder aufgebaut werden. Voraussetzung zur individualisierten Kundenansprache und -bedienung über alle (auch die elektronischen) Vertriebskanäle ist der Zugang zu Daten, die häufig außerhalb des DWH und auch außerhalb des Unternehmens aufzufinden sind. Die notwendige Integration der verschiedenen Datenquellen gestaltet sich schwierig.

1.2 Zielsetzung

Im Vordergrund dieses Buches steht die Entwicklung einer Informationssystem-Architektur, welche die verschiedenen Werkzeuge zum Zugriff auf die Daten des Data Warehouse und sonstige Datenquellen integriert. Der zentrale Bestandteil dieser Architektur ist der Electronic Information Broker (EIB), der als Mediator die Aufgabe der Koordination zwischen den Datenquellen und den Abfragewerkzeugen übernimmt.

Der EIB handelt als Agent des Informationsnachfragers und übernimmt in dessen Auftrag die weitere Informationsbeschaffung aus den verschiedenen ihm zur Verfügung stehenden Datenquellen. Aus dem aktuellen Informationskontext der Werkzeuge leitet der EIB die zu beschaffenden Informationen ab. Dazu stimmt er sein durch Betrachtung des Systemzustandes erworbenes „Problemverständnis" (interaktiv) mit dem Benutzer ab. Zur Informationsbeschaffung greift der EIB auf Informationsagenten zu, die jeweils auf die Datenbeschaffung aus den ihnen bekannten Datenquellen optimiert sind.

Ziel dieses Werkes ist die detaillierte Beschreibung einer EIB-basierten Informationssystemarchitektur, in der zusätzliche Datenquellen - durch den EIB koordiniert - in das Data Warehousing integriert werden können. Diese „Information Workbench" ist Teil einer „User Workbench", welche den bankbetrieblichen Ar-

---

[1] Wird beispielsweise im Zuge der Zeitreihenanalyse auf der Grundlage der Daten des Data Warehouse ein Umsatzeinbruch eines Produktes in einem bestimmten Zeitbereich festgestellt, so hat der betriebliche Mitarbeiter die Möglichkeit, in den Dokumenten des Unternehmens-Intranet Nachforschungen nach möglichen Ursachen anzustellen. Die Zahlen aus dem Data Warehouse und die gewonnenen Dokumente führt der Benutzer beispielsweise in einem Report zusammen.

[2] Maschinenlesbare Kundeninformationen ermöglichen eine personalisierte Kundenansprache auch via Online-Zugang. Die Hypo Vereinsbank bietet ihren Internetbanking-Kunden beispielsweise ein maßgeschneidertes Informationsangebot [vgl. Hildebrand 98].

beitsplatz inklusive seiner Kommunikations- und Anwendungs-Unterstützung (zur Weitergabe und Weiterverarbeitung der Information) abbildet.

Im Vordergrund der Betrachtungen steht die praktische Umsetzbarkeit der vorgeschlagenen Konzepte. Viele der vorgestellten Ideen werden deshalb am Beispiel des Forschungsprototypen „JumpOne" erklärt.

1.3 Aufbau und Inhalt

Das Buch untergliedert sich in sechs Kapitel, deren Inhalt im folgenden kurz erläutert wird.

Kapitel 2 beschreibt am Beispiel der aktuellen und künftigen Herausforderungen im Finanzdienstleistungsgeschäft den besonderen Informationsbedarf der Bankmitarbeiter. Insbesondere wird auf die ungenügende Unterstützung der Informationsbeschaffung durch die operativen Systeme eingegangen. Diese Ausführungen bilden die Grundlage für die in den späteren Kapiteln beschriebene Informationsversorgung durch Data Warehouse-Systeme und deren Einbindung in eine integrierte Informationssystem-Architektur.

Das Kapitel 3 verdeutlicht den Aufbau eines Data Warehouse-Systems und geht auf die wesentliche Bestandteile ein. Weiterhin stellt das Kapitel verschiedene Data Warehouse-Architekturen vor. Dies führt zur Abgrenzung des „virtuellen Data Warehouse" und des Data Mart. Im Dialog mit den zukünftigen Benutzern werden die Inhalte des Data Warehouse festgelegt. Der Informationsbedarfsanalyse ist deshalb ein eigener Abschnitt gewidmet.

Kapitel 4 ist zweigeteilt. Abschnitt 4.1 geht auf die Werkzeuge zum Zugriff auf die Daten im Data Warehouse ein. Abschnittt 4.2 zeigt die Grenzen dieser klassischen Data Warehousing-Werkzeuge auf und beschreibt einen EIB-basierten Lösungsansatz.

Kapitel 5 widmet sich der User Workbench. Konkret wird das zukunftsweisende Konzept der Information Workbench entwickelt, welche die Umsetzung der in Kapitel 4 beschriebenen EIB-basierten Informationssystemarchitektur darstellt. Die weiteren Abschnitte dieses Kapitels gehen auf die ebenfalls EIB-basierte Kommunikations- und Applikationsunterstützung durch die Communication- bzw. Application Workbench ein.

Kapitel 6 faßt die wesentlichen Aussagen des Buches zusammen und gibt einen Ausblick.

2 Der Bedarf nach Information: Informationdienstleistung als Enabler für den Bankenmarkt der Zukunft

Die Banken[3] haben sich den Herausforderungen des Marktes mit seinen veränderten Bedingungen zu stellen. Vermehrter Technologieeinsatz, Globalisierung der Finanz- und Kapitalmärkte, zunehmende Technikaffinität der Bankkunden, Deregulierungen und der Euro setzen die Wettbewerber im Bankenmarkt unter starken Druck. Der deutsche Bankenmarkt ist gekennzeichnet durch eine schon seit Jahren andauernde Konsolidierung, die - bedingt durch Fusionen - zur Straffung des Filialnetzes und insgesamt zu einem Rückgang der Anzahl der Institute führt.

Im europäischen Bankenmarkt werden sich in Zukunft nur sehr wenige Universalbanken behaupten können. Die Mehrzahl der Bankeninstitute wird sich in Nischen konzentrieren und sich durch besondere Produkte oder speziellen Service abheben. Der Großteil der Nischenanbieter wird sich dabei in Mikrosegmente zurückziehen.

Die Bankkunden sind heutzutage bereit, den Zugang zur Bank mit Hilfe der neuen Technologien wie Automatenbanking und auch der Nutzung von Onlinedienste zu finden. Dieser Trend wird sich in Zukunft noch verstärken [vgl. Grebe/Kreuzer 97, S. 5f; Grebe/Kreuzer 97a]. Dementsprechend haben sich auch die Markt- und Wettbewerbsstrukturen geändert: Neue Wettbewerber dringen in den deutschen Bankenmarkt ein und versuchen mit neuen Produkten und Dienstleistungen[4] Kunden zu gewinnen [vgl. Wünsche 93, S. 227; Peick 93, S. 267f].

Das deutsche Bankgewerbe wird angesichts dieser Herausforderung mit tiefgreifenden Veränderungen reagieren müssen [vgl. Picot 97; Häglsperger 97, S. 5].

Herausforderungen der Informationsversorgung der Finanzdienstleistungsbranche in der Zukunft

Das Filialbankkonzept wird auch zukünftig seine Berechtigung besitzen und durch Direktbanken nicht völlig verdrängt werden: Der Kunde wünscht auch weiterhin „seine Filiale um die Ecke". Für die Filialbanken ist der Kontakt zum Kunden wertvolles Gut, das gepflegt werden muß. Kundenbedürfnisse müssen erkannt werden, bevor sie entstehen.

---

[3] Die Bezeichnungen Bank, Kreditinstitut und Finanzdienstleister werden im Rahmen dieser Arbeit nicht differenziert betrachtet und dementsprechend synonym behandelt. An einigen Stellen wird zusätzlich auf Beispiele der Versicherungsbranche eingegangen.

[4] In der folgenden Arbeit wird zwischen den Begriffen Produkt und Dienstleistung nicht weiter unterschieden.

Die proaktive Bedienung von Nischenmärkten fordert innovative Bankprodukte[5] und erfordert moderne Instrumente zur Kunden- und Marktanalyse sowie zur Messung des Markterfolges. Der Kundenberater ist dabei durch Beziehungsmanagement-Systeme zu unterstützen, die es ihm ermöglichen, die Nähe zum Kunden zu behalten und zu verbessern. Der Einsatz von Informations- und Kommunikationstechnik ist zur Erlangung und langfristigen Sicherung von Wettbewerbsvorteilen für die Finanzdienstleistungsunternehmen von wesentlicher Bedeutung [vgl. Gabriel/Bergmann/Krizek 95, S. 282ff].

2.1 Bank im Jahre 2000plus: Herausforderungen für die Strategieentwicklung

Grundvoraussetzung für die Entwicklung von Geschäftsstrategien und die Generierung von Finanzinnovationen ist eine ausreichende Informationsversorgung der Verantwortlichen über die Unternehmung, die Wettbewerber (sowohl Markteintritte als auch Neuorientierungen bekannter Wettbewerber), die Kunden und die relevanten Produkte im Markt.

Die im folgenden aufgeführten Herausforderungen stellen besondere Anforderungen an die Informationsversorgung der Bankmitarbeiter[6]. In Form von Beispielen werden die verschiedenen Problembereiche benannt. Zusätzliche „Bezugspunkte" formulieren wichtige Kernaussagen, die in späteren Kapiteln aufgegriffen werden.

2.1.1 Herausforderung 1: Entwicklung adäquater Geschäftsfeldstrategien

Das Dienstleistungsangebot einer Bank unterteilt sich in die Kern- und die sog. Zusatzleistungen. Die Zuordnung erfolgt anhand des Leistungsanteils am Gesamtdeckungsbeitrag oder anhand der Kernkompetenzen, die ein Finanzunternehmen für sich in einem bestimmten Geschäftsbereich identifiziert [vgl. Prahalad/Hamel 90]. Dies kann in Nischenmärkten zu möglicherweise sehr eng abgegrenzten Definitionen führen. Sind Produkte anhand ihrer Kernleistungen zunehmend schwerer unterscheidbar, kann sich eine Differenzierung durch Zusatzleistungen anbieten [vgl. Meyer/Blümelhuber 96].

---

[5] Picot bezeichnet Finanzinnovationen als „nichts anderes als eine Neuordnung und Vermarktung alter Rechtebündel durch Entbündelung und wieder Neubündelung in anderer Form" [Picot 97, S. 27].

[6] Neben der Informationsunterstützung gehören zur Grundversorgung des Bankmitarbeiters unbedingt auch noch die Faktoren Kommunikations- und Anwendungssystemunterstützung. Die Beschreibung des Zusammenwirkens dieser drei Faktoren ist wesentlicher Gegenstand dieser Arbeit.

6

Beispiel 2.1

Kernleistungen im Privatkundengeschäft einer Filialbank sind beispielsweise das Führen eines Depotkontos oder die Kundenberatung. Zusatzleistungen umfassen zum Beispiel das Anbieten von Aktienkursen im Internet oder die Einrichtung von elektronischen Internet-Diskussionsforen für die Bankkunden. Als Zusatzleistung im Firmenkundengeschäft kann eine Bank ihren Kunden beispielsweise detaillierte Brancheninformationen anbieten.

Zusatzleistungen können von spezialisierten Dienstleistungszentren häufig kostengünstig angeboten werden und stellen potentielle Kandidaten zur Ausgliederung aus dem Unternehmen dar. Zusatzleistungen werden in der Zukunft verstärkt als Zukaufleistungen (vgl. Abb. 2.1) am Markt nachgefragt oder in einer unternehmensinternen Dienstleistungszentrale konzentriert[7].

Durch die Konzentration auf die Kernleistungen kann der Finanzdienstleister wesentlich schneller auf dem Markt agieren und auf die Konkurrenz reagieren [vgl. Kelly 96, S. 97f; Häglsperger 97, S. 8]. Der Ausbau von Kernkompetenzen muß in enger Abstimmung mit der Entwicklung der Geschäftsfeldstrategien vorgenommen werden. Innerhalb der durch die Geschäftsfeldstrategien abgesteckten Grenzen kann sich der Finanzdienstleister flexibel am Markt bewegen.

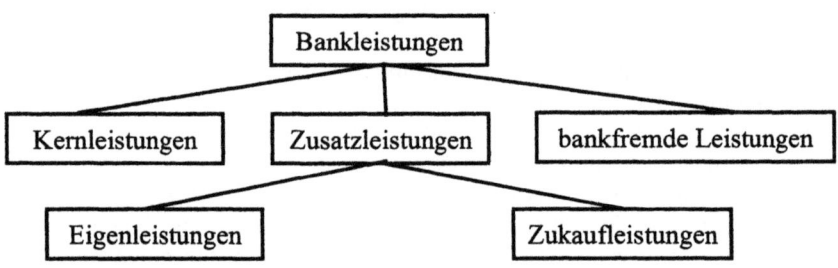

Abb. 2.1: Bankleistungen

Die Zentralisierung von Back-Office-Tätigkeiten wird in der Zukunft verstärkt angegangen [vgl. Picot 97, S. 33; Wörner 98, S. 172]. Ein wesentlicher Punkt ist die Bereinigung und Standardisierung des Produktangebotes: „Standardize the commodity and customize the service that surrounds it" [vgl. Davis 88].

---

[7] Die Organisation der Deutschen Bank beispielsweise wurde Ende 1996 gestrafft. Die Produktion wurde in den Zentralen konzentriert und der Vertrieb auf die Filialen verlagert [vgl. Kerscher 96].

Die neben den Kern- und Zusatzleistungen anzutreffenden bankfremden Leistungen umfassen Leistungen, die weder mittel- noch unmittelbar mit dem Bankgeschäft (und damit mit den Sachzielen der Unternehmung) zu tun haben. Als Beispiele sind hier der Verkauf von Bahntickets, das Angebot von Last-Minute-Reisen sowie beispielsweise die Anmeldung am Einwohnermeldeamt bei einem Wohnortwechsel zu nennen. Bankfremde Leistungen werden überwiegend in Kooperation mit Dienstleistern außerhalb des Bankumfelds angeboten[8].

Leistungserbringer für Zusatzleistungen können beispielsweise spezialisierte Organisationen sein[9]. Im Sparkassen- oder Genossenschaftsbereich kann diese Aufgabe von den Dachorganisationen der Sparkassen und Genossenschaftsbanken übernommen werden. Diese können die sich durch Skaleneffekte (economies of scale) ergebenden Kostenvorteile weitergeben [vgl. Picot 97, S. 29 u. 33].

Bezugspunkt 1: Integration von Zusatzleistungen

Im Zuge der weltweiten Vernetzung (Beispiel Internet) werden sich hochspezialisierte Anbieter am Markt etablieren und ihre Dienstleistungen auf elektronischem Wege anbieten [vgl. Picot 97, S. 30]. Banken werden Nicht-Kernleistungen unter Zuhilfenahme elektronischer Medien zunehmend am Markt nachfragen.

Beispiel 2.2

Professionelle Informationsdienstleistungen können in das Informationssystem eines Bank-Kundenberaters integriert werden. Auf diese Weise hat der Kundenberater bei Bedarf beispielsweise neben den Wertpapierinformationen aus der Zentrale noch Zugriff auf weitere umfangreiche Informationen[10]. Die unter Beispiel 2.1 aufgeführten Zusatzleistungen (Aktienkurse im Internet bzw. Elektronische Diskussionsforen) können mit Hilfe unternehmensexterner Dienstleister erbracht werden. Brancheninformationen

---

[8] Der Trend zum Anbieten derartiger Leistungen wird sich in der Zukunft verstärken. Dies wird durch Umfrageergebnisse einer Studie am Institut für Bankinformatik und Bankstrategie an der Universität Regensburg belegt [vgl. Grebe/Kreuzer 97, S. 6].

[9] Disterer et.al. unterscheiden „Vertriebsbanken" und „Produktionsbanken". Erstere stellen dem Kunden Leistungen bereit, die sich aus Einzelleistungen der „Produktionsbanken" ergeben [vgl. Disterer/Teschner/Visser 97, S. 443].

[10] Zusätzlich zu den Wertpapierkursen aus dem Reuters-System können beispielsweise Branchendaten und Hintergrundinformationen aus speziellen Online-Datenbanken zugänglich gemacht werden.

im Firmenkundengeschäft müssen nicht aus der bankeigenen Marktforschung stammen, sondern können auch von bankexternen Informationsdienstleistern bezogen werden.

Die Informatik ist als „Enabler" verantwortlich für die Integration von unternehmensexternen Dienstleistungen in die bankinternen Systeme. Ein wichtiges Formalziel ist die Vermeidung von Medienbrüchen[11] bei der Inanspruchnahme dieser Dienstleistungen.

2.1.2 Herausforderung 2: Kundenorientierung

In vielen europäischen Wohlstandsgesellschaften bilden sich neue Formen von Dienstleistungsgesellschaften, in deren Mittelpunkt die Bedürfnisse und Wünsche des emanzipierten Kunden stehen. Im Retail-Bereich von Versicherungen und Finanzdienstleistungsunternehmen hat sich die Wandlung des Kunden vom reinen Konsumenten zu einem selbstbewußten und informierten Gesprächspartner vollzogen [vgl. Wicki 96, S. 30].

Die Kunden sind - bedingt u.a. durch die rasante Entwicklung der Informationstechnologie - in der Lage, unterschiedliche Bankleistungen bei verschiedenen Instituten gleichzeitig nachzufragen. Bisherige Konzepte der Kundenbindung zur Sicherung der Kundenloyalität sind damit grundlegend zu überdenken.

Die Nutzung der kontaktarmen, nicht erklärungsbedürftigen Bankdienstleistungen am Automaten (Kontoauszugsdrucker, Geldausgabeautomat) oder per Online-Dienst ist für den Kunden frei wählbar und wird in der Praxis auch sehr stark in Anspruch genommen. Wenn der Kundenbetreuer nicht Tuchfühlung zum Kunden hält, geraten diese Kunden - obwohl sie ein durchaus attraktives Potential darstellen - leicht außer Sichtweite. Solche Kunden sind potentielle „Abwanderer" zur Konkurrenz.

Kundenindividuelle Ansprache über jeden Vertriebsweg

Kunden bedienen sich immer häufiger des elektronischen Bankzuganges und erwarten auch auf diesem Wege ein umfassendes Angebot von Dienstleistungen. Der elektronische Dienstleistungszugang über Multifunktionsterminals in der Filiale und über den privaten Kunden-Personal Computer per Internet hat sich

---

[11] Ein Medienbruch in diesem Sinne ist ein für den Benutzer merklicher und mit einem Verlust oder Mehraufwand verbundener Wechsel auf ein anderes Transportmedium. Beispiel: Eine per elektronischer Post ankommende Bestellung muß für die Weiterverarbeitung manuell in eine elektronische Bestellannahme aufgenommen werden.

dem Bankkunden einheitlich zu präsentieren. Auch über die elektronischen Vertriebswege kann die kundenindividuelle Ansprache zur Sicherung der Kundenbindung[12] in der „virtuellen Bankfiliale" beitragen[13].

Der Kunde möchte über alle Absatzkanäle hinweg individuell angesprochen werden[14]. Die individuelle Betreuung am Bankschalter wird durch das Kundeninformationssystem des Kundenbetreuers unterstützt. Das Kundeninformationssystem versetzt einen Kundenbetreuer in die Lage, jeden einzelnen Kunden quasi-individuell betreuen zu können, auch in Vertretung für einen Kollegen. Als Individuum kann der Kunde eine Beziehung zu seiner Bank aufbauen. Durch die individuelle Kommunikation an der Bank-Kunde-Schnittstelle wird die Loyalität des Kunden zu „seiner" Bank gefördert.

Das Kundeninformationssystem des Kundenbetreuers entwickelt sich weiter zu einem Relationship Management-System, welches zusätzlich noch Schnittstellen zu den elektronischen Vertriebskanälen besitzt.

Beispiel 2.3

Dem Kundeninformationssystem kann der Bankmitarbeiter entnehmen, daß der Kunde mit Technologiewerten in seinem Aktienportfolio in der Vergangenheit bereits gute Geschäfte gemacht hat. Weitere verwertbare Informationen sind Angaben zur aktuellen Einkommens- und Finanzlage des Kunden. Diese Informationen können zur kundenindividuellen Ansprache in der Bank und auch an der elektronischen Bank-Kunde-Schnittstelle verwendet werden. Über den Onlinezugriff via Internet wird dem Kunden beispielsweise die Anlage in einen Technologiefonds angeboten.

Das Customer Relationship Management-System (CRM-System) ermöglicht über alle Vertriebskanäle eine individuelle Bedienung des Kunden, indem es umfassende Informationen auch in elektronisch verwertbarer Form zu jedem gewünschten

---

[12] Die Kundenbindung besitzt für eine Bank einen hohen Stellenwert. Die Gewinnung eines Neukunden kostet im Schnitt fünfmal mehr als das Halten eines bestehenden Kunden. Laut einer Statistik kann sich eine fünfprozentige Steigerung der Kundenbindung in einem bis zu 100 Prozent höheren Gewinn niederschlagen [vgl. Hönicke 97; Martin 96, S. 35]. Bei Lebensversicherungen kann eine um fünf Prozent verbesserte Kundentreue die Profitabilität um bis zu 90 Prozent steigern helfen [vgl. o.V. 97b, S. 58].

[13] Beim Telefonbanking ist es beispielsweise vorstellbar, den Kunden mit der synthetischen Stimme „seines" Kundenberaters anzusprechen. Der Internetauftritt einer Bank kann durch den Einsatz von Data Warehouse-basierten Marktforschungsinstrumenten optimiert werden [vgl. Bensberg/Weiß 99].

[14] Vor allem bei erklärungsbedürftigen, vertrauensintensiven und hochwertigen Dienstleistungen wie etwa im Finanz- oder Versicherungsbereich nimmt die individuelle Kundenansprache heute besondere Bedeutung ein [vgl. Baryga 97, S. 62].

Zeitpunkt zur Verfügung stellt [vgl. Heimann 96]. An der Bank-Kunde-Schnittstelle können dazu mit Hilfe des CRM-Systems aus der Menge der Bankleistungen kundenoptimale Produkte generiert und angeboten werden. Über alle Vertriebskanäle können dabei Leistungen angeboten werden, die unmittelbar oder auch nur mittelbar mit dem Kontaktwunsch des Kunden zu tun haben[15].

Durch Rückkopplungen aus den Kundenkontakten (durch Kundenbetreuer oder durch CRM) können wertvolle Schlüsse zur künftigen Kundenansprache gewonnen werden. Insbesondere Informationen über den Erfolg vergangener Ansprechaktionen, die Nutzung von elektronischen Vertriebskanälen oder persönliche Vorlieben des Kunden[16] können die weitere Kundenansprache verbessern.

Unzureichende Kundentypisierung

Das Produktsortiment, die Vertriebswege und damit auch das Marketinginstrumentarium werden sich durch verstärkte Kundenorientierung auszeichnen (Stichwort: Zielgruppenmarketing). Es wird nicht mehr ausreichen, bestimmte Standardbündel für den Kunden einer bestimmten Altersklasse oder Einkommenskategorie zu schnüren [vgl. Stahl 97]. Der anspruchsvolle Bankkunde erwartet Produkte, die passend auf ihn zugeschnitten werden. Die Leistung hat **zum vom Kunden gewünschten Zeitpunkt in kürzester Zeit und auf dem gewünschten Vertriebsweg** erbracht zu werden.

Die kundenspezifische Leistung kann dabei durch Bündelung oder Umschichtung von vordefinierten Grundprodukten erstellt werden. Der Sortimentsumfang dieser einfach gehaltenen Grundprodukte wird sich gegenüber dem heutigen Gesamt-Produktspektrum beispielsweise einer typischen Filialbank deutlich entspannen [vgl. Picot 97, S. 33].

Die Entwicklung von Finanzprodukten orientierte sich bisher überwiegend an den unter Zuhilfenahme relativ einfacher Kundensegmentierungsansätze entwickelten Kundentypen. Zur Entwicklung von Bankprodukten und adäquaten Vertriebswegen werden vom Bankmarketing verschiedene Kundentypen herangezogen. Klassischerweise werden Kunden anhand bestimmter Kriterien wie z.B. Alter und Einkommen verschiedenen Segmenten zugeordnet [vgl. Grebe 98, S. 105ff; Boening 93, S. 163]. Die Zuordnung in diese verschiedenen Kundensegmente hilft dem Vertrieb, „passende" Produkte für bestimmte Typen von Kunden anbieten zu können. Die herkömmlichen Ansätze zur Kundensegmentierung nach Alter und Einkommen erscheinen heutzutage aufgrund der recht groben Ein-

---

[15] Diese Möglichkeit bietet Potential für Cross Selling-Aktionen. Das Angebot von bankfremden Leistungen (beispielsweise das Anbieten von Theaterkarten oder ermäßigte Eintrittskarten zu Sportveranstaltungen) sollte ebenfalls auf den einzelnen Kunden zugeschnitten sein.

[16] Dies umfaßt beispielsweise, wie ein Kunde die regelmäßige Zusendung von Informationen zu neuen Finanzprodukten bzw. die telefonische Ansprache durch den Kundenbetreuer subjektiv als angenehm oder unangenehm einstuft.

teilung als ungenügend. Sie bieten keine zuverlässige Aussage über die unterschiedlichen in der Realität anzutreffenden Kundentypen.

Bedingt durch den Grad der Akzeptanz der Automationstechnik an der Bank-Kunde-Schnittstelle, den soziodemographischen Veränderungen, einem hohen (teilweise arbeitsunabhängigem) Geldvermögen und den hohen Bildungsschub der geburtenstarken Jahrgänge mit einem hohen Anteil von Akademikern ergeben sich eine Reihe von komplexen Kundentypen [vgl. Grebe 95, S. 21; Kehl 93, S. 180]. Diese werden aufgeklärter und kritischer ihre Auswahl am Markt treffen [vgl. Boening 93, S. 160ff][17].

Die modernen Ansätze zur Kundensegmentierung im Finanzsektor stellen nicht mehr implizit das Bankprodukt in den Vordergrund („Dieses Bankprodukt wird typischerweise von einem Kunden eines bestimmten Alters in einer bestimmten Einkommensstufe nachgefragt..."), sondern segmentieren Kunden nach deren im Zeitablauf relativ stabilen Wertvorstellungen. Am Institut für Bankinformatik und Bankstrategie der Universität Regensburg wurde zur genaueren Klassifikation eine Kundentypologie auf der Basis einer repräsentativen Privatkundenumfrage entwickelt [vgl. Grebe/Kreuzer 97; Grebe/Kreuzer 97a; Grebe 98, S. 107ff].

Die Ausrichtung des Geschäftes auf den Kunden gipfelt im sogenannten 1:1-Marketing, welches nicht wie bei den herkömmlichen Marketingansätzen die Maximierung des Marktanteils zum Ziel hat, sondern vielmehr den Anteil am Budget einzelner Kunden maximieren möchte [vgl. Nölke/Spieß 95][18]. Im Rahmen von „Effective Customer Relationship" wird mehr Umsatz und Gewinn pro Kunde angestrebt [vgl.Martin 96, S. 43]. Die Abb. 2.2 verdeutlicht diesen Zusammenhang[19].

---

[17] Die verschiedenen Kundentypen lassen sich nicht über alle Produkte festlegen. Den „typischen Bankkunden" wird es nicht mehr geben [Häglsperger 97, S. 6], „der Kunde wird zunehmend zwischen Discountangeboten und den mit persönlicher Beratung verbundenen Finanzdienstleistungen wechseln".

[18] Das 1:1-Marketing kann mit Direktmarketing-Aktivitäten verknüpft werden, bei welchen versucht wird, den Kunden durch möglichst direkte Ansprache zu erreichen und zur Abnahme von neuen Produkten und Dienstleistungen zu veranlassen [vgl. Baryga 97, S. 64]. Die deutsche Obi-Gruppe beispielsweise bietet den Käufern von Rasenmähern jedes Jahr im Herbst an, diesen abzuholen und zu warten [vgl. Hohensee 97].

[19] Das 1:1-Marketing definiert seinen Erfolg über ein Höchstmaß an befriedigten Bedürfnissen des einzelnen Kunden. Das traditionelle Marketing besitzt im Gegensatz dazu eine Breitenwirkung.

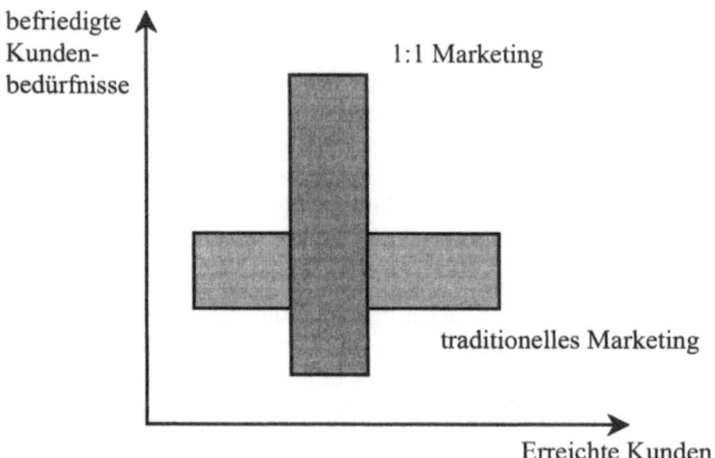

Abb. 2.2: Traditionelles Marketing vs. 1:1 Marketing

Beispiel 2.4: Citicorp

Citicorp wurde mit seinem bereits in den achtziger Jahren implementierten DWH (welches damals noch nicht als DWH bezeichnet wurde) erstmals in die Lage versetzt, Marketingaktivitäten auf die Kundenhaushalte und nicht auf reine „Produktabnehmer" auszurichten. Zu den einzelnen Haushalten konnten ausführliche Informationen abgefragt werden. Dieses System ermöglichte es Citicorp, Lücken im Dienstleistungsangebot zu identifizieren und familienbezogene Leistungen anbieten zu können [vgl. Kelly 96, S. 18].

Die in den Kundendaten verborgenen und für die Kundenansprache wertvollen Informationen können im Rahmen des Database Marketing durch Verfahren des Mustersuchens aufgefunden werden. Diese regelmäßig zusammengestellten Informationen über Kundentypen und individuelle Kunden sind an das CRM-System zu übermitteln.

Bezugspunkt 2: Softwareunterstütztes Beziehungsmanagement

Informationssysteme am Bankarbeitsplatz ermöglichen es dem Bankmitarbeiter, die Kundenbetreuung durch Zugriff auf die Kundenvergangenheit hochindividuell zu gestalten. Dadurch können an die bestehenden Kunden sowohl neue und mehr Produkte abgesetzt als auch speziell für einen Kunden kreierte Produkte angeboten werden.

> Durch den Einsatz eines Customer Relationship Management-Systems können die Informationen über den Kunden auch zur Steuerung des Kundenkontaktes an der elektronischen Bank-Kunde-Schnittstelle eingesetzt werden.

2.1.3 Herausforderung 3: Flexible Informationssystemarchitektur

Informatik-Strategien dienen dem Abgleich von Unternehmenszielen und Informationsinfrastruktur [vgl. Heinrich 92, S. 302; Österle/Brenner/Hilbers 91, S. 16ff]. Das zügige Anbieten von Bankprodukten als Reaktion auf Neuerscheinungen des Marktes, die proaktive Neuentwicklung eigener innovativer Finanzprodukte und die zügige Bereitstellung von (meist neuen elektronischen) Vertriebswegen bedarf einer geeigneten Informatikunterstützung [vgl. Kelly 96, S. 88]. Systeme zur Produktion und zum Vertrieb von Bankleistungen und unterstützende Systeme zur Informationsversorgung müssen offen gegenüber neuen Anforderungen sein[20]. Ein flexibles Informationsmanagement ist eine notwendige Komponente einer flexiblen Informatikstrategie zur Sicherung einer flexiblen Geschäftsstrategie.

Nur eine flexible und offene Informationssystemarchitektur ist in der Lage, die rasch fortschreitende Entwicklung der Informations- und Kommunikationstechnologien zu bewältigen [vgl. Bullinger et al. 95, S.37; Neal 97, S. 112]. In vielen Fällen ist die simultane Entwicklung von Informations- und Kommunikationstechnik Hand in Hand mit der Geschäftsausrichtung auf strategischer Ebene nicht gegeben [vgl. Österle 95, S. 14f; Heinrich 91]. So richtet sich die Priorität von Informatikprojekten in vielen Unternehmen nach den Machtverhältnissen und nicht nach den unternehmerischen Bedürfnissen. Sachziele der Unternehmung bleiben dabei oft unberücksichtigt, Maßnahmen zur Objektivierung im Sinne der Unternehmensziele fehlen weitgehend [vgl. Egli/Rüst 97, S. 90; Österle/Brenner/Hilbers 92, S. 20f]. Die Koordination von Softwarewartung, dringenden ad hoc-Projekten und langfristiger Entwicklung und damit der Schritt von der Informationssystemarchitektur zu konkreten Projekten ist oft sehr schwierig und mißlingt aus den oben genannten Gründen recht häufig.

Die Erweiterung der Informationsversorgung der Bankmitarbeiter (beispielsweise die Einbindung neuer Informationsquellen) darf nicht in Form von klassischen DV-Projekten vorgenommen werden. Ein flexibles Informationssystem wird idealerweise durch die Informationsnachfrager der Fachabteilungen gepflegt. Durch die dezentralisierte Pflege beispielsweise einer Intranet-basierten Informationssy-

---

[20] Dieses Buch konzentriert sich auf die Beschreibung eines Architekturrahmens für Systeme zur Informationsversorgung des Bankmitarbeiters. Die weitere Betrachtung von Produktions- und Vertriebssystemen ist nicht Gegenstand dieser Arbeit.

stemarchitektur können Änderungen im Informationsbedarf der Mitarbeiter zügig berücksichtigt werden.

Bezugspunkt 3: Eine flexible Informationssystemarchitektur sichert eine adäquate Informationsversorgung der Bankmitarbeiter

Eine flexibles Informationssystem ist in der Lage, Informationsanforderungen der Bankmitarbeiter in kurzer Zeit abdecken zu helfen. Die dazu notwendigen Informationsbausteine können dezentral in den Fachabteilungen definiert und integriert werden. Voraussetzung ist eine offene Informationssystemarchitektur, die das Ergebnis einer zukunftsorientierten Informatik-Strategie darstellt.

2.1.4 Herausforderung 4: Organisationsstrategie

Die durch den Einsatz neuer Informations- und Kommunikationstechniken realisierbaren Produktivitätsreserven sind von der Organisation einer Unternehmung abhängig [vgl. Rehberger 93]. In der Bank existiert meist eine Vielzahl von Hierarchieebenen, welche heutzutage die flexible und schnelle Entwicklung und Produktion von Finanzdienstleistungen behindern.

Um der Unternehmensumwelt mit den sich schnell ändernden und weiterentwickelnden Produkten und Vertriebskanälen zu begegnen, ist eine starre, streng hierarchische Unternehmensorganisation ungeeignet. Voraussetzung für den erfolgreichen Einsatz von Informations- und Kommunikationstechniken ist zumeist die Verankerung moderner Prinzipien der Unternehmensorganisation und Managementkultur wie sie beispielsweise von Hammer, Drucker und Peters/ Waterman vorgeschlagen werden [vgl. Hammer 93, Drucker 88, Peters/Waterman 82]. Divisionale und funktionale Grenzen sind in regelmäßigen Zeitabständen aufzubrechen[21]. Team-basierte Ansätze können dem Unternehmen die benötigte Vitalität geben und eine etwas „flüssigere" Struktur realisieren [vgl. Devlin 97, S. 344]. Nach Mintzberg kann durch eine solche Organisation eine Bewegung von einer Bürokratie zu einer „Ad-hocracy" erreicht werden [vgl. Mintzberg 79; Toffler 71].

Im Bankenbereich ist schon seit einigen Jahren eine Tendenz des Überdenkens der alten Strukturen zu beobachten. Der Paradigmenwechsel von der hierarchischen Fremdbestimmung zur Übernahme individueller Verantwortung und

---

[21] Die Marktausrichtung eines Finanzunternehmens ist entweder in der traditionellen Spartenorganisation oder in einer kundenorientierten Organisationsform denkbar [vgl. Süchting 92, S. 28ff]. Für Teilbereiche bietet sich zusätzlich die Profit-Center-Organisation an [Vgl. Riedesser 93, S. 109ff; Schierenbeck 91, S. 9ff].

Selbstorganisation des Bankmitarbeiters ist klar erkennbar[22]. Dies schlägt sich auch in Anforderungen an die moderne Berufsausbildung im Bankgewerbe nieder [vgl. Kehl 93, S. 178f]. In einer solchen Team-Umgebung erfahren die Mitarbeiter Verantwortung und Kompetenz. Diese Mitarbeiter müssen mit Entscheidungsgrundlagen ausgestattet werden. Grundlage hierfür sind Systeme zur Informations- und Kommunikationsunterstützung und Systeme zur Entscheidungsunterstützung.

Team-Strukturen und flache Hierachien erfordern einen wesentlich geringeren Überwachungs- und Kontrollbedarf. Der Einsatz von Informations- und Kommunikationssystemen unterstützt den aufwendigen Prozess der Steuerung und Kontrolle der Mitarbeiter. Die Ebene des sogenannten „mittleren Managements" wird nach diesem Verständnis langsam „ausgedünnt". Bereits seit einigen Jahren ist bei den deutschen Großbanken und in der letzten Zeit auch bei den Genossenschaftsbanken und den Sparkassen ein Trend zur Abkehr von diesen Organisationsformen zu beobachten.

Nicht nur die oberste Führungsmannschaft einer Bank, sondern vielmehr jeder Mitarbeiter mit Entscheidungsaufgaben wird sich der Systeme zur Informations- und Kommunikationsunterstützung bedienen. Zugriffe auf solche Systeme werden sich damit weder auf einzelne Bereiche der Aufbau- noch der Ablauforganisation beschränken. Der horizontale funktionsübergreifende bzw. der vertikale hierarchieübergreifende Informationsfluß[23] im Unternehmen ist in der Lage, die notwendigen Potentiale zur Erlangung von Wettbewerbsvorteilen freizusetzen [vgl. Gabriel/Bergmann/Krizek 95, S. 282f]. Informationen aus beispielsweise Frühwarnsystemen, Kundeninformationssystemen sowie Computer Aided Selling-Systemen sind durch unterstützende Systeme zugreifbar zu machen und für den Bedarf des strategischen Managements und des operativen Geschäftes aufzubereiten.

---

[22] Die Verlagerung von Verantwortung in operative Bereiche und das Arbeiten in und die Förderung von Gruppen sowie der Kooperation [vgl. Metzger/Gründler 94, S. 147ff] wird unter dem Stichwort „Lean Management" zusammengefaßt und beschreibt die oben postulierte Abkehr von einer strengen Hierarchie.

[23] Grundlage hierfür sind aggregierte Daten bzw. Bereichssichten auf Unternehmensdaten (vertikale bzw. horizontale Durchdringung von Informationen).

16

Bezugspunkt 4: Informationssysteme als Mittler zwischen den Managementebenen

Informationssysteme übernehmen die klassische Mittlerrolle zwischen den oberen und den unteren Ebenen in der Managementhierarchie. Sie bieten dem Top-Management ausreichende Statusinformationen und dienen dem unteren Management als „Intelligenzverstärker"[24]. Basis einer unternehmensweiten Informationsarchitektur ist ein vernetztes integriertes Datenlager.

Nahezu jeder Mitarbeiter kann vom Zugang zu den Systemen der Informations- und Kommunikationsunterstützung profitieren. Sicherheitsanforderungen sind zu beachten.

Hierarchische Filialorganisation

Filialbanken werden in der Zukunft bestimmte komplexe Beratungsleistungen aus Kostengründen in den Hauptfilialen konzentrieren[25]. Durch den Einsatz von Informations- und Kommunikationssystemen sind die weniger gut „ausgestatteten" Filialen dennoch in der Lage, ihren Kunden bei Bedarf umfassende Beratungskompetenz zur Verfügung zu stellen. Der Außendienstmitarbeiter eines Finanzdienstleisters hat vergleichbare Anforderungen an unterstützende Informations- und Kommunikationssysteme.

Beispiel 2.5: Unterstützung durch ein Kommunikationssystem

Per Videokonferenz kann der Kundenberater einer Nebenfiliale einen Wertpapierspezialisten aus einer Hauptfiliale in ein Kundengespräch einbinden.

---

[24] Der Begriff der Intelligenz wird hierbei nicht im Sinne des Intelligenzquotienten gebraucht. Es geht vielmehr um ein „wirkliches Verstehen von Zusammenhängen, um eine Einsicht, die auf Integrationsfähigkeit und Kreativität beruht" [vgl. Schwaninger 95, S. 154].

[25] Die verschiedenen Geschäftsstellen einer Filialbank lassen sich typischerweise nach ihrer Größe und ihrem Leistungsspektrum unterteilen. In den Hauptfilialen (den sogenannten A-Filialen) wird das komplette Produktangebot vorgehalten. In den B-Filialen kann der Kunde die typische Allround-Beratung in Anspruch nehmen, welche beispielsweise nicht die umfangreiche Wertpapier- und Immobilienfinanzierungsberatung umfaßt. C-Filialen bieten nur einen Teil des Produktspektrums an, beispielsweise in Form einer automatisierten Filiale.

Beispiel 2.6: Unterstützung durch ein Informationssystem

Durch den Einsatz eines flexiblen Informationssystems kann der Firmen-kundenberater einer Nebenfiliale Brancheninformationen aus der bank-internen Marktforschung oder von externen Informationsdienstleistern ab-rufen und seinen Kunden zur Verfügung stellen.

Bezugspunkt 5: Unterstützung des dezentralen Filialkonzeptes

Der Einsatz unternehmensweiter filialübergreifender Systeme zur Informations- und Kommunikationsunterstützung ist Vorausset-zung für das Konzept eines hierarchischen Filialsystems. Informa-tions- und Kommunikationssysteme versetzen den Filialmitarbeiter in die Lage, ein breites Spektrum an Bankdienstleistungen mit einer über alle Filialen gleichmäßig hohen Beratungsqualität anbieten zu können[26].

2.2 Die Unterstützung des Informationsnachfragers im Bankbetrieb

Entscheidungen werden von personellen Aufgabenträgern auf der Grundlage von Wissen und zusätzlicher Information gefällt. Wissen ist die Grundlage wirkungs-vollen Handelns: „Je mehr ein Entscheidungträger über Handlungsalternativen weiß, desto besser wird im allgemeinen das Handeln in Bezug auf die verfolgten Ziele sein" [Heinrich 92, S. 7].

Die Beschreibung der Unterstützung des betrieblichen Entscheiders durch maschi-nelle Aufgabenträger ist Gegenstand der weiteren Ausführungen dieses Kapitels. Dazu werden die verschiedenen Systeme und die sie bestimmenden Begriffe er-läutert.

2.2.1 Der Bankmitarbeiter mit Entscheidungsaufgaben

In Abschnitt 2.1.4 wurde die Unternehmensorganisation als möglicher limitieren-der Faktor beim Einsatz neuer Informations- und Kommunikationstechniken iden-

---

[26] Durch den Einsatz von Informations- und Kommunikationssystemen nimmt die Aufga-benbreite des Kundenberaters zu (Job Enlargement). Der Kundenberater ist seinem Kunden gegenüber verantwortlich für das gesamte Produktebündel (Job Enrichment) [vgl. Seifert 95, S. 108ff]. Eine Erweiterung des Aufgaben und Verantwortungsbereiches des Bankmit-arbeiters durch unterstützende Informations- und Kommunikationssysteme bedingt immer auch eine adäquate Schulung und Motivierung im Rahmen von Personalentwicklungsstra-tegien bzw. Anreizsystemen [vgl. Rollberg 96, S. 128].

tifiziert. In der Finanzdienstleistungsbranche der Zukunft wird sich der heute schon sichtbare Trend zu teambasierten Organisationskulturen weiterentwickeln. Der **Mitarbeiter mit Entscheidungsaufgaben**[27] wird sich in den modernen Team-Strukturen herausbilden und auch durchsetzen.

Mitarbeiter mit der Bereitschaft zur Übernahme von Verantwortung sind durch geeignete Schulungen und einen modernen Bankarbeitsplatz zu unterstützen. Der Bankarbeitsplatz der Zukunft wird Systeme zur Informationsversorgung, Entscheidungsunterstützung und Kommunikation unter dem integrierenden Dach einer offenen Bankinformationsarchitektur zur Verfügung stellen.

Wird dem betrieblichen Entscheider mit einem Informationssystem Zugang zu nutzbaren Informationen geboten, wandelt sich der eigentliche Vorgang der Informationsversorgung von einer Bring- zu einer Holschuld [vgl. Zapke 98, S. 50; Huy 93, S. V]. Jeder ist selbst dafür verantwortlich, ausreichend informiert zu sein [vgl. Hichert 97; o.V. 97a]. Ein solches Informationsverständnis kann jedoch nur bei einer etablierten Informationskultur erwartet werden, welche eine rege bidirektionale Nutzung des Systems voraussetzt [vgl. Hohensee 97a, S. 128; o.V. 97e]. Mitarbeiter müssen für das Team interessante Informationen publizieren statt sie zu horten.

Der Prozeß des Entscheidens besteht in aller Regel aus einer komplexen Sequenz von verschiedenen Aktivitäten der Informationsdefinition, -beschaffung und -interpretation. Weder sind die Inhalte dieser Aktivitäten zu Beginn der Entscheidungsfindung angebbar, noch kann dem Prozeß der Entscheidungsgenerierung ein linearer (nicht-iterativer) Verlauf „ohne Abzweigungen und Rücksprünge" unterstellt werden. Außerdem sind meist mehrere solcher Aktivitäten-Pfade vorstellbar, die zu einer Entscheidung führen[28].

Demzufolge ergibt sich bei unstrukturierten Entscheidungsprozessen der konkrete Informationsbedarf oft erst im Verlauf des Entscheidungsprozesses. Das Aufstellen von Informationsbedarfsprofilen ist so kaum möglich.

Zur Entscheidungsfindung greift der betriebliche Experte gerne auf Heuristiken zurück, welche es ihm erlauben, mit Hilfe von Faustregeln zu arbeiten und auf die völlige Durchführung eines Verfahrens verzichten zu können. Ebenso bedient sich der Experte in der betrieblichen Praxis gerne der Hermeneutik, welche - im Gegensatz zur Heuristik - davon ausgeht, daß ein erstes Verstehen eines Prozesses oder Problems „nicht vollständig sein kann, sondern daß eine wiederholte Be-

---

[27] Hierzu wird im weiteren der Begriff *Betrieblicher Entscheider* synonym verwendet. In der angloamerikanischen Literatur hat sich der Begriff Knowledgeworker durchgesetzt. Der Wert des Wissens eines Mitarbeiters wird u.a. verdeutlicht durch den angloamerikanischen Trend zur Einrichtung von speziellen Positionen wie dem Chief Information Officer (CIO), dem „Knowledge Asset Manager" oder dem Chief Knowledge Officer (CKO). Probst spricht hierbei vom „Intellectual Capital" [vgl. Probst 98].

[28] Im Kapitel 4.2 wird auf die Phasen Informationsdefinition und Informationsbeschaffung im Kontext des Data Warehousing detailliert eingegangen.

schäftigung, die auch Nebenassoziationen und kreative Verfremdungen (Störungen) einschließt, ein neuerliches und damit besseres Verständnis erzeugt" [Bullinger 90, S. 18].

In diesem Sinne versuchen die betrieblichen Entscheider, durch vereinfachende Annahmen und durch Abstraktionen auf kürzerem Wege zu einer Entscheidung zu finden. Ebenso sind sie aber auch bereit, sich in einen Problembereich neu einzuarbeiten und „hineinzuknien", wenn dies die Umstände erfordern. Bedingt durch die sich ständig ändernden Umstände im Unternehmensalltag können nur einige wenige Entscheidungsprozesse durch „verdrahtete Intelligenz" mit Entscheidungsunterstützungssystemen (z.B. Expertensysteme) unterstützt werden.

Von entscheidender Bedeutung ist jedoch die Unterstützung des betrieblichen Entscheiders bei seinem Tagesgeschäft. Da der Mitarbeiter nicht den ganzen Tag mit der Entscheidungsfindung beschäftigt ist [vgl. Maser 95], kann ein **entscheiderunterstützendes** System vor allem auch durch die Unterstützung der oben angesprochenen Lern- und Erkenntnisprozesse des Mitarbeiters dessen Arbeitskraft und die Arbeitsleistung des Teams maximieren.

Die vorliegende Arbeit beschäftigt sich mit den überwiegend von betrieblichen Entscheidern genutzten Teilen eines Informations- und Kommunikations-Systems[29]. In den folgenden Kapiteln wird deshalb den Systemen zur Entscheiderunterstützung besondere Aufmerksamkeit gewidmet.

2.2.2 Systeme zur Entscheiderunterstützung

Die Entscheidungsfindung des „Mitarbeiters mit Entscheidungsaufgaben" kann durch den Einsatz von entscheiderunterstützenden Systemen erleichert werden. Systeme zur Entscheiderunterstützung (englisch: Management Support Systems) lassen sich unterteilen in Systeme zur Versorgung der Entscheider mit den für sie relevanten Informationen (Executive Information Systems, EIS) und in Systeme zur Unterstützung von Planungs- und Entscheidungsprozessen (Decision Support Systems, DSS) [vgl. Vetschera 95, S. 3].

Während DSS eher auf die späteren Phasen der Entscheidungsfindung abzielen, konzentrieren sich EIS auf die anfänglichen Phasen des Entscheidungsprozesses: Beobachtung, Überwachung, Analyse und Diagnose der Unternehmensentwicklung [vgl. Müller-Wünsch 91, S. 46].

---

[29] Die Ausführungen in diesem Buch konzentrieren sich nicht auf die ausschließliche Unterstützung von *Führungskräften* durch Informationssysteme. Der Begriff *Entscheider*unterstützungssystem ist nicht zu verwechseln mit *Entscheidungs*unterstützungssystem und wird in dieser Arbeit mit der Bedeutung von Managementunterstützungssystem verwendet.

Generalisten der Entscheiderunterstützung: EIS und MIS

Die Anwender von EIS sind nicht nur im Top-Management zu finden. Auch die anderen Managementebenen können von den von diesen Systemen zur Verfügung gestellten Informationen profitieren [vgl. Gluchowski/Gabriel/Chamoni 97, S. 202; o.V. 96a].

> **Executive Information Systems (EIS)** sind rechnergestützte, dialog- und datenorientierte Informationssysteme für das Management mit ausgeprägten Kommunikationselementen, die einzelnen Entscheidungsträgern (oder Gruppen von Entscheidungsträgern) aktuelle entscheidungsrelevante interne und externe Informationen ohne Entscheidungsmodell zur Selektion und Analyse über intuitiv benutzbare und individuell anpaßbare Benutzungsoberflächen anbieten [vgl. Gluchowski/Gabriel/Chamoni 97, S. 203].

EIS der neueren Generation, wie sie typischerweise im Umfeld von Data Warehouse-Systemen anzutreffen sind, werden nicht mehr nur als Systeme der Unternehmensführung allein verstanden[30]. EIS können im Kontext dieser Arbeit auch korrekter als **Enterprise Information System** oder auch **Everybody's Information System** bezeichnet werden. Wenn im weiteren Verlauf auf EIS referiert wird, so ist darunter ein solches System zu verstehen. Mitarbeiter mit Entscheidungsaufgaben in teambasierten Strukturen benötigen und nutzen ebenfalls die von den EIS zur Verfügung gestellten Werkzeuge [vgl. Hannig 96, S. 4; Holzinger/Klinker/Löb 98, S. 64].

Diese eher deskriptiven Systeme dienen meist der Entscheidungsvorbereitung und erweisen sich im Unterschied zu den DSS in der Regel als modell- und methodenarm. Die moderneren Vertreter dieser Gattung basieren als hochgradig interaktive Systeme auf einer grafischen Benutzeroberfläche, sind auch von Nichtexperten leicht bedienbar und ermöglichen das frühzeitige Erkennen von unternehmensbedeutsamen Tendenzen bezüglich Wettbewerbern, Konkurrenten, Produkten, Kunden und Lieferanten. Moderne EIS bieten Zugang zu einer Reihe von verschiedenen Informationstypen.

---

[30] EIS/DSS-Tools sind „...kein Werkzeug nur für ausgesuchte Mitglieder aus der Führungsriege mehr, sondern für jeden Mitarbeiter, der an Unternehmensentscheidungen beteiligt ist". Die Anzahl der Lizenzen pro Kunde nimmt im Vergleich zu den früheren „Führungsinformationssystemen" rapide zu. Shell und Lucent haben jeder mehr als 10000 Lizenzen von EIS/DSS-Tools im Einsatz. In Deutschland nehmen hier Thyssen und die Deutsche Bahn mit je 1500 Lizenzen und die Bankgesellschaft Berlin mit 3000 Lizenzen eine Vorreiterrolle ein [vgl. Okroy 97; o.V. 97c].

Managementaktivität	EIS-Funktion
Überwachen, Filtern	Exception-Reporting
Analysieren, Erforschen	Tiefenanalyse bis hinein in detaillierte operative Datenbestände
Suchen, Explorieren	Navigation durch die Datenbestände (mit Retracefunktion)
Informieren	News (z.B. „weiche" Informationen aus unternehmensinternen und -externen Datenquellen)
Prognostizieren	einfache Trendanalyse

Tab. 2.1: EIS-Hauptfunktionen
[nach Gluchowski/Gabriel/Chamoni 97, S. 215]

Ein EIS hat die wichtigsten Aktivitäten eines Managers bei der Bearbeitung von Informationen zu unterstützen. Die Tab. 2.1 gibt eine kurze Übersicht[31].

Spezialisten der Entscheiderunterstützung: DSS

Systeme, welche den Prozeß der Entscheidungsfindung teilweise automatisieren, weisen einen eher normativen Charakter auf. Der Einsatzbereich dieser Systeme ist durch ihre Fokussierung auf bestimmte Anwendungsfelder allerdings meist eingeschränkt[32]. Der Einsatz von DSS erfordert vom Benutzer ein gewisses Maß an DV-Kenntnissen als auch Expertenwissen für den sinnvollen Einsatz der bereitgestellten Methoden [vgl. Behme/Schimmelpfeng 93, S. 13].

> **Decision Support Systeme (DSS)** sind interaktive EDV-gestützte Systeme, die Entscheidungsträger mit Modellen, Methoden und problembezogenen Daten in ihrem Entscheidungsprozeß bei der Lösung von Teilaufgaben in eher schlecht strukturierten Entscheidungssituationen unterstützen [vgl. Gluchowski/Gabriel/Chamoni 97, S. 168].

Die meisten DSS beinhalten Funktionalität zur Simulation - welche sich unterteilen läßt in die „What-If-" und die „How-To-Achive-Simulation" - und zur Daten-

---

[31] Gluchowski/Gabriel/Chamoni 97, S. 215ff bietet hierzu eine sehr viel ausführlichere Übersicht an.

[32] Einen umfassenden Überblick über den Bereich DSS bietet Gluchowski/Gabriel/Chamoni 97, S. 165-198.

22

analyse, wie beispielsweise Verfahren zur Trendanalyse, Portfolio-Techniken, Verfahren zum Aufbau von Kennzahlensystemen als auch finanzmathematische Funktionen.

Expertensysteme (auch als wissensbasierte Systeme bezeichnet) können als eine Klasse von Decision Support Systems aufgefaßt werden [vgl. Richter 89, S. 323-326; Müller-Wünsch 91, S. 47]. DSS können einzelne Phasen des Entscheidungs-prozesses[33] oder auch den ganzen Prozeß unterstützen [vgl. Mechler 94, S.10].

Arbeitsplatzzentriertes Arbeiten: MSS und ESS

Da das Treffen einer Entscheidung weder gänzlich intuitiv noch automatisierbar ist, sondern vielmehr iterativen und vor allem explorativen Charakter besitzt, liegt es nahe, MIS/EIS und DSS zu einem System, dem ESS (Executive Support System) bzw. MSS (Management Support System) zu verschmelzen. Die Abb. 2.3 faßt die verschiedenen Systeme zur Entscheiderunterstützung in einem Schema zusammen [vgl. Gluchowski/Gabriel/Chamoni 97, S. 243]:

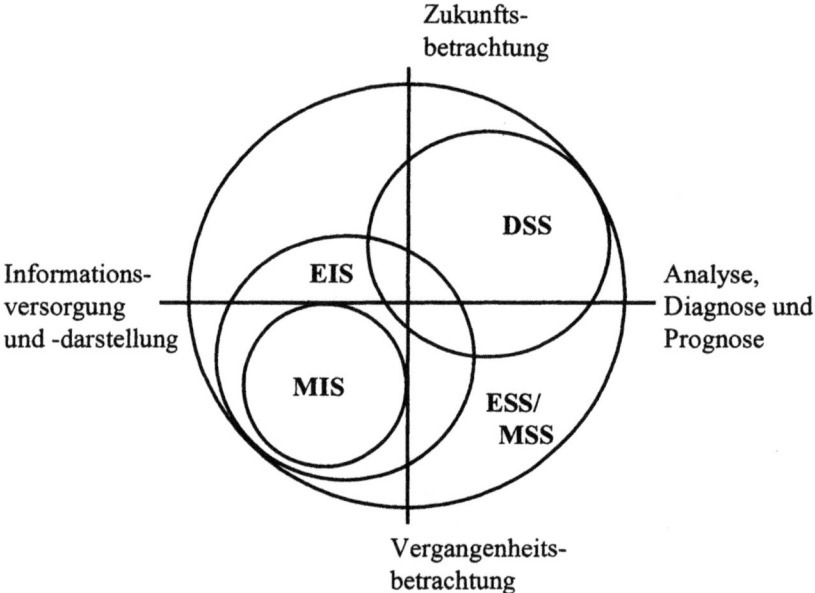

Abb. 2.3: Funktions- und Zeitorientierung der Systeme zur Entscheiderunterstützung

---

[33] Auf das umfangreiche Gebiet der Entscheidungstheorie mit den hier interessierenden Bereichen Entscheidungstypologien und Entscheidungsprozessen soll hier nicht eingegangen werden. Vielmehr wird an dieser Stelle auf geeignete Literatur verwiesen: Bamberg/Coenenberg 92; Vetschera 93, S. 7-22; Kelly 96, S. 24-29.

Erst durch das Zusammenfassen der verschiedenen Systemkomponenten im ESS wird es möglich, den aufgabenbezogenen Charakter von MIS/EIS bzw. DSS in einen stellenbezogenen Unterstützungscharakter zu wandeln und den gesamten Informationsverarbeitungsprozeß des Entscheiders unterstützbar zu machen. Im Vordergrund steht hierbei die ganzheitliche Unterstützung des Arbeitsplatzes des einzelnen Entscheiders.

Innerhalb eines MSS ist es möglich, Gruppenentscheidungen sowohl horizontal als auch vertikal über die verschieden Managementebenen der Unternehmung zu treffen [vgl. Müller-Wünsch 91, S. 57; Vetschera 95, S. 193-212; Rechkemmer 97; Gluchowski/Gabriel/Chamoni 97, S. 298ff].

Probleme des klassischen Architekturkonzeptes

Klassische MSS/ESS greifen direkt auf die Datenbestände der operativen Systeme der Unternehmens-DV zu. Die dabei auftretenden Probleme (Einschränkung der Flexibilität der möglichen Auswertungen, Zusatzbelastung der operativen Produktiv-Systeme, Zusatzbelastung der EDV-Abteilung bei der Herstellung von Datenzugriffen usw.) führten zur Schaffung eines neuen Architekturansatzes, bei welchem die zur MSS-Unterstützung benötigten Daten parallel und teilweise redundant zur operativen Unternehmens-DV in einem sogenannten Data-Warehouse sozusagen „auf Abruf" vorgehalten werden [vgl. o.V. 97f].

In Kapitel 2.3 werden die angedeuteten Kriterien zur Differenzierung von „klassischen" und „modernen" MSS-Lösungen näher erläutert. Das Kapitel 3 geht dazu näher auf Architekturen von Data Warehouse-Systemen und deren Komponenten ein.

2.3 Von der operativen Welt zur informativen Welt: OLTP vs. OLAP

In Dienstleistungsunternehmen der Banken- und Versicherungsbranche wurden in der Vergangenheit die verschiedenen Produkte EDV-technisch abgebildet. Ein Finanzdienstleister hat typischerweise unterschiedliche Systeme zur Abwicklung des Zahlungsverkehrs wie beispielsweise des Kontokorrent-, Spar-, Darlehen- und Wertpapiergeschäftes im Einsatz [vgl. Schreier 96]. Die Entwicklung der DV-Systeme geschah in der Regel unter großem Zeitdruck, um Produkte möglichst schnell auf den Markt bringen zu können.

Anwendungssysteme aus dieser Zeit sind zum größten Teil auf das Produkt (Massenverarbeitung) und nicht auf den Kunden (individuelle Verarbeitung) ausgerichtet. Nicht selten wurde dabei ein Produkt von einer Vielzahl von miteinander verflochtenen Applikationen unterstützt, die durch eine Vielzahl von definierten Datenschnittstellen miteinander kommunizierten. Bedingt durch historisches Wachstum stützen sich diese Applikationen dabei auf unterschiedliche Rechner- und Kommunikationsarchitekturen, Betriebssysteme und Datenbankmaschinen.

Die Folge war in der Regel eine monolithische Systemarchitektur, die treffenderweise auch oft als „Spider Web Environment" bezeichnet wird[34].

2.3.1 Informationsversorgung auf Basis operativer Systeme

Die Einführung neuer Produkte und damit auch neuer Systeme wird oft ohne Reorganisation der Geschäftsprozesse durchgeführt. Die Folge ist eine meist unreflektierte „Elektronifizierung" von Teilprozessen, diese werden sozusagen im System „einzementiert" [vgl. Egli/Rüst 97, S. 90].

Systeme zur Unterstützung von wiederkehrenden Tätigkeiten innerhalb der Geschäftsprozesse auf Sachbearbeiterebene werden als operative Systeme bezeichnet. Wiederkehrende Tätigkeiten auf der operativen Ebene können in Form von einfachen Transaktionen beschrieben und funktionsorientiert implementiert werden. Informationsverarbeitung im Bereich der operativen Systeme wird als Online-Transaction Processing (OLTP) bezeichnet [vgl. Jahnke/Groffmann/Kruppa 96, S. 321].

Neue oder abgeänderte Prozesse (bedingt durch Produktinnovationen oder Reorganisationsmaßnahmen) mußten in einer solchen Architektur wiederum durch neue, in den Monolithen einzubauende Anwendungssysteme abgebildet werden. Die Erweiterung einer monolithischen Systemarchitektur zieht i.d.R. aufwendige Wartungsmaßnahmen nach sich. Heutzutage wird für Systeme dieser Art häufig der Begriff Legacy- (= Vermächtnis-) Systeme verwendet. Legacy-Systeme sind - bedingt durch die Entwicklung der Computertechnologie - zumeist auf Mainframe-Rechnern[35] anzutreffen.

Die von den Fachabteilungen geforderten Informationssysteme wurden i.d.R. in Form von Projekten angestrebt und realisiert. Die Folge war ein unkoordinierter und oft auch unkontrollierter Wildwuchs von Datenbanken und zugehörigen informativen Applikationen. Die Fachabteilungen führten solche Projekte vielfach in eigener Regie und in großen Unternehmen oft auch ohne Wissen der DV-Abteilung durch. Die Folge davon war ein spinnennetzartiges Anwachsen der Informationsarchitektur („Spider Web Environment"). Die gewachsenen Informationssystemlandschaften im Unternehmen sind in der Regel fach- und abteilungsbezogen organisiert. So können in einer Unternehmung beispielsweise Verkaufsinformationssysteme, Controllinginformationssysteme, Kundeninformationssysteme, Absatzinformationssysteme und viele weitere mehr existieren. Alle diese Systeme sind mit ihrer speziellen Ausrichtung in der Lage, Datenmaterial aus „ih-

---

[34] Inmon bezeichnet die „spinnennetzartig" im Zeitablauf gewachsenen Architekturen auch als „Natural Evolving Architectures" [vgl. Inmon/Zachman/Geiger 97, S. 33].

[35] Mainframe-Rechner sind als Großrechner für den Mehrbenutzerbetrieb ausgelegt. Die angeschlossenen Arbeitsstationen sind zeichenbasiert und dienen ausschließlich der Interaktion mit den Benutzern. Die Rechenleistung wird zentral durch den Großrechner zur Verfügung gestellt.

rem" Bereich zur Verfügung zu stellen. Der Blick über „den Tellerrand" der Fachabteilung hinaus ist jedoch mit einer monolithischen Informationssystemarchitektur kaum möglich. Die Realisierung von speziellen Status-Systemen auf der Basis
der verschiedenen fachlichen Informationssysteme führt wiederum zu einem Anwachsen des „Spider Web".

Obwohl in der Vergangenheit versucht wurde, operative Transaktionssysteme um
MIS-Funktionalität zu erweitern, muß eine solche Vorgehensweise als Sackgasse
bezeichnet werden[36], da

- für komplexe Analysetätigkeiten - aufgrund der transaktionsorientierten
  und -optimierten operativen Datenverwaltungskomponenten - meist
  keine akzeptablen Antwortzeiten garantiert werden können [vgl.
  Kotzias 97, S. 72; Holthuis/Muksch/Reiser 95, S. 11; vgl. Kotzias 97, S.
  73f]. Diese Systeme würden auf derartige Belastungen mit empfind-
  lichen Leistungseinbrüchen reagieren [vgl. o.V. 97f].

- die operativen Systeme in der Regel keine historische Daten vorhalten.

- die operativen Systeme keine Möglichkeiten zur Reproduktion von
  Analyseergebnissen bieten (da sich der Systemzustand dauernd ändert).

Die Belastung der DV-Abteilung ist bei einer solchen „Strategie" sehr groß, da

- die Ressourcen der DV-Abteilungen an vielen „strategisch wichtigen"
  Fronten gebunden werden. Die DV-Abteilungen werden durch die notwendigen Vorgänge zur Bereitstellung von Daten (Extraktion, Bereinigung und Schaffung von Zugriffsfunktionen) stark belastet.

- operative Transaktionssysteme (historisch bedingt) oft Eigenentwicklungen darstellen, die mit großem Entwicklungsaufwand gepflegt werden müssen. Das Hinzufügen von MIS-Fähigkeiten erweitert und ver-
  kompliziert diese Systeme ungemein und bewirkt einen hohen zusätzlichen Wartungsaufwand.

Auch die Fachabteilungen werden durch die Zersplitterung ihrer Informationsquellen nicht optimal in ihrer Arbeit unterstützt:

- Da sie - anstatt sich auf ihre eigentlichen Fachaufgaben konzentrieren
  zu können - einen Großteil ihrer Tätigkeiten mit der „Beschaffung" von
  Daten aus zahlreichen Quellen verbringen müssen.

- Aufgrund fehlender Fachinformationen[37] aus den verschiedenen nicht-
  integrierten Systemen müssen die Daten vor fachlichem Hintergrund in-

---

[36] Weitere Gründe für das Versagen der operativen Transaktionssysteme als Träger von
MIS/EIS-Funktionalität bietet [Inmon/Zachman/Geiger 97, S. 33; Martin 96, S. 38].

[37] Daten aus verschiedenen Unternehmensbereichen müssen vor der Verwendung möglicherweise vollständig überarbeitet und uminterpretiert werden. Dieser aufwendige Pro-

terpretiert werden. Dieser Hintergrund ist beim Mitarbeiter der Fachabteilung nicht immer vorhanden.

- Der Benutzer hat verschiedene Ansprechpartner in der DV.

- Neue Mitarbeiter müssen lange eingearbeitet werden.

Die Erweiterung von operativen Systemen um MIS-Funktionen erfüllt bezüglich der Flexibilität von Funktionen und Datenmaterial in aller Regel nicht die Anforderungen, die an ein modernes EIS zu stellen sind [vgl.Behme 96, S. 20; Kelly 96, S. 63]. Das Kapitel 4.2 geht auf diese Anforderungen detailliert ein.

2.3.2 Das Data Warehouse als integriertes Datenlager

Werden die von den EIS zu Analysezwecken benötigten Daten (auch teilweise redundant) in einer speziellen Datenbank gespeichert, spricht man von einem Data Warehouse. Die Datenhaltung in einem Data Warehouse bedingt den Aufbau einer modernen, verteilten Client-Server-Architektur[38]. Das freie analytische Arbeiten mit den Daten eines Data Warehouse wird als Online-Analytical Processing (OLAP) bezeichnet[39].

Die persistenten Datenspeicher der **operativen** Systeme reflektieren die Zustände der ablaufenden Geschäftsprozesse und speichern die Daten vorgangsorientiert zu den einzelnen Anwendungssystemen ab. Ein Data Warehouse-System ist ein **informatives** System mit dem Ziel, die für den Informationsnachfrager nützlichen Daten der operativen Systeme aufzubereiten, zu bereinigen, zu verdichten und abfrageorientiert thematisch einzuordnen.

Operative Systeme reflektieren stets den aktuellen Zustand des Unternehmens. Jede diesen Unternehmenszustand verändernde Transaktion wird im Datenspeicher der operativen Systeme sichtbar. Im Data Warehouse werden in regelmäßigen Zeitabständen Daten aus den verschiedensten operativen Datenquellen des Unternehmens und auch von außerhalb zusammengeführt.

Die im Ergebnis entstehende integrierte Sicht auf unternehmensrelevante Daten bietet die Möglichkeit zum Einsatz von modernen OLAP-Werkzeugen, welche

---

zess kann durch den Einsatz von unternehmensweit gültigen Metadaten (= Daten über Daten) vereinfacht werden.

[38] Der Aufbau von Data Warehouses führt recht schnell zu Datenbankgrößen, die an die verwendete Hardware sehr hohe Anforderungen bezüglich Prozessorleistung, Hauptspeicher und I/O-Durchsatz stellen. Bei größeren Data Warehouse-Implementierungen sind meist nur noch hochskalierbare, parallele Hardwarearchitekturen in der Lage, den Anforderungen an ein zukunftssicheres System gerecht zu werden. Zum Einsatz kommen hier symmetrische Mehrprozessorsysteme, Cluster und massiv-parallele Rechner oder Kombinationen aus diesen Technologien [vgl. Remus 97; Beuthner 97].

[39] Die strukturbestimmenden Merkmale eines DWH-Systems werden in Kap. 3 vorgestellt. In Kap. 4 werden die Einsatzmöglichkeiten von DWH-Systemen behandelt.

den Entscheidungsträgern einen einfachen, schnellen, intuitiven und umfassenden Zugriff auf die gewünschten Informationen ermöglichen und so deren Handlungsfähigkeit erheblich zu steigern vermögen[40]. Das Data Warehouse stellt somit „den entscheidenden Durchbruch zur Selbstbedienung des Anwenders mit Informationen dar, wodurch die Abhängigkeit von der IT-Abteilung weitestgehend beseitigt wird" [vgl. Breitner/Herzog 96, S. 18]. Tab. 2.2 zeigt die wichtigsten Unterscheidungskriterien von OLTP und OLAP auf.

OLTP	OLAP
Konkurrierender Zugriff vieler Anwender auf die Datenbestände	Werden weniger häufig und von nicht ganz so vielen Anwendern genutzt
Ständig wiederkehrende „vorgefertigte" Lese- und Änderungstransaktionen	Spontane Zugriffe, in der Regel auf Lesezugriffe beschränkt
Prozedurale, sich wiederholende Arbeitsweise der Anwender	Unplanbare Arbeitsweise
Jede Transaktion berührt in der Regel nur wenige und zwar aktuelle Datensätze des Tagesgeschäftes	Pro Zugriff Bearbeitung sehr vieler Datensätze, die innerhalb der Datenbank stark verteilt sein können
Anforderungen an die Antwortzeiten und die Verfügbarkeit sind kritisch	Antwortzeiten und Verfügbarkeit wichtig, aber nicht ganz so kritisch
Funktionsorientiert	Sach- oder themengebietsorientiert (Orientierung am Subjekt)

Tab. 2.2: Die wichtigsten Unterscheidungskriterien von OLTP und OLAP

Das Data Warehouse-Konzept ist nicht die Wiederauflage eines alten Konzeptes. Ein DWH ermöglicht einer breiten Anwendergruppe im Unternehmen das flexible und unkomplizierte Arbeiten mit unternehmensweit korrekten und einheitlichen Daten. Die Informationsnachfrager besitzen dadurch Zugang zu einem umfassenden Datenlager, dessen Inhalte sie ohne Einschaltung der DV-Abteilung nutzen können. Das Data Warehouse-Konzept ist ein Konzept zur Unterstützung des modernen Mitarbeiters.

Die von einem Data Warehouse zur Verfügung gestellte Funktionalität kann von herkömmlichen, auf den operativen Datenbeständen operierenden Werkzeugen, nicht geboten werden: „...the Data Warehouse is not just a software tool to do

---

[40] In Kapitel 4.1 wird ausführlich auf den Funktionsumfang und den Einsatz von OLAP-Werkzeugen eingegangen.

better what has been done before, but a management tool to do what has never been satisfactorily done before" [Kelly 96, S. 10; Abschnitt 3.5.2.1].

Data Warehouse-Projekte dienen nicht der Automatisierung, der Rationalisierung oder der Kostenreduktion [vgl. Martin 96, S. 42]. Der Schwerpunkt bei der Einführung eines Data Warehouse liegt bei einer Verbesserung der Effektivität des Mitarbeiters mit Entscheidungsaufgaben. Die Verbesserung der Effizienz dagegen kann beim Einsatz von Data Warehouse-Systemen nur eine untergeordnete Rolle spielen.

3 Das Data Warehouse: Aufbau und Betrieb

Data Warehouse-Systeme können den Zugriff auf Daten aller Art (inner-, außer- und zwischenbetrieblicher Natur) ermöglichen und Funktionen zur Verarbeitung der Daten anbieten. Innerhalb des Systems nimmt das Data Warehouse selbst die Funktionalität einer Datenbank wahr. Unter Einbeziehung der Ausführungen aus dem Kapitel 2.3 ergibt sich die folgende aufgabenorientierte Definition eines Data Warehouse [nach Gluchowski/Gabriel/Chamoni 97, S. 267]:

> Ein **Data Warehouse** hat die Aufgabe, inhaltsorientiert, integriert und dauerhaft Daten zur Unterstützung von Entscheidern zu sammeln, zu transportieren und zu verteilen.

Gemäß einer ablauforientierten Definition zum Data Warehouse besteht ein weiterer wichtiger Schwerpunkt im technischen Bereich: **Wie** ist ein Data Warehouse mit Inhalten zu füllen [vgl. Scheer 96]:

> Ein **Data Warehouse** ist eine durch Integration verschiedener operativer und für die betriebliche Aufgabenstellung relevanter Datenbestände per Selektion, Aggregation und Transformation gebildete Datenbasis.

Das zentrale Anliegen des Data Warehouse-Konzeptes ist, den betrieblichen Entscheidern einen einheitlichen Zugriff auf relevante unternehmensspezifische und vergangenheitsorientierte Daten zu ermöglichen. Dieser Zugriff hat dabei zu abstrahieren von den verschiedenen Datenquellen und den Formaten, unter denen die Daten abgelegt sind. Dazu stehen dem Benutzer spezielle Abfragewerkzeuge zur Verfügung.

Ein Data Warehouse hält die Daten parallel zu den operativen Systemen und ist optimiert für die Entscheiderunterstützung. Es ist demnach als unternehmensweites Datenlagerhaus zur Nutzung durch die betrieblichen Anwender konzipiert ohne Einschränkung oder Beeinträchtigung

- der Produktionssysteme (operative Systeme) in ihrem Zugang oder in ihrer Leistungsfähigkeit,

- der Datenbanksicherheit und

- von sonstigen IT-Ressourcen.

Das Kapitel 3.1 umreißt eine Data Warehouse-Grundarchitektur und beschreibt anhand der typisch mehrdimensionalen Sichten die Daten im Data Warehouse und die zugrundeliegenden Metadatenbeschreibungen.

In den Kapiteln 3.2 bis 3.4 werden die Komponenten der Grundarchitektur näher betrachtet. Dabei wird auf die Initialisierung und den laufenden Betrieb des Data Warehouse-Systems eingegangen. Beim Aufbau und Betrieb des Data Warehouse besteht ein Schwerpunkt darin, sich um die Modellierung der Inhalte des Data Warehouse und damit um das, **was** in ein DWH an Daten hineingehört, zu kümmern. Nur **die** Daten dürfen in ein Data Warehouse hinein, die von einem Großteil der späteren Benutzer gewünscht und mit den Fachvertretern abgestimmt wurden. Es macht keinen Sinn, Daten in das DWH aufzunehmen, „die dann irgendwann schon einmal genutzt werden".

Im Anschluß daran werden im Kapitel 3.5 verschiedene DWH-Systemarten nach Softwarearchitekturen und Datenarchitekturen unterschieden. Dabei wird auf die verschiedenen Gestaltungsformen von Data Warehouse-Systemen eingegangen. Die Unterschiede der verschiedenen Architekturen werden ebenso beleuchtet wie deren Vor- und Nachteile.

3.1 Data Warehouse-Grundlagen

Ein Data Warehouse soll die Möglichkeit bieten, auf Daten aus unterschiedlichen Quellen zuzugreifen. Diese Quellen liegen in der Regel in verschiedenen Datenbasen auf verschiedenen Technologie-Plattformen vor und können einfache Datentypen aus einer Datenbank ebenso beinhalten wie ungeordnete komplexe Datentypen wie beispielsweise Dokumente oder Multimedia-Daten (z.B. Video). In einem Data Warehouse werden die verschiedenen Quellen in einer umfassenden und integrierten Datenbasis zusammengeführt.

Im Data Warehouse werden Daten von allen Teilen der Unternehmung gesammelt. Diese Daten stammen aus verschiedenen Quellen wie beispielsweise Großrechnerdatenbanken, Abteilungsdatenbanken, Reports (sofern sie in elektronischer Form vorliegen) und vielem mehr. Die einzelnen Quellen finden sich in den verschiedenen Bereichen der Unternehmung und lassen sich meist einer Abteilung zuordnen (beispielsweise dem Marketing, dem Verkauf, der Finanzabteilung, dem Versand etc.). Die Einbindung von unternehmensexternen und von speziellen Dienstleistern zur Verfügung gestellten Daten ist ebenfalls sinnvoll[41].

Die Daten im Data Warehouse werden über eine hochinteraktive, speziell für diesen Zweck geschaffene Benutzerschnittstelle zugreifbar gemacht.

Ein Data Warehouse-System entsteht erst durch die Integration der Bestandteile Quellsysteme, Data Warehouse-Kern und Benutzerschnittstelle [vgl. Schreier 96, S. 83; Holzinger/Klinker/Löb 98, S. 64]. In der Abb. 3.1 sind diese voneinander

---

[41] In Abschnitt 4.2.3 wird auf externe Informationen eingegangen.

abgrenzbaren Bestandteile mit den zwischen ihnen stattfindenden Transaktionen aufgeführt.

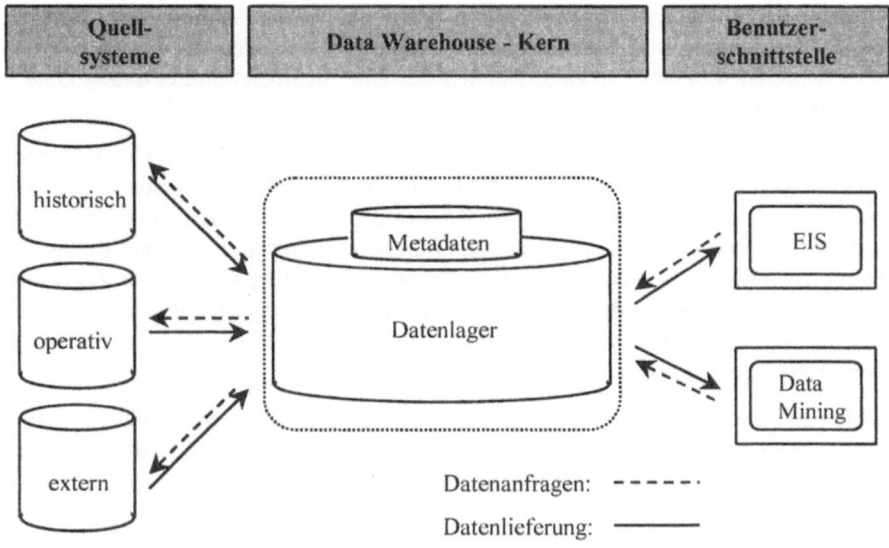

Abb. 3.1: Grundlegende Architektur eines Data Warehouse-Systems

Im laufenden Betrieb des Data Warehouse-Systems wird regelmäßig auf Anfrage vom Warehouse-Kern das benötigte Datenmaterial von den operativen und sonstigen Systemen zur Verfügung gestellt. Die Unternehmensmitarbeiter greifen über spezielle Abfragewerkzeuge auf den Data Warehouse-Kern zur, welcher die entstehenden Datenanfragen durch die Bereitstellung von Datenmaterial aus dem eigentlichen Data Warehouse-Datenlager bedient.

Ein DWH-System bietet Endbenutzern über eine einfach zu bedienende Abfrageschnittstelle Zugriff auf eine mehr oder weniger unternehmensweite Datenbank, welche die zugrundeliegenden Daten in regelmäßigen Zeitabständen aus den Quellsystemen bezieht [vgl. Devlin 97, S. 20].

Die Datensammlung im Data Warehouse ermöglicht den Unternehmensmitarbeitern den Zugriff auf eine große Menge von Daten, die den Zustand von Unternehmen und Produkten im Verhältnis zum Markt im Zeitablauf beschreiben können. Der Zugriff auf die benötigten Daten wird durch eine einfach zu bedienende Abfragesoftware ermöglicht.

Ein Data Warehouse kann überall dort eingesetzt werden, wo Daten aus unterschiedlichen Quellen zusammengeführt und aufbereitet werden müssen (in Bereichen wie Controlling, Vertrieb, Finanzen, Marketing und Marktforschung ebenso wie in in der Personalabteilung oder in der Produktion). Immer wenn es um Datenmengen geht, die nach verschiedenen Dimensionen[42] angeordnet, bewertet und aggregiert werden müssen, lohnt es sich, über den Einsatz eines DWH nachzudenken. Das primäre Ziel eines Data Warehouse-Systems „ist nicht nur die Speicherung der operativen Daten, sondern deren qualitative Aufbereitung, Bereinigung, Verdichtung und thematische Einordnung. Es werden die Daten aus den verschiedensten operativen Datenbanken des Unternehmens und externen Datenquellen zusammengeführt" [Breitner/Herzog 96, S. 18].

Vor allem in der angloamerikanischen Literatur und auch in vielen Herstellerprospekten wird ein Data Warehouse oft als ein „Decision Support System" bezeichnet. Diese Zuordnung ist nach der in Kapitel 2 vorgenommenen Einteilung nicht korrekt. Der betriebliche Entscheider kann bei seiner Arbeit durch eine Reihe von Tools unterstützt werden, welche auf die Daten im Data Warehouse zugreifen. Dies können - **unter anderem** - DSS-Systeme sein. In der Regel allerdings werden bei Vorhandensein eines Warehouses auch andere Werkzeuge zur **Entscheiderunterstützung** Anwendung finden[43].

Bevor auf die einzelnen Architekturen von Data Warehouse-Systemen eingegangen werden kann, werden zunächst einige wichtige Konzepte und die einzelnen Bestandteile eines Data Warehouse-Systems näher betrachtet.

3.1.1 Multidimensionalität im Data Warehouse

Der DWH-Kern hat die Aufgabe, an der Benutzerschnittstelle Daten in einer dem Benutzer gerechten Form zur Verfügung zu stellen. Unter Zuhilfenahme eines Data Warehouse kann der Datenraum des Unternehmens in der sprachlichen Welt des Benutzers auf der Suche nach Erkenntnissen durchforscht werden. Aus diesem Grunde sind die Datenstrukturen in der Datenbank des Data Warehouse nach sogenannten betrieblichen Dimensionen organisiert. Eine Dimension bildet dabei modellhaft die Sicht auf einen bestimmten Sachverhalt ab.

Strukturierung durch betriebliche Dimensionen

Eine Dimension ist jede beliebige hierarchische Kombination von Elementen, die im Datenmodell orthogonal zu anderen Kombinationen von Elementen dargestellt werden kann [vgl. Jacobs 97, S. 51]. Typische Dimensionen sind: Produkt, Region, Zeit, Kunde, Absatzkanal etc.[44]. Jede dieser Dimensionen läßt sich hierarchisch gliedern.

---

[42] Beispiele für betriebliche Dimensionen werden im nächsten Abschnitt aufgeführt.

[43] Kapitel 4.1 geht auf die verschiedenen DWH-Werkzeugarten ein.

[44] In Abschnitt 3.2.2.1 wird anhand eines DWH-Datenmodells eingegangen auf den datenbanktechnischen Aspekt der Ablage von Dimensionen in der Data Warehouse-Datenbank.

Ausgehend von der Wurzel der Dimension **Produkt** beispielsweise läßt sich die Hierarchieebene **Produktgruppe** aufgliedern. Diese wiederum läßt sich unterteilen in die Hierarchieebene der **Artikel.** Zu den verschiedenen typisierenden Hierarchieebenen können Elemente (Knoten) angeben werden. Die Knoten der niedrigsten Ebene werden auch als Blattknoten des Hierarchiebaumes bezeichnet (Blattknoten besitzen die feinste Granularität). Die max. Anzahl der Ebenen pro Dimension in einem Data Warehouse ist ebensowenig vorgegeben (vgl. Abb. 3.2 bis Abb. 3.4) wie die max. Anzahl der Dimensionen.

Beispiel 3.1: Gegeben sei ein DWH mit den Dimensionen Produkt[45], Region und Zeit.

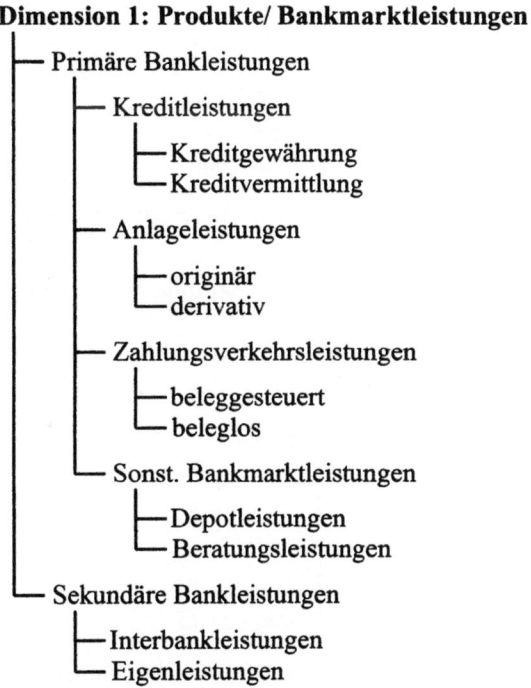

Dimension 1: Produkte/ Bankmarktleistungen

- Primäre Bankleistungen
  - Kreditleistungen
    - Kreditgewährung
    - Kreditvermittlung
  - Anlageleistungen
    - originär
    - derivativ
  - Zahlungsverkehrsleistungen
    - beleggesteuert
    - beleglos
  - Sonst. Bankmarktleistungen
    - Depotleistungen
    - Beratungsleistungen
- Sekundäre Bankleistungen
  - Interbankleistungen
  - Eigenleistungen

Abb. 3.2: Beispiel der Dimension „Produkt" (Auszug)

Die Dimension Region läßt sich untergliedern nach der folgenden Hierarchie:

---

[45] Die Gliederung der Produktdimension wurde in Anlehnung an [Eilenberger 87] vorgenommen.

34

Dimension 2: Region

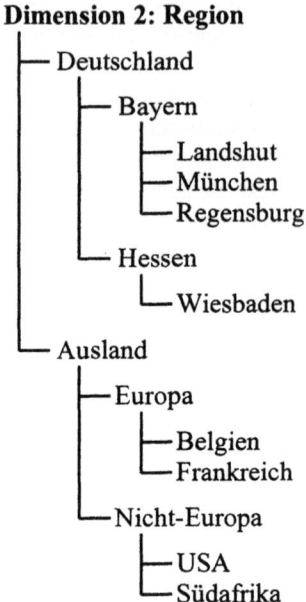

Abb. 3.3: Beispiel der Dimension „Region" (Auszug)

Die Dimension Zeit unterteilt sich nach der folgenden Hierarchie:

Dimension 3: Zeit

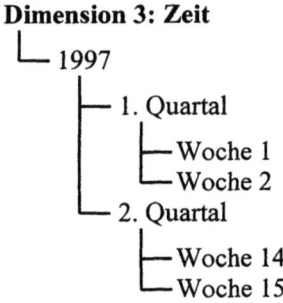

Abb. 3.4: Beispiel der Dimension „Zeit" (Auszug)

Weiterhin findet sich in der Bankpraxis häufig die Dimension „Vertriebsstruktur"
bzw. „Absatzkanal" mit einer Untergliederung in Filialen, Filialbereiche und Ge-
schäftsbereiche [vgl. Holzinger/Klinker/Löb 98, S. 65]. Eine fortgeschrittene Seg-

mentierung der Kunden einer Bank kann zu einer eigenen Dimension „Kunden" führen[46].

Elemente einer Hierarchieebene können als „label-only" deklariert werden. Für diese Elemente sind keine Daten in der Datenbank hinterlegt. Sie dienen der Strukturierung der Dimensionshierarchien. Als „shared" deklarierte Elemente können an mehreren Stellen in der Hierachie einer Dimension oder mehrfach in verschiedenen Dimensionen vorkommen [vgl. Hettler 97, S. 132].

Nicht immer läßt sich die betriebliche Realität in streng hierarchische Dimensionen pressen. Vor allem die Zeit-Dimension trotzt meist einem solchen Vorgehen[47]. Die kleinste betrieblich sinnvolle zeitliche Hierarchieebene der Tage aggregiert sich problemlos zu Wochen und Monaten. Wochen allerdings lassen sich nur mit einigem Aufwand eindeutig den korrekten Monaten zuordnen. Monate lassen sich nicht in ganzzahlige Wochen aufgliedern. Zur Umgehung dieses Umstandes werden Hilfskonstrukte eingeführt. Die Abb. 3.5 skizziert die möglichen Schwierigkeiten bei der Modellierung der Dimension Zeit und die Einbindung der Hilfskonstrukte „4 Wochenperiode" und „13 Wochenperiode".

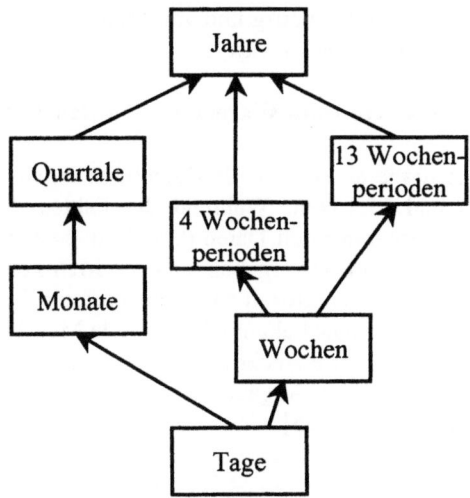

Abb. 3.5: Komplexe Aggregation und Disaggregation der Zeit-Dimension
[vgl. Informix 97, S. 4]

---

[46] In [Bartmann/Grebe/Kreuzer 98] wird auf einen fortschrittlichen Kundensegmentierungsansatz eingegangen, der auch Anregungen zum Aufbau einer geeigneten Hierarchie gibt.

[47] Tabbert geht auf die Problematik der zeitlichen Aggregation und Disaggregation von Bewegungsdaten sehr ausführlich ein und entwickelt eine umfassende und allgemein verwendbare Lösung, die in Form einer umfangreichen C++ Klassenbibliothek umgesetzt wurde [vgl. Tabbert 96].

Ein DWH-System „von der Stange" existiert nicht und wird es auch nicht geben. DWH-Datenbanken in der Finanzbranche werden sich sowohl nach der Anzahl der Dimensionen als auch nach dem Aufbau der jeweiligen Dimensionshierarchien unterscheiden. Dies ist nicht nur bedingt durch die unterschiedlichen Kunden- und Produktstrukturen der verschiedenen Finanzdienstleister. Hauptursache für die Unterschiedlichkeit sind häufig die Daten (bezüglich Qualität und Umfang) aus den Quellsystemen, welche das Ausgangsmaterial für die Daten in der DWH-Datenbank darstellen.

Die Modellierung der Dimensionen orientiert sich selbstverständlich am Informationsbedarf der Anwender. Im Vordergrund des Bankmarketing stand in der Vergangenheit das Produkt und nicht der Kunde. Dementsprechend richtete sich die Aufmerksamkeit bei der Entwicklung der unterstützenden operativen Systeme auf die Produkte, ihren Verkauf und Verwaltung. Häufig können im Zeitablauf gewachsene operative Systeme die typischerweise im DWH-Umfeld geforderten multidimensionalen Sichten auf die gewünschten Daten nicht oder nur mit unvertretbar großem Aufwand zur Verfügung stellen. In vielen Fällen kann beispielsweise die Frage nach den verschiedenen von einem bestimmten Bankkunden in Anspruch genommenen Produkten aufgrund von Mehrfacherfassung von Kundendaten überhaupt nicht beantwortet werden[48].

Nachgefragte Daten aus dem Data Warehouse: Fakten & Metriken

Das Ergebnis einer Anfrage an eine DWH-Datenbank ergibt sich immer aus den sogenannten Fakten und Metriken. Während die Fakten die original aus der DWH-Datenbank zu übernehmenden Daten darstellen (beispielsweise „Absatz in tausend Stück" oder „Stückpreis") ergeben sich die Metriken durch Berechnung von Fakten („Umsatz eines Produktes in einem bestimmten Zeitraum" = „Absatz" * „Preis"). Auf der Basis weniger Fakten können viele Metriken ermittelt werden. Metriken können in komplexen Berechnungshierarchien ähnlich einer Kennzahlenpyramide oder einfacher durch Angabe von Formeln ausgedrückt werden [vgl. Hettler 97, S. 132; Saylor/Bansal 95].

Verknüpfung von Dimensionen

Der Mensch ist prinzipiell in der Lage, sich in einem mehrdimensionalen (Daten-) Raum zurechtzufinden (vgl. Abb. 3.6). Zur Verknüpfung von mehreren Dimensionen wird für jede beteiligte Dimension wenigstens ein Element einer Hierarchieebene ausgewählt. Auf der Basis dieser Angaben können die Dimensionen verkettet und die gewünschten Nutzdaten (Facts & Measures) geliefert werden.

---

[48] Nach einer Schätzung von Kimball können Banken diese Frage nur in etwa 80% der Fälle korrekt beantworten [vgl. Kimball 96, S. 110f]. In der jüngsten Vergangenheit haben sich eine Reihe von Unternehmen mit der Problematik des „Data Cleansing" auseinandergesetzt und bieten in diesem Bereich umfangreiche Dienstleistungen an. Zum Einsatz kommen hier z.B. Verfahren der Fuzzy-Logic.

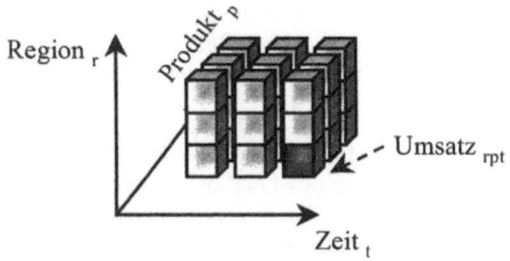

Abb. 3.6: Umsatzzahlen im multidimensionalen Würfel

Die gleichzeitige Analyse von mehreren Datendimensionen wird als mehrdimensionale Datenanalyse bezeichnet. Die dimensionale Orientierung der Benutzerschnittstelle eines DWH-Systems zur Erstellung einer Anfrage und zur Visualisierung von Ergebnissen (einer OLAP-Abfrage) ist sinnvoll. Ergebnisse werden in Form von zwei- und dreidimensionale Grafiken und Kreuztabellen dargestellt[49].

3.1.2 Data Warehouse-Metadaten

Metadaten sind Daten über Daten. DWH-Metadaten beinhalten eine umfangreiche und detaillierte Beschreibung der Daten in der DWH-Datenbasis. Die DWH-Metadaten sind in einer zentralen DWH-Datenbank[50] des DWH-Kerns gespeichert [vgl. Bold/Hoffmann/Scheer 97, S. 4].

Die Metadaten sind das Ergebnis eines komplexen Abstimmungsprozesses der DV-Spezialisten und der Anwender aus den Fachabteilungen und bilden ein zentrales Kernstück im DWH-Konzept[51]. Die Anwender (genauer: die Werkzeuge des Anwenders) nutzen die betriebswirtschaftlichen Metadaten[52] zur Orientierung

---

[49] Konkrete Beispiele zur Verkettung von Dimensionen und Abfrage der Nutzdaten finden sich in Kapitel 4. Dort wird ebenfalls detailliert auf die verschiedenen Möglichkeiten zur Darstellung der Nutzdaten eingegangen.

[50] Der Aufbewahrungsort der DWH-Metadaten wird auch als Data Dictionary oder als Metadaten-Repository bezeichnet [vgl. Bissantz/Hagedorn/Mertens 96, S. 351; Schreier 96, S. 85; Hufford 97].

[51] Die Beschreibungen der Metadaten des DWH werden im Zuge der Festlegung der Inhalte der DWH-Datenbank von DV-Verantwortlichen und späteren Benutzern zusammen formuliert (vgl. Abschnitt 3.3.1.1). Im Zuge der Abstimmung von DV-Spezialisten und fachlichen Anwendern (und auch der fachlichen Anwender untereinander) werden inkonsistente Fachbegriffe gesammelt und in eine unternehmensweit gültige, in sich konsistente Begriffswelt überführt [vgl. Lehmann/Ellerau 97, S. 2].

[52] Metadaten, welche die fachliche Semantik der Daten beschreiben, werden als betriebswirtschaftliche Metadaten bezeichnet.

im DWH. Die Metadaten werden im DWH abgelegt und zur Unterstützung des Benutzers bei der Navigation durch die Dimensionen und die Dimensionshierarchien herangezogen. Die Abfragetools des Benutzers stützen sich bei der Navigation durch die Datenbestände in einem DWH ausschließlich auf die Metadaten.

Metadaten sind auch zur Administration eines DWH-Systems unentbehrlich. Der weitgehend automatisierte Vorgang des Quelldatenimports in das DWH-System wird zu wesentlichen Teilen durch die intensive Nutzung der DV-technischen Metadaten sichergestellt [vgl. Kirchner 96, S. 296].

Die folgenden beiden Abschnitte stellen die Metadaten-Nutzung aus der Sicht der fachlichen als auch der technischen Anwender dar [vgl. Edelstein 97, S. 43].

Benutzerzugriff auf das DWH-System

Die für den Benutzerzugriff bedeutsamen betriebswirtschaftlichen DWH-Metadaten beschreiben die Daten im DWH in der fachspezifischen Terminologie und Denkwelt des Anwenders. Sie abstrahieren von den zugrundeliegenden Datenbanktabellen und Attributen. Diese Metadaten beschreiben die Hierarchien der verschiedenen Dimensionen der DWH-Datenbasis. Ein DWH-Metamodell im Bankbetrieb enthält beispielsweise detaillierte Angaben und Erläuterungen zu den im vorigen Abschnitt beschriebenen Bankmarktleistungen[53] unter Verwendung von Begriffen, mit denen der Anwender täglich umgeht.

Mit Hilfe der Metadaten wird es dem Anwender möglich, mittels der visuell orientierten Data Warehousing-Werkzeuge und ohne Kenntnisse der zugrundeliegenden Datenbank und einer besonderen Abfragesprache auf die Daten im DWH zugreifen zu können[54]. Der Benutzer kann sich auf die Datenrecherche konzentrieren, ohne sich um technische Spezifikationen und physikalische Speicherorte kümmern zu müssen.

Der Anwender stützt sich beim Gebrauch der Data Warehousing-Dienste vollständig auf die Metadaten des DWH, die darunterliegende Technik bleibt ihm verborgen. Er muß auf diese Weise seine fachliche Welt nicht verlassen und kann mit Hilfe der vom DWH zur Verfügung gestellten Metadaten durch die zu untersuchenden Datenbestände navigieren, ohne daß ihm Spezialisten der DV-Abteilung zur Seite stehen müssen.

---

[53] Die im vorigen Abschnitt skizzierte Dimension „Produkte/ Bankmarktleistungen" kann durch Metadaten noch weiter detailliert werden: Zu den beleglosen Zahlungsverkehrsleistungen gehören beispielsweise der Datenträgeraustausch, Bargeldautomaten und das Homebanking. Zu den Leistungen der Kreditgewährung gehören beispielsweise: Kontokorrentkredit, Diskontkredit, Ratenkredit, Leasing-Kredit und Kreditkarten-Kredit.

[54] Zu den Data Warehousing-Diensten und den typischen Werkzeugen vgl. Kap. 4.

Metadaten bieten dem Anwender

- leichte Navigation und Orientierung durch multidimensionale Sichten auf die Daten der DWH-Datenbasis.

- unkomplizierte Handhabung großer Datenmengen mit Hilfe einfach zu bedienender Werkzeuge, die auf den verschiedenen Aggregationsebenen der DWH-Datenbasis agieren.

- komfortable Integration von Data Warehousing-Funktionen in Standardanwendungen, die den Benutzern vertraut sind (Beispiel: MS Excel).

Die Benutzerwerkzeuge greifen lesend auf die Metadaten des DWH-Systems zu. Die Werkzeuge unterstützen den Benutzer bei der interaktiven Navigation durch den mehrdimensionalen Raum der DWH-Datenbasis.

Durch die in den Metadaten aufgeführten eindeutigen Begriffsdefinitionen wird eine unternehmenseinheitliche Begriffswelt eingeführt. Die DWH-Nutzer können sich einheitlich informieren. Diskussionen darüber, wer die „besseren" oder „richtigeren" Daten besitzt, gehören damit der Vergangenheit an. Stichtags- und Aktualitätsprobleme der klassischen Datenbeschaffung aus den operativen Systemen werden vermieden.

Zusätzlich können die für den Benutzer bedeutsamen DWH-Metadaten neben den Informationen zur DWH-Datenbasis auch komplexe Berechnungen, Auswertungen, Analysen oder auch Filter umfassen, welche dann im Data Warehousing verwendet werden können.

DWH-Administration auf der Grundlage von Metadaten

Auf Basis der DWH-Metadaten wird der Inhalt der DWH-Datenbasis regelmäßig mit den operativen Systemen abgeglichen. Ausreichend detaillierte Metadaten sind Voraussetzung für einen weitgehend automatischen Abgleichungsprozeß (Data Upload) und zukünftige Erweiterungen der DWH-Datenbasis.

Die Metadaten einer DWH-Datenbasis geben Auskunft über [vgl. Thomsen 97, S. 487f; Bissantz/Hagedorn/Mertens 96, S. 351; Muksch/Holthuis/Reiser 96, S. 426]:

- **Inhalte der DWH-Datenbasis**

  Metadaten zur Beschreibung des dem DWH zugrundeliegenden Datenmodelles sowie zur betriebswirtschaftlichen und DV-technischen Beschreibung aller gespeicherten Daten[55].

---

[55] Umfangreiche Beispiele zur Metadatenbeschreibung der DWH-Datenbasis bieten [Inmon/Zachman/Geiger 97, S. 253ff].

- **Datenquellen des DWH**

  Metadaten, welche die Herkunft der Daten beschreiben.

- **Transformationsregeln**

  Metadaten zur Beschreibung von Manipulationen der Quelldaten. Zusätzlich wird der zeitliche Verlauf der bereits durchgeführten und geplanten Datenübernahmen aus den operativen Systemen abgelegt (vgl. Abschnitt 3.2.3).

- **Verdichtungsregeln**

  Metadaten zur Abbildung aller vorhandenen Verdichtungsstufen über sämtliche Dimensionen des DWH [vgl. Behme 96, S. 18].

- **Auswertungen und Filter**

  Metadaten zu den dem Benutzer zur Verfügung stehenden Berechnungen, Auswertungen, Analysen und Filter.

- **Datenverantwortungen**

  Informationen zu den Verantwortlichen der Quelldaten[56].

Werkzeuge zur Transformation und Verdichtung der DWH-Daten sowie zur Verwaltung der Metadaten besitzen lesenden und schreibenden Zugriff auf die DV-technischen Metadaten des DWH-Systems. Neue Dimensionen oder Hierarchieebenen können durch den Einsatz dieser Werkzeuge mit wenig Aufwand aufgenommen und genau spezifiziert werden.

Für Projektverantwortliche und DWH-Administratoren wird die Menge und die Vielfalt der Daten im DWH-System erst durch den Gebrauch von Metadaten beherrschbar. Metadaten bieten

- Flexibilität bei der Definition der oben beschriebenen Transformations- und Verdichtungsregeln.

- eine Basis für ein umfangreiches Zugriffsschutzkonzept.

- weitreichende Unterstützung bei der Automatisierung von Ladeprozessen, der automatischen Aktualisierung von Aggregationen und der Archivierungsunterstützung.

Metadaten stellen ein „konzeptionelles Modell der Problemdaten" dar und helfen bei der „korrekten Zuordnung von externer endbenutzerorientierter Datensicht und interner, physikalischer Datenablage" [Gluchowski/Gabriel/Chamoni 97, S. 272]. Sämtliche Operationen, die dazu dienen, Daten aus dem DWH abzurufen oder Daten in die DWH-Datenbasis einzustellen, werden unter Einbeziehung des Metadatenbestandes abgewickelt. Auf diese Weise wird die unternehmensweite

---

[56] Zu den Datenverantwortlichen vgl. Abschnitt 3.3.2.1.

Konsistenz der Daten sichergestellt. Der Einsatz von „falschen" Daten kann vermieden werden. „Die Qualität der Metadaten entscheidet mit über den Erfolg oder Mißerfolg eines Data Warehouses" [Behme 96, S. 18].

3.2 Der Data Warehouse-Kern

Der Data Warehouse-Kern ist das Zentrum eines DWH-Systems. Dieser wesentliche Bestandteil bearbeitet die Anfragen der Benutzerschnittstelle und beschafft regelmäßig Daten aus den zur Verfügung stehenden Quellsystemen.

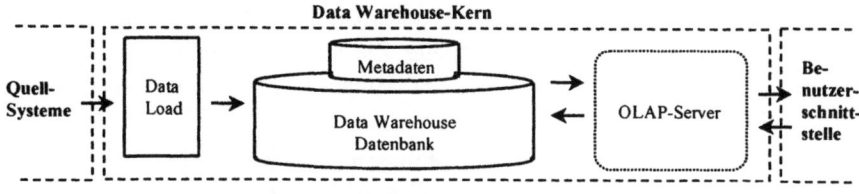

Abb. 3.7: Der Data Warehouse-Kern

Der DWH-Kern tritt gegenüber der Benutzerschnittstelle als Dienstleister auf. Die Kommunikation wird über Transaktionen abgewickelt. In entgegengesetzter Richtung zur Datenanfrage der Benutzerschnittstelle (Anbahnungstransaktion) liefert die Diensterbringung (Durchführungstransaktion) die angeforderten Nutzdaten. Die Anforderung und Lieferung von Daten aus den Quellsystemen an den DWH-Kern verläuft analog, ist aber zeitlich entkoppelt. Wie in der Abb. 3.7 ersichtlich, verläuft der Strom der Nutzdaten von den Quellsystemen zur Benutzerschnittstelle.

Der DWH-Kern stellt die wesentlichen Funktionen

- Datenbank (Datenhaltung per DBM)

- OLAP-Server (eine die Datenbank kapselnde Zugriffsschicht als Schnittstelle zum Benutzer)

- Data Load (Subsysteme zur Extraktion, Aggregation, Transformation, Filterung, Bereinigung und zum Laden der Daten)

zur Verfügung.

Nicht immer werden die o.g. Funktionen eines DWH-Systems durch physisch voneinander abgrenzbare Bestandteile (Subsysteme) zur Verfügung gestellt. In manchen Fällen übernimmt ein Systemteil gleich mehrere dieser Funktionen. Auf mögliche Realisierungsformen von Subsystemen und die verschiedenen Möglichkeiten zur Ausgestaltung der Transaktionsprotokolle eines DWH-Systems wird später näher eingegangen[57]. In den folgenden Abschnitten werden die Subsysteme des DWH-Kerns näher betrachtet.

3.2.1 Der OLAP-Server

Die Richtung des Datenflusses in einem DWH-System ist vorgegeben: Daten kommen regelmäßig aus den operativen (und eventuell sonstigen) Quellsystemen, werden im Datenlager des DWH zwischengelagert und der anfragenden Benutzerumgebung bei Bedarf zur Verfügung gestellt.

Die Systeme der Benutzerschnittstelle greifen in der Regel nicht direkt auf die Datenbank eines DWH-Systems zu. Eine Zwischenschicht, ein sogenannter OLAP-Server[58], kapselt die Datenbank und bietet den Systemen der Benutzerschnittstelle eine Middleware-Schnittstelle, die spezielle Funktionen zur Verfügung stellt, wie sie typischerweise bei der Arbeit mit einem DWH benötigt werden (vgl. Kap. 4).

Der OLAP-Server abstrahiert von der Abfragesprache des DWH-DBMS und bietet seine Funktionalität über ein spezielles API an [vgl. Gluchowski 97a, S. 249ff]. Die recht primitiven Zugriffsmöglichkeiten auf eine SQL-Datenbank per Abfragesprache SQL können auf diese Weise kaschiert werden. Ein Benutzersystem kann durch den OLAP-Server die Möglichkeit erhalten, auf „multidimensionalen" Daten direkt operieren zu können. Dazu stellt der OLAP-Server eine Menge von Funktionen zur Verfügung, welche die von den Programmen der Benutzerschnittstelle angebotene OLAP-Funktionalität möglichst umfangreich unterstützen.

Neben dem Zugriff auf die Daten der DWH-Datenbasis kann der OLAP-Server noch eine Reihe von weiteren Diensten zur Verfügung stellen:

- Umsetzung von Datenanforderungen in SQL-Anweisungen an die DWH-Datenbank, wenn die Programme der Benutzerschnittstelle Daten per Funktionsaufruf anfordern.

---

[57] In Kapitel 3.5 werden die verschiedenen Gestaltungsmöglichkeiten von Data Warehouse-Systemen beschrieben. Zur Verdeutlichung werden dort praxisrelevante Softwarearchitekturen dargestellt und klassifiziert.

[58] Die Bezeichnung „OLAP-Server" (oft auch OLAP-Engine) wird häufig im Zusammenhang mit der Verwendung von multidimensionalen DBMS gebraucht. Bei Verwendung von relationalen DBMS spricht man auch oft von sogenannten „Star-Servern". Auf die Abgrenzung der unterschiedlichen DBMS wird später ausführlich eingegangen. Im folgenden wird das zugrundeliegende DBMS nicht mehr als Einteilungskriterium herangezogen. Der im weiteren Verlauf dieser Arbeit ausschließlich verwendete Begriff „OLAP-Server" unterwirft sich nicht der o.e. Einteilung und kennzeichnet eine Systemkomponente, welche sich auch in einem System mit zugrundeliegendem relationalen DBMS wiederfinden kann.

- Umformulierung von SQL-Anweisungen zur leistungssteigernden Optimierung, wenn die Programme der Benutzerschnittstelle Daten per SQL anfordern (z.B. Aggregate Navigation).

- Führen von Statistiken über Benutzer und abgefragte Daten z.B. zur Unterstützung einer Vorausaggregation von Daten durch eigenmächtig angeregte Hintergrundabfragen.

- Intelligentes Datencaching auf der Grundlage von Statistiken über das Abfrageverhalten (eine größere Caching-Intelligenz ist zu erreichen, indem auf der Ebene einer Benutzersitzung gecacht wird und nicht auf der Ebene der Datenbank oder des Betriebssystems) [vgl. Kimball 96, S. 285].

- Unterstützung von Funktionen, die von einem Datenbankmanagementsystem nicht oder nur mit großem Aufwand zur Verfügung gestellt werden können (Vergleiche von Datenreihen, Rankings).

- Zugriffsfunktionen auf die Metadaten des DWH-Systems.

- Ereignis- oder zeitgesteuerte Auslösung von Aktionen (z.B. Reportgenerierung).

- Kontrolle von Agenten, die an Stelle der Benutzer die Daten „durchwühlen" und nach erledigter Arbeit die Ergebnisse präsentieren.

- Scheduling von Funktionen, die mit extrem hohem Ressourcenverbrauch die Verfügbarkeit des Systems einschränken würden.

- Automatische Lastverteilung (in einem verteilten Rechnersystem).

In der Praxis wird die Funktionalität des OLAP-Servers auch oft entweder dem DBMS oder einer Benutzerapplikation überlassen[59].

Der OLAP-Server stellt die Inhalte der Datenbank multidimensional zur Verfügung und abstrahiert damit vom zugrundeliegenden DBMS. Auf diese Weise können auch mit einem auf flachen Strukturen operierenden rDBMS multidimensionale Inhalte verwaltet und gespeichert werden. Im Idealfall können die Systeme der Benutzerumgebung auf diese Weise völlig unabhängig vom zugrundeliegenden Datenbankmanagementsystem eine Menge von Zugriffsfunktionen des OLAP-Servers nutzen. Der folgende Abschnitt beschreibt die verschiedenen in DWH-Systemen anzutreffenden Datenbankmanagementsysteme und diskutiert deren Einsatzmöglichkeiten.

---

[59] Vor- und Nachteile der einzelnen Gestaltungsmöglichkeiten von DWH-Architekturen werden im Kapitel 3.5 besprochen.

3.2.2 Die Data Warehouse-Datenbank

Die DWH-Datenbasis besteht aus einem Datenbankverwaltungssystem (Database Management System, DBMS) und der DWH-Datenbasis (der Datenbank im engeren Sinne). In der Praxis haben sich zwei verschiedene Typen von Datenbankmanagementsystemen zur Verwaltung einer DWH-Datenbank durchgesetzt: **Relationale Datenbankmanagementsysteme** (rDBMS) sind vom Einsatz in OLTP-Systemen her bekannt. Vielfach bieten die Hersteller von rDBMS für den DWH-Einsatz optimierte Versionen an[60]. Sogenannte **multidimensionale Datenbankmanagementsysteme** (mDBMS) dagegen speichern die Daten in einem mehrdimensionalen Datenwürfel ab.

Beide Arten von DBMS sind für den Einsatz in einem DWH-System geeignet. Je nach verwendetem Datenbankverwaltungssystem unterliegt das DWH gewissen Restriktionen [vgl. Mimno 97, S. 167-170; Gluchowski/Gabriel/Chamoni 97, S. 276]. In diesem Abschnitt wird der Einsatz der beiden Systemtypen näher betrachtet. Das Aufzeigen detaillierter technischer Aspekte zur Datenbankoptimierung ist dagegen nicht Gegenstand dieser Arbeit[61].

3.2.2.1 RDBMS als DWH-Datenlieferant

Relationale Datenbankmanagementsysteme als Verwaltungssysteme der Datenbasis eines DWH werden auch als „virtuelle" multidimensionale DBMS bezeichnet, da sie die Verwaltung von multidimensionalen Daten nur virtuell ermöglichen [Gluchowski/Gabriel/Chamoni 97, S. 283f]. Die Dimensionen werden dabei „flachgeklopft" und im relationalen zweidimensionalen Schema gespeichert.

Auf dem Markt existieren mittlerweile mehrere für das Data Warehousing angepaßte und optimierte relationale Datenbankmanagementsysteme. Die Optimierungen und Erweiterungen beziehen sich auf typische DWH-Funktionen wie [vgl. Mimno 97, S. 167f; Gluchowski 97, S. 48]:

- Datenextraktions- und Replikationsfunktionen

- Unterstützung der parallelen Abarbeitung von Transaktionen

- Spezielle Indizierungstechniken (beispielsweise Bitmap-Indizierung)

Moderne rDBMS sind in der Lage, die wichtigsten Datenbankfunktionen parallel durchführen zu können. Abfragen, Indizierung, Load und Sicherung können unter Zugriff auf mehrere Prozessoren parallel durchgeführt werden.

---

[60] Die Fa. Sybase bietet mit ihrem Produkt „Sybase IQ" ein auf den DWH-Einsatz hin optimiertes rDBMS an.

[61] Reuter geht detailliert auf die verschiedenen Einsatzfelder von rDBMS und mDBMS ein [vgl. Reuter 96].

Dimensional Modeling

Traditionelle ER-Modelle für OLTP-Systeme beschreiben Entitätstypen und Beziehungstypen unter Beachtung der Normalenformen der Datenmodellierung. Die Daten eines Unternehmens werden dazu in einer Vielzahl von relationalen Datenbanktabellen abgelegt, wobei jede Tabelle einen Entitäts- oder einen Beziehungstyp repräsentiert. Ein Entitätstyp stellt dabei beispielsweise ein Objekt der Realität oder eine betriebliche Transaktion (z.B. Lieferant, Auftrag) dar [vgl. Bold/Hoffmann/Scheer 97].

Bei der Transaktionsverarbeitung (OLTP) ändert sich der Inhalt der Datenbank permanent. Der Zustand des betrieblichen Leistungssystems soll durch die operativen Systeme möglichst ohne Zeitverluste abgebildet werden (vgl. Kap. 2.3.2). Die meisten dieser Transaktionen lesen, verändern, löschen oder schreiben nur wenige Datensätze. Deshalb ist es wichtig, daß die OLTP-Datenbank für häufiges Verändern und schnelles Auffinden der Datensätze optimiert ist. Dies kann durch das Beachten von Modellierungsvorschriften (Normalisierung; Modellierung von Entitätstypen und Beziehungstypen nach dem betrieblichen Modell) beim Datenbankdesign erreicht werden. OLTP-Datenbankschemata relevanter Größenordnung beinhalten meist ein komplexes Beziehungsgeflecht zwischen sehr viele Tabellen. Die Verbindungen zwischen den verschiedenen Tabellen in der relationalen Datenbank werden mit Hilfe von Join-Operationen realisiert.

Eine typische Informationsabfrage auf eine OLTP-Datenbank - wie sie im Data Warehousing häufig anzutreffen ist - führt zu aufwendigen Sub-Join-Operationen, die bei allen weiteren Abfragen erneut durchgeführt werden müssen. Jede Abfrage auf die OLTP-Daten führt zu einer Summation über eine große Menge von Einzeldaten. Es ergeben sich zwei Anforderungen an das Dimensional Modeling einer informativen Datenbank:

- Einführung einer Modellierungstechnik, die auf strikte Normalisierung verzichtet

- Speicherung verdichteter (preaggregierter) Daten

Modellierungsvorschriften für OLTP-Datenbanken (Normalisierung, Verzicht auf Datenredundanz) eignen sich nicht für die DWH-Datenmodellierung. Die vom Anwender frei gestalteten komplexen Datenabfragen können auf Basis eines normalisierten DWH-Datenbankschemas nicht ausreichend schnell durchgeführt werden [vgl. Bold/Hoffmann/Scheer 97, S. 7ff].

Denormalisierte Daten in der relationalen DWH-Datenbank

Die dimensionale Modellierung konzentriert sich auf die Modellierung der verschiedenen betrieblichen Dimensionen und der betriebswirtschaftlichen Kenngrößen (Fakten) in einem DWH [vgl. Gluchowski/Gabriel/Chamoni 97, S. 277]. Die Dimensionen stellen dabei Geschäftssichten auf die Fakten dar.

Jede Dimension im DWH ist in einer separaten relationalen Tabelle modelliert. In dieser Relation ist die gesamte hierarchische Struktur der Dimension (redundant) abgelegt[62]. Die Dimensionstabellen sind - im Gegensatz zur Faktentabelle - nicht normalisiert. Jeder Datensatz einer Dimensionstabelle ist durch einen meist künstlichen Schlüssel identifizierbar (in Tab. 3.1 ist das Schlüsselattribut durch ein „#" gekennzeichnet).

Zeit			
#Zeit	Jahr	Quartal	Woche
4711	1997	1. Quartal	Woche 1
4712	1997	1. Quartal	Woche 2
4819	1997	2.Quartal	Woche 14
4820	1997	2.Quartal	Woche 15

Tab. 3.1: Relation „Zeit" (Auszug)

Zentrales Element einer jeden DWH-Datenbank ist die einzige Faktentabelle, um die sich die einzelnen Dimensionstabellen anordnen. Wegen der sich ergebenden sternartigen Form wird das resultierende Schema auch als Sternschema bezeichnet (vgl. Abb. 3.8). Der Primärschlüssel der Faktentabelle setzt sich aus den einzelnen per Fremdschlüsselvererbung erhaltenen Schlüsseln der Dimensionstabellen zusammen [vgl. Holthuis 96, S. 190f].

Jeder Datensatz der Faktentabelle setzt sich zusammen aus den Primärschlüsselattributen (die alle als Fremdschlüssel übernommen wurden) zuzüglich den Measures und Facts. Die Anzahl und die Art der Facts und Measures zu einem Datensatz in der Faktentabelle ist völlig beliebig (vgl. Abschnitt 3.1.1).

Durch die spezielle Modellierungstechnik mit ihrer abfragegerechten Anordnung der Tabellen wird sichergestellt, daß bei Abfragen des DWH-Inhaltes die Anzahl der Joins zwischen den verschiedenen Tabellen minimal gehalten wird und damit eine hohe Leistungsfähigkeit des relationalen DWH eingehalten werden kann. An die Dimensionstabellen des Sternschemas können in einem erweiterten Ansatz mehrere weitere Tabellen angehängt werden. Die sternförmige Tabellenanordnung des Stern-Schemas erweitert sich dadurch zu einem Schneeflocken-Schema [vgl. Holthuis 96, S. 199f].

---

[62] Die folgenden Beispiele lehnen sich an die in Abschnitt 3.1.1 vorgeschlagenen Dimensionen an. Tab. 3.1 beschreibt exemplarisch die Dimension „Zeit" als Datenbankrelation. Die anderen Datenbankrelationen gestalten sich gemäß dem Beispiel 3.1.

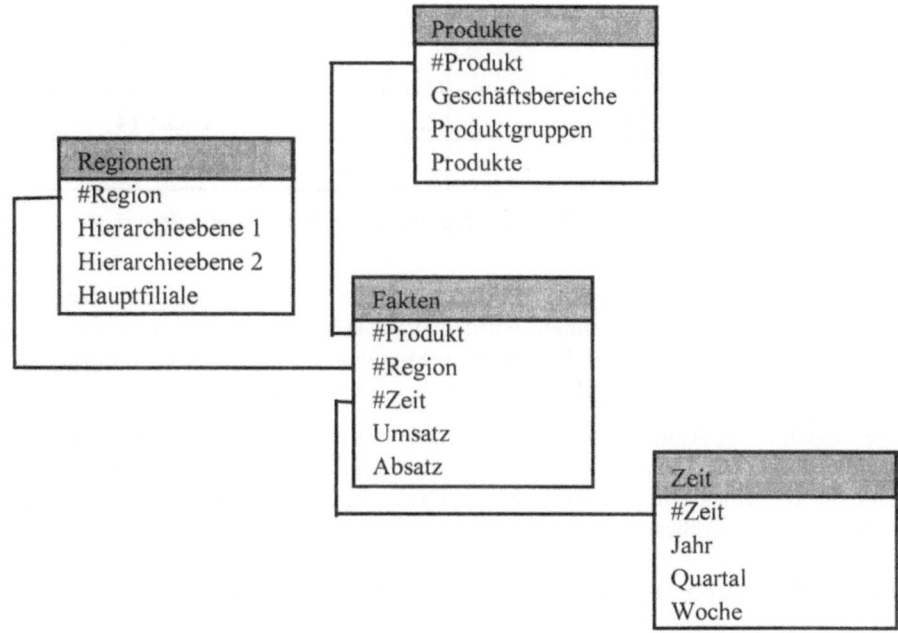

Abb. 3.8: Ein einfaches DWH-Datenbankschema (Sternschema)

Aggregierte Daten in der relationalen DWH-Datenbank

Der wesentliche Vorteil der dimensionalen Modellierung nach einem Sternschema ist die Möglichkeit des schnellen Zugriffs auf völlig beliebige Daten. Die Daten in der Faktentabelle und evtl. in den Dimensionstabellen sind bei jedem Aktualisierungsvorgang zu aggregieren.

Zur Aufnahme der aggregierten Werte wird jeweils pro Hierarchieknoten ein zusätzlicher Datensatz angelegt, der die in der Hierarchie unter ihm befindlichen Datensätze beschreibt. Tab. 3.2 erweitert das Beispiel in Tab. 3.1 um je einen zusätzlichen Datensatz für jedes der beiden aufgeführten Quartale und einen zusätzlichen Datensatz für das Jahr 1997.

Zeit			
#Zeit	Jahr	Quartal	Woche
4709	1997		
4710	1997	1. Quartal	
4711	1997	1. Quartal	Woche 1

4712	1997	1. Quartal	Woche 2
4818	1997	2.Quartal	
4819	1997	2.Quartal	Woche 14
4820	1997	2.Quartal	Woche 15

Tab. 3.2: Relation „Zeit" (Auszug) mit aggregierten Datensätzen

Da die Primärschlüsselattribute der Faktentabelle als Fremdschlüssel von den Dimensionstabellen übernommen wurden (vgl. Abb. 3.8), vermehrt sich auch in der Faktentabelle die Anzahl der Datensätze um die Datensätze mit den aggregierten Fakten und Measures [vgl. Kimball 96, S. 109ff].

Die regelmäßige Aggregation jedes Hierachieknotens verbraucht eine Menge Rechenleistung. Die Faktentabelle wird in Abhängigkeit von der Tiefe der Hierarchie der einzelnen Dimensionsknoten durch die Aufnahme der Aggregate teilweise erheblich vergrößert.

Einsatz komplexer Datentypen im Data Warehouse

Denkbar ist in der Zukunft eine Beschreibung der einzelnen Knoten in den Dimensionshierarchien durch den Einsatz von Multimedia-Techniken. Vorstellbar ist die Verwendung von komplexen Datentypen wie Bild-, Ton- und Videodokumenten zur Präsentation und Darstellung von Produkten, Produktgruppen, Regionen (Geographische Informationen) oder auch Kundengruppen.

Herkömmliche relationale DBMS sind nicht in der Lage, komplexe Datentypen über die Einbindung von großen Binäreinheiten hinaus (sogenannte BLOBS, Binary Large Objects) zu unterstützen. Erst durch den Einsatz erweitert-relationaler Datenbankmaschinen (erDBMS) kann eine geeignete umfassende Unterstützung von komplexen Datentypen sichergestellt werden, so daß auch Operationen auf diesen komplexen Typen möglich sind.

3.2.2.2 MDBMS als DWH-Datenlieferant

Speziell für OLAP-Zwecke entworfene proprietäre Datenbankmanagementsysteme, sogenannte multidimensionale DBMS (mDBMS) sind ähnlich wie die rDBMS ebenfalls zum Einsatz als Serverkomponente in einem DWH-System geeignet. Zur Abgrenzung zu den „virtuellen" mDBMS (auf Basis von rDBMS) spricht man hier auch von „physischen" mDBMS. Durch die Spezialisierung auf das Online Analytical Processing sind mDBMS in der Lage, hochperformanten Zugriff auf die gespeicherten Datenwerte zu bieten.

Physische mDBMS wurden ursprünglich aus der Notwendigkeit heraus entwikkelt, den vermeintlich „leistungsschwachen" Informationssystemen auf Basis relationaler DBMS entgegenzutreten. Bei der Entwicklung dieser Systeme wurde häufig nicht sauber zwischen der Datenbankmaschine und dem Benutzerabfragesystem getrennt. Die Funktionalität des OLAP-Servers ist bei physisch multidimensionalen Systemen zumeist im mDBMS implementiert. Auf Basis eines mDBMS realisierte DWH-Systeme wurden oft als „Spielwiese für Mitarbeiter des Managements" angesehen und für den lokalen Desktop-Einsatz optimiert. Damit einher gingen Probleme der Skalierbarkeit und des Mehrbenutzerzugriffes:

- Der Zugriff auf den multidimensionalen Datenwürfel wird vom mDBMS durch herstellerspezifische Schnittstellen gekapselt.

- mDBMS fußen auf einem nicht offengelegten Speichermodell.

Daraus können sich eine Reihe von Einschränkungen ergeben. Sehr oft können nur die Werkzeuge des mDBMS-Anbieters zur Pflege des Datenbankinhaltes verwendet werden. Anbieter von Zusatzwerkzeugen fanden sich in der Vergangenheit in einem solchen unübersichtlichen Markt oft nicht zurecht. In der jüngsten Vergangenheit kam es deshalb zu Konzentrationserscheinungen unter den Anbietern. Initiativen zur Vereinheitlichung der mDBMS-Schnittstellen wurden bald darauf gegründet.

Heutzutage erhältliche moderne mDBMS lösen sich zunehmend von der Ausrichtung auf einzelne Mitarbeiter des Managements und sind größtenteils in der Lage, den Informationsbedarf eines „Enterprisewide Information Systems" im Sinne von OLAP erfüllen zu können.

3.2.2.3 Data Sparsity: Die Problematik dünn besetzter Matrizen in der DWH-Datenbank

Sogenannte dünn besetzte Matrizen können sich aus dem gleichzeitigen Betrachten von mindestens zwei Dimensionen ergeben[63]. Taucht in der Produktmenge zweier Dimensionen in einer Hierarchieebene eine Vielzahl von leeren Elementen auf, so spricht man von „Data Sparsity". Werden auf das Produkt beider Dimensionen wiederum Dimensionen „aufmultipliziert", so können sich die „leeren Flecken" in der Produktmatrix sehr rasch vergrößern.

Dünn besetzte Daten-Matrizen können ein DWH vor große Probleme stellen [vgl. Raden 97, S. 204f]. Unterschiede ergeben sich beim verwendeten DBMS.

Data Sparsity im mDBMS

Multipliziert man die Blattknoten (Dimensionselemente geringster Granularität) aller Dimensionen eines DWH, so erhält man die Anzahl der Datenzellen (zur Speicherung der Faktendaten wie Umsatz, Absatz usw.), die in einem mDBMS

---

[63] Eine Dimension an sich ist nicht „dünn besetzt" [vergleiche im Gegensatz hierzu Hettler 97, S. 132].

abzulegen sind (die Gesamt-Produktmenge). Es muß hier berücksichtigt werden, daß mDBMS über alle Daten preaggregieren. Deshalb sind auch besondere Vorkehrungen bezüglich der Data Sparsity zu treffen.

In den seltensten Fällen können in der betrieblichen Praxis - bei der Betrachtung mehrerer Dimensionen gleichzeitig- zu **jeder** Datenzelle auch die passenden Faktendaten geliefert werden.

Beispiel 3.2

Nicht jedes Produkt wird unbedingt jeden Tag in jeder Filiale verkauft.

Meist bleibt der Datenwürfel dünn besetzt (vgl. Beispiel 3.1). Eine große Anzahl von Datenzellen ist vorgesehen, wird aber nicht mit Daten besetzt. Qualitativ hochwertige mDBMS zeichnen sich durch effiziente Handhabung dieses Problems der dünn besetzten Matrizen aus. Durch Komprimierung des multidimensionalen Datenbestandes muß dafür Sorge getragen werden, daß der Speicher optimal genutzt wird, ohne daß das OLAP in seiner Funktion beeinträchtigt wird [Gluchowski/Gabriel/Chamoni 97, S. 280, 284].

Je nach Anwendungsfall ist oft nur ein Bruchteil der potentiell nutzbaren Elemente mit Datenwerten gefüllt. Bei jedem Neuimport von Quelldaten, zumindest jedoch bei Strukturänderungen sind bei Verwendung eines mDBMS zeitaufwendige Lade- und Reorganisationsläufe nötig.

Data Sparsity im rDBMS

Faktendaten werden in einem relationalen System in Form von Datensätzen gespeichert. Das Problem dünn besetzter Matrizen hat bei Verwendung von rDBMS nicht den Bedeutungsgrad wie in einem physisch multidimensionalen System, da „leere" Datenfelder nicht existieren [vgl. hierzu Holthuis 96, S. 189f; Kimball 96, S. 12].

Im Zusammenhang mit voraggregierten Daten ist bei Verwendung von rDBMS evtl. mit einem vergleichbar hohen Datenbedarf zur Speicherung von voraggregierten „dünn besetzten" Datensätzen zu rechnen [vgl. Kimball 96, S. 199-202]. Voraussetzung für die Handhabung von voraggregierten Daten ist der Zugriff auf die Metadaten eines DWH.

3.2.2.4   RDB vs. MDB als Data Warehouse-Datenlager

Der oben erwähnte große Verwaltungsaufwand einer MDB erhöht die Zeiten zum Laden und Reorganisieren des MDB-Datenwürfels. Dieser zusätzliche Aufwand bedeutet eine signifikante Einschränkung bezüglich Leistungsfähigkeit und Load-Geschwindigkeit und ist einer der wesentlichen Kritikpunkte an mDBMS. Hierin ist auch der Grund zu sehen, weshalb sich dieser Systemtyp zum Aufbau von großen DWH-Systemen in den meisten Fällen nur bedingt eignet[64].

Durch den Verzicht auf ein Transaktionskonzept ist es einem mDBMS in der Regel nicht möglich, Teildatenbestände aus den Quelldaten einzuladen. Weiter gibt es bei mDBMS (noch) keinen Standard bezüglich der Abfrageschnittstelle [vgl. o.V. 97h]. SQL wird oft nicht oder nicht vollständig unterstützt. Die Entscheidung für eine der beiden DBMS besitzt somit großen Einfluß auf die Architektur eines DWH-Systems.

Obwohl Codd die relationalen Datenbankmanagementsysteme als ungeeignet zur Speicherung mehrdimensionaler Datenbestände erklärt hat [vgl. Codd/Codd/Salley 93], haben sich DWH-Implementationen auf der Basis relationaler Datenbanksysteme - mit Recht - den größten Anteil im Markt gesichert[65].

Schreibzugriffe auf die Data Warehouse-Datenbank

Zur Budgetplanung und zur Prognoseerstellung ist es vorteilhaft, vom Endbenutzer berechnete Werte in das datenliefernde Informationssystem (in diesem Fall das DWH) übernehmen zu können. Ein solche „enge Bindung" ist bei DWH-Systemen anzutreffen, die nicht zwischen DWH-Kern und Benutzerschnittstelle trennen[66].

Durch die notwendige bidirektionale Kopplung übernimmt das DWH allerdings Funktionen der operativen Systemwelt und verläßt den Bereich der reinen Datenbereitstellung, welcher für ein DWH im allgemeinen kennzeichnend ist[67].

---

[64] Die Definition von „großen" Data Warehouse-Datenbanken ist uneinheitlich. Es wird davon ausgegangen, daß ein Datenvolumen von über einem Terabyte von einem mDBMS nicht mehr gehandhabt werden kann. Oft wird die Datenobergrenze einer physischen multidimensionalen Datenbank schon sehr viel früher gezogen [vgl. Schreier 96, S. 88ff]. Die Meta Group sieht beispielsweise die Obergrenze für den Einsatz von MDBMS schon bei einem Volumen von 40 Gigabyte [vgl. o.V. 97g]. Korrekterweise muß angefügt werden, daß solche Äußerungen oft vor unsachlichem Hintergrund getätigt werden oder falsch interpretiert werden. Richtiger ist es, die Größe der umfangreichsten Dimension in ihrem Verhältnis zu den kleinsten Dimensionen im Data Warehouse als Maßstab anzusetzen. Ist die größte Dimension erheblich größer als die kleinste Dimension, ergeben sich im DWH Verzerrungen weg vom Idealbild des „einigermaßen symmetrischen" Datenwürfels hin zu „flacheren" Strukturen, die mit der optimierten Technologie eines rDBMS sicher besser gehandhabt werden können. Diese Voraussetzungen sind häufig in sehr großen oder auch sehr spezialisierten DWH erfüllt.

[65] Ausführliche Kritik an der Codd'schen Aussage übt Thomsen 97, S. 497ff.

[66] DWH-Systeme mit solch enger Bindung sind etwa bei Komplettlösungen eines Herstellers zu finden. In Abschnitt 3.5.1 werden die verschiedenen Softwareschichten eines DWH-Systems näher betrachtet.

[67] Data Warehouse-Systeme, die in operative Systeme eingebunden sind, werden unter der Bezeichnung „Second Generation Data Warehouse" zusammengefaßt. Ein wesentliches

DWH-Systeme auf der Basis von rDBMS besitzen keine enge Bindung zwischen DBMS und DWH-Client über den Zugriff auf den OLAP-Server (oder per direktem Zugriff auf das DBMS durch SQL) hinaus. Die Übernahme von geänderten oder neu erzeugten Datenbeständen in die DWH-DB muß bei einer relationalen Lösung separat realisiert werden.

Schreibzugriff auf die DWH-Datenbank und damit bidirektionaler Datentransfer wird teilweise von mDBMS-basierten DWH-Systemen angeboten[68]. Dies liegt an der möglichen Ausrichtung solcher Systeme auf spezielle Benutzergruppen, beispielsweise aus dem Marketing oder dem Controlling.

Komplexe Berechnungen (Calculation Complexity)

MDBMS unterstützen wesentlich komplexere Berechnungen und bieten Funktionen speziell zur Extraktion von Datenreihen an, welche rDBMS mit der Sprache SQL nicht erzeugen können [vgl. Kimball 96, S. 111; Jacobs 97, S. 52] und deren Berechnung an anderer Stelle erfolgen muß. Idealerweise werden komplexe Berechnungen in einem relational basierten DWH-System vom OLAP-Server übernommen.

ROLAP vs. MOLAP

mDBMS und rDBMS können auch zusammen in einem DWH-System eingesetzt werden. In einer solchen DWH-Architektur werden in der relationalen Datenbank die Daten aus den Quellsystemen vorbereitet, während die mDBMS als Datenlieferanten für den OLAP-Server oder auch als OLAP-Server[69] selbst fungieren. Die multidimensionale Datenbank wird dabei aus der relationalen Datenbank geladen. Diese Konstellation hat den Vorteil, daß die multidimensionalen Datenbasen (eine rDB kann dabei als Datenlieferant für mehrere mDB dienen) spezifischen Zwecken[70] angepaßt werden können. Der eben beschriebene kombinierte Einsatz von dedizierter relationaler DWH-Datenbank und fokussierten physisch multidimensionalen Datenbanken bildet den in der jüngsten Vergangenheit häufig genutzten

---

Merkmal dieser Systeme ist die Erweiterung der reinen DWH-Datenbank um einen sogenannten Operational Data Store (ODS).

[68] Raden bezeichnet den klassischen read-only-OLAP-Zugriff auf DWH-Daten als „Narrow OLAP" und grenzt dazu den vor allem im Rahmen mit Data Mart-Lösungen gelegentlich anzutreffenden „Broad-OLAP"-Ansatz ab. Im Vordergrund des „Broad OLAP" steht dabei nicht die Möglichkeit, Datenveränderungen vorzunehmen, sondern vielmehr die Einbindung von komplexen Methoden der Trendanalyse, Zeitreihenprognose usw. [vgl. Raden 97, S. 209f].

[69] Die Funktionalität des OLAP-Servers ist oft nicht von der DBMS-Funktionalität getrennt.

[70] Beispielsweise für das Marketing oder das Controlling.

Architekturrahmen für Data Marts [vgl. Kapitel 3.5.2.2; Mimno 97, S. 168ff; Inmon/Zachman/Geiger 97, S. 24-37].

Je nach der verwendeten Datenbankmaschine wird in der Literatur das Online Analytical Processing oft in MOLAP (physisch multidimensionales OLAP, auch POLAP) und ROLAP (relationales OLAP) unterteilt. Während diese Unterteilung vor einigen Jahren aufgrund der eingeschränkten OLAP-Tauglichkeit eines auf einem relationalen DBMS basierenden Systems noch ihre Berechtigung gehabt haben mochte, werden heute oft nur noch zu Marketingzwecken die „MOLAP-Fähigkeiten" in den Vordergrund geschoben.

Hybride Systeme

Sogenannte HOLAP-Systeme (Hybrid-OLAP) verknüpfen die Vorteile des Einsatzes von rDBMS und mDBMS als Datenlieferant in einem System.

Häufig benötigte preaggregierte Daten werden von HOLAP-Systemen hochperformant von einer mDBMS-Komponente geliefert. Detaildaten werden von einer rDBMS-Komponente zur Verfügung gestellt. Beide Komponenten sind dabei in einem hDBMS eng miteinander vermascht und sind aus Benutzersicht nicht unterscheidbar. Die heutigen HOLAP-Produkte basieren auf rDBMS-Lösungen, die um mDBMS-Fähigkeiten erweitert wurden.

Erweiterbarkeit des dimensionalen Modells

Erweiterbarkeit ist ein wichtiger Punkt bei der konzeptuellen Gestaltung eines DWH-Systems [vgl. Jacobs 97, S. 51]. Ein DWH sollte eine ausreichende „dimensionale Skalierbarkeit" aufweisen. Dies betrifft vor allem die folgenden Punkte. In der Reihenfolge ihrer Nennung bedeuten diese Punkte eine zunehmende Umorganisation der DWH-Datenbank:

- **Verändern der Facts (Löschen und Hinzufügen, Ändern des Typs)**

  Veränderungen an den Fakten laufen bei einer relationalen DB darauf hinaus, die Faktenattribute der Faktentabelle zu ändern. Bei einem mDBMS dagegen müssen die Felder des Datenwürfels erweitert werden, was in der Regel ein komplettes Verwerfen und Wiederneuanlegen des Würfels zur Folge hat.

- **Ändern der Gestaltung der Dimensionshierarchie**

  Veränderungen im dimensionalen Design wirken sich bei einer zugrundeliegenden relationalen Datenbankmaschine ausschließlich auf die betreffende Dimensionstabelle aus. Wurden neue Datensätze in die Dimensionstabelle aufgenommen, müssen diese Erweiterungen in die Faktentabelle übernommen werden. Bei einem mDBMS sind bei dieser Funktion mindestens große Restrukturierungsmaßnahmen fällig. Meist wird auch hier der Datenwürfel verworfen.

- **Einfügen neuer Dimensionen**

    Bei einem rDBMS: Die Aufnahme einer neuen Dimension zieht die
    Einrichtung einer neuen Dimensionstabelle nach sich. Die Faktentabelle
    muß neu erzeugt werden, da sich der Primärschlüssel unweigerlich ge-
    ändert hat. Bei einem mDBMS muß der komplette Datenwürfel verwor-
    fen und neu aufgebaut werden.

Die Stillstandzeiten des DWH während dieser Änderungen müssen minimal sein.
Gerade bei großen DWH-Systemen mit vielen Benutzern bedeutet die Transak-
tionsfunktionalität eines rDBMS eine große Erleichterung für den laufenden Betrieb. Während der Datenbankumorganisation kann mit der „alten Datenversion"
weitergearbeitet werden. Besondere Bedeutung erlangt diese Funktionalität bei
einer weltweit genutzten konzernweiten DWH-Datenbank auf Basis eines
mDBMS[71].

Fazit

Die obigen Ausführungen können als Grundlage zur Entscheidung für eines der
beiden DBMS dienen. Die Ergebnisse werden nachfolgend kurz zusammengefaßt:

- Heutige mDBMS bieten keine Möglichkeit zur Einbindung komplexer
  Datentypen und verhindern damit den Einsatz multimedialer Elemente.

- Die Freiheiten des Dimensional Modelling und sonstiger bekannter
  Techniken zur Leistungssteigerung von relationalen Datenbankmaschinen existieren bei Verwendung von mDBMS nicht. Die Optimierung
  eines mDBMS beschränkt sich auf vom Hersteller vorgegebene Möglichkeiten.

- Data Sparsity stellt für moderne mDBMS keine große Hürde mehr da.
  Zur Vermeidung von ineffizienten großen „Leerfeldern" im Datenwürfel einer mDB sind allerdings umfangreiche Maßnahmen (Komprimierung von multidimensionalen Daten, Aufspaltung des Datenwürfels in
  kleinere Datenwürfel) zu treffen, die aufwendige Verwaltungsarbeit
  nach sich ziehen.

- mDBMS bieten kein Transaktionskonzept (Probleme bei non-stop weltweit genutzten DWH-Systemen).

- Die Notwendigkeit von Schreibzugriffen auf die DWH-Datenbank
  sollte nicht überbewertet werden. Der Vorteil einer konsistenten und

---

[71] Kann bei einer nationalen DWH-Datenbank leicht im Zuge der Nacht oder des Wochen-
endes ein Update durchgeführt werden, ergibt sich bei Zugriffen aus verschiedenen Zeit-
zonen meist das Problem eines „zu kleinen" Zeitfensters. Das Transaktionskonzept ver-
schafft hier den rDBMS-basierten DWH-Systemen gegenüber den mDBMS-basierten Systemen einen Vorteil.

einheitlichen Datenbasis würde stark eingeschränkt werden. Die Ablage von Berechnungen kann von den Systemen der Benutzerschnittstelle separat vorgenommen werden, was für den Benutzer keine Einschränkung bedeutet.

Wenn die Anzahl und der hierarchische Aufbau der gewünschten Dimensionen über die Lebenszeit des DWH konstant bleibt, der Größenzuwachs der DWH-Datenbank in der Zukunft überschaubar bleibt und die Anzahl der gleichzeitig zugreifenden Benutzer relativ klein ist, kann man auf den Ansatz des proprietären OLAP in Form eines mDBMS ausweichen. In der Praxis sind alle diese Vorbedingungen selten erfüllt.

Moderne rDBMS erfüllen durch DWH-Optimierungen alle Voraussetzungen, um gegen mDBMS bestehen zu können. Im Gegensatz zu den proprietären physisch-multidimensionalen Datenbanksystemen sind für die relationalen Systeme zukunftssicheres Know-How und Werkzeuge zur professionellen Administration (Datenübernahme aus Quellsystemen, Last- und Verfügbarkeitsverteilung, Replikationsmechanismen) verfügbar. Die nicht standardisierten mDBMS werden in der Zukunft verstärkt Bedeutung durch den Einsatz in Data Mart-Architekturen erlangen [vgl. Mimno 97, S. 168ff].

Die Wahl eines rDBMS bedeutet eine Entscheidung hin zur Flexibilität und zur Skalierbarkeit. Ein weiterer Grund für den Einsatz von rDBMS ist die wesentlich größere Anzahl von Installationen. Liegen in den Unternehmungen bereits Erfahrungen beim Einsatz von relationalen Datenbanksystemen vor, fällt die Entscheidung heutzutage meist zugunsten des relationalen Systems.

Hat sich die Unternehmung erst einmal zum Einsatz eines rDBMS als Datenspeicher im DWH entschieden, beginnen die ersten Schwierigkeiten meist schon in der Phase der Datenmodellierung. Die Leistungsfähigkeit und die Güte einer Analyse per OLAP wird entschieden durch die Datenmodellierung festgelegt.

3.2.3   Data Warehouse-Data Load

Ein DWH-System stellt als Datenlieferant den Zugriff auf einen umfangreichen Datenbestand zur Verfügung. Der Inhalt der DWH-Datenbank wird regelmäßig mit den definierten Quellsystemen abgestimmt. Das Data Load-System[72] sorgt für die Aktualisierung der DWH-Datenbank mit Daten aus den Quellsystemen. Die Daten fließen dabei ausschließlich von den Quellsystemen zur DWH-Datenbank.

Die Load-Systeme des DWH-Kerns übernehmen und überarbeiten Daten aus den Quellen des DWH, um regelmäßig die DWH-Datenbasis zu aktualisieren. Der Zeitraum zwischen den Data Loads (Datenlatenzzeit) zur Aktualisierung der

---

[72] Das Bestandteile des Data Load-Systems werden vielfach auch als ETL-Werkzeuge bezeichnet. ETL steht hierbei für Extraction, Transformation und Load.

DWH-Datenbank ist den Anforderungen, die an ein DWH zu stellen sind, angemessen anzupassen[73].

Das Data Load-System ist verantwortlich für die Erhaltung eines jederzeit konsistenten Zustandes des DWH[74]. Zur Sicherung eines performanten DWH-Betriebs während des Data Loads kann auf eine gespiegelte (parallele) Version der Datenbank umgeschaltet werden. Da dies in der Praxis mit hohen Kosten verbunden ist, sollte bei der Errichtung des DWH darauf geachtet werden, daß die Ausfallzeiten aufgrund der regelmäßigen Data Load-Operationen minimal bleiben.

Daten aus den Quellsystemen werden vom Production Data Extract System (PDES) zur Verfügung gestellt. Der Aufbau des PDES ist nach Meinung der Literatur die aufwendigste und unkalkulierbarste Phase bei der Errichtung eines DWH [vgl. Kimball 96, S. 215; Hufford 97, S. 239; o.V. 97i].

Kimball unterteilt den Vorgang des Data Load in 11 Schritte [vgl. Kimball 96, S. 215-226; Schreier 96, S. 83ff][75]:

1. **Quelldatenextraktion**

   Extrahieren von Daten der Quellsysteme[76]. Sind direkte Anfragen an ein DBMS möglich, können die Daten mit Hilfe von einfachen Extraktionswerkzeugen ausgelesen werden. Großen Aufwand dagegen kann die Extraktion von in proprietären Datenformaten abgelegten Quelldaten verursachen. Sind die Formate nicht (mehr) zugänglich, muß mit großem Aufwand eigenentwickelt oder teuer eingekauft werden.

   Die in (vor allem älteren) operationalen Datenbanken anzutreffende Verletzung der ersten Normalenform (1NF) kann in diesem ersten Schritt ebenfalls aufgelöst werden.

---

[73] In einer repräsentativen Untersuchung unter Mitarbeitern aus den Fachabteilungen verschiedener Unternehmen ging die Mehrzahl der befragten Personen von der Notwendigkeit eines täglichen Refresh der Data Warehouse-Datenbank aus [vgl. Fasching 95, S. 255-262; Breitner/Herzog 96, S. 46].

[74] Obwohl die Qualität der Daten im DWH unbestreitbar von hohem Wert für die Unternehmung ist, sollte der „Grad der Datenwahrheit" sich am Kosten- Nutzen-Verhältnis orientieren. Beispielsweise wird ein falscher oder fehlender Fact-Wert in einem Datensatz auf einer niedrigen Hierarchieebene bei einer Abfrage nach aggregierten Daten zumeist keinen „großen" Schaden anrichten. Bei sporadischen Umsatzverläufen gewinnt ein Fehler bei detaillierter Betrachtung dagegen schon sehr an Bedeutung.

[75] Der aufgeführte Data Load beschränkt sich auf den Einsatz in mehrschichtigen Softwarearchitekturen, die in Abschnitt 3.5.1 ausführlich beschrieben werden.

[76] Nach Expertenschätzungen sind heutzutage immer noch mehr als 70 Prozent der Unternehmensdaten in nichtrelationalen Datenbanken auf Legacy-Systemen abgelegt [vgl. Kalakota/Whinston 96, S. 468].

2. Identifizieren geänderter Datensätze

Die wert- oder umfangmäßigen Änderungen der Quelldaten seit dem letzten Data Load sind am besten auf den operativen Quellsystemen zu erfassen, um unnötige Konvertierungen zwischen den meist unterschiedlichen Systemlandschaften zu vermeiden. Je nach Erreichbarkeit der Quelldaten (siehe ersten Punkt) kann die Identifizierung der Änderungen mehr oder weniger aufwendig sein.

3. Schlüsselgenerierung bei Änderungen im Dimensionsaufbau

Bei Verwendung eines relationalen DBMS bedeuten Änderungen in den Dimensionen (Hinzufügen/Entfernen von Knoten zu/von Dimensionshierarchieebenen; Einfügen/Entfernen von Dimensionshierarchieebenen usw.) auch immer Änderungen an Primärschlüsseln der betroffenen Dimensionstabelle. Da die Schlüssel der Datensätze der Dimensionstabellen als Fremdschlüssel in die Faktentabelle übernommen werden, müssen Änderungen dort nachvollzogen werden.

Änderungen im Aufbau der Dimensionen müssen zur Sicherung der Konsistenz des DWH in den Metadaten nachvollzogen werden.

4. Generierung von Load Record Images

Die in die DWH-Datenbank zu übernehmenden Daten werden so angeordnet, daß sie ohne weitere inhaltliche Änderungen in die Zieldatenbank überführt werden können.

5. Typkonvertierungen

Durchführung von umfassenden Typkonvertierungen zur Anpassung der Record Images an die DWH-Umgebung (Typkonvertierungen, beispielsweise von EBCDIC nach ASCII; Konvertierung von Zahlenformaten).

6. Sortierung und Aufbau von Aggregaten

Der Aufbau von voraggregierten Daten kann durch das DWH-DBMS übernommen werden. Wesentlich performanter jedoch können Aggregate von spezialisierten Programmen auf der Basis der Record Images erzeugt und im Anschluß daran in die Datenbank eingelesen werden.

7. Schlüsselgenerierung in der Faktentabelle

Der Aufbau der Aggregate in der DWH-Datenbank kann - bedingt durch Änderungen in den Dimensionen (vgl. Abschnitt 3.2.2.4) - die Erzeugung von neuen künstlichen Schlüsseln in der Faktentabelle nach sich ziehen. Diese neuen Aggregate sind ebenfalls in den Metadaten zu vermerken.

8. Laden

Übernahme der Record Images in die DWH-Datenbank. Dies kann durch Importfunktionen des DBMS schnell und effizient erledigt werden (durch den Einsatz von Bulk Load-Programmen). Das Loading kann durch den Einsatz von Multiprozessor-Systemplattformen entscheidend unterstützt werden.

9. Fehlerbehandlung

Auftretende Fehler in der referentiellen Integrität des eingeladenen Datenmaterials können effektiv in der DWH-Datenbank behandelt werden.

Im Gegensatz zur Faktentabelle, welche sich in der Regel auf einen oder zwei Datenbankindizes beschränkt, besitzt jede Dimensionstabelle eine große Anzahl von Datenbankindizes (bis hin zur Anzahl der Tabellenattribute). Dies zieht einen großen Bedarf an Speicherplatz und Berechnungszeit nach sich und muß durch passende Fehlerbehandlungsstrategien gesichert werden.

10. Qualitätssicherung

Die Qualitätssicherung hat zu entscheiden, in welchen Fällen das Data Load als (korrekt) abgeschlossen betrachtet werden kann. Probleme können auftreten, wenn nicht alle benötigten Daten rechtzeitig verfügbar sind. Können beispielsweise die Verkaufszahlen einer Niederlassung nicht rechtzeitig geliefert werden, ist der Vorteil höchster Datenqualität abzuwägen gegen die generelle (Teil-)Aktualität und Verfügbarkeit des DWH-Systems [vgl. Edelstein 97, S. 40ff]. Beim Auftreten schwerwiegender Inkonsistenzen im Datenmaterial muß der komplette Load-Prozeß rückgängig gemacht werden (Rollback). Das Data Load ist in diesem Sinne als sehr umfangreiche Datenbanktransaktion zu verstehen, für die im (durch den menschlichen Aufgabenträger zu entscheidenden) Fehlerfalle das ACID-Prinzip[77] ebenfalls gilt.

11. Veröffentlichung

Die DWH-Nutzer sollten regelmäßig über den Abschluß des Data Load verständigt werden. Die Qualitätssicherung hat zusätzlich auf eventuell vorkommende Inkonsistenzen hinzuweisen.

Die Extraktion von Daten aus DBMS-basierten Quellsystemen stellt durch den Einsatz von Datenbankreplikationsmechanismen kein größeres **technisches** Pro-

---

[77] Die ACID-Bedingungen (Atomicity, Consistency, Isolation, Durability) müssen zur Abwicklung von elementaren rücksetzbaren Transaktionen eingehalten werden [vgl. Ferstl/Sinz 93, S. 350f].

blem dar[78]. Sind - wie oben bereits angesprochen - die Quelldatenformate nicht bekannt, so ist der Einsatz von unterschiedlichen aufwendigen Extraktionswerkzeugen erforderlich [vgl. Mimno 97, S. 170ff].

3.3 Data Warehouse - Quellsysteme

Die Datenressourcen der DWH-Quellsysteme sind die Ausgangsbasis des Inhaltes einer DWH-Datenbank. Der initialen Datenübernahme aus den Quellsystemen in das DWH geht eine aufwendige Analyse des Informationsbedarfs der DWH-Anwender und der Planung der Transformationsregeln (vgl. vorigen Abschnitt) voraus[79].

Schon zu Beginn eines DWH-Projektes sind zur Gewährleistung eines späteren reibungslosen DWH-Betriebes umfangreiche Überlegungen nicht nur zur Planung und Inbetriebnahme, sondern auch zum weiteren laufenden Betrieb des DWH-Systems anzustellen. Die beiden folgenden Abschnitte geben einen Einblick.

3.3.1 Planung und Inbetriebnahme des Data Warehouse

Mit einem DWH, in dem wie bei einem Schwarzen Loch die Daten verschwinden und das System nie wieder verlassen, ist keinem gedient. Im Interesse der Anwender, der unterstützenden DV-Verantwortlichen und des Projektbudgets sind deshalb die Inhalte des DWH innerhalb eines aus Mitarbeitern der Fach- und DV-Abteilungen bestehenden Projektteams in der Planungsphase genau zu definieren. Der Nutzen eines DWH besteht nicht im Sammeln von Daten sondern vielmehr im Liefern von Informationen.

Der Projektverantwortliche steht vor der Herausforderung, das DWH zeitgerecht und gemäß dem Anforderungsprofil späterer Anwender umzusetzen. In seinem Verantwortungsbereich liegt es außerdem, zwischen den beteiligten Fachbereichen zu vermitteln. Vielfach ist für das Scheitern von DWH-Projekten ein zu umfassender Ansatz verantworlich. Im Dialog zwischen Fachleuten und DV-Verant-

---

[78] Die Inhalte einer Vielzahl von unterschiedlichen DBMS-Typen abzugleichen bedeutet einen sehr großen Aufwand. Zur Sicherung einer konsistenten DWH-Datenbasis müssen die Attribute jedes einzelnen beteiligten Quellsystems in ihrer Bedeutung abgeglichen und in ihrem Umfang bereinigt werden. Man spricht in diesem Zusammenhang vom „Datenschrubben" (Data Scrubbing). Die New York Chase Manhattan Bank hatte beim Start ihres DWH-Projektes die Inhalte von 54 verschiedenen Datenbasen (die zum großen Teil von unterschiedlichen DBMS verwaltet wurden) und Flat Files abzugleichen [vgl. Rother 95, S. 3].

[79] Innerhalb eines Data Warehouse-Projektes wird der Planung und Durchführung der Datenübernahme aus den Quellsystemen mit Abstand der größte zeitliche und damit auch monetäre Aufwand zugerechnet [vgl. Devlin 97, S. 21; Schinzer 97].

wortlichen sind zur zügigen Realisierung des Projektes die Inhalte des DWH festzulegen.

In der Regel erfreuen sich DWH-Systeme nach erfolgreicher Implementation eines großen Zuspruchs von seiten der Benutzer. Die neuen Anforderungen bezüglich Ergänzungen und Erweiterungen des Systems müssen gesammelt und regelmäßig von einer Institution in die Pläne zum Ausbau des DWH eingearbeitet werden[80]. Ein DWH lebt von der Akzeptanz seiner Benutzer. Die Inhalte des DWH werden dementsprechend im Zeitablauf ständig angepaßt werden müssen.

3.3.1.1 Informationsbedarfsanalyse zur Bestimmung der Inhalte des Data Warehouse

Produktionsprozesse unterliegen der Notwendigkeit einer Zielorientierung. Der den Produktionsprozeß unterstützende Informationsprozeß muß ebenfalls vorgegebenen Prozeßzielen genügen. Die Forderung nach einem planerischen Prozeß zur Definition der unterstützenden Informationen ist offensichtlich.

Der Informationsbedarf unstrukurierter Entscheidungen, wie sie typischerweise in vielen Einsatzgebieten von DWH-Systemen anfallen (beispielsweise im Marketing, Controlling, Vertrieb usw.), läßt sich a priori schlecht abschätzen [vgl. Ausführungen zu Kapitel 2; Aicher 96, S. 54f]. Ein systematisches Vorgehen der Informationsbedarfsanalyse zur Bestimmung der Inhalte eines DWH muß folglich besonders sorgfältig und unter besonderem Einbezug der späteren Anwender erfolgen. Die Inhalte des DWH müssen sich an den Anforderungen der zukünftigen Benutzergruppe orientieren[81]. Die Integration der späteren Benutzer in den Prozeß der Inhaltsdefinition ist aus diesem Grund unbedingt notwendig.

Der strukturiert planerische Prozeß zur Definition der Inhalte des DWH gliedert sich in die folgenden Phasen:

- **Definition eines Zielsystems**

  Die im DWH-Projekt zu erreichenden Ziele sind in der ersten Projektphase in Zusammenarbeit mit den späteren Anwendern zu klären und festzuhalten [vgl. Biethahn/Muksch/Ruf 90, S. 143]. Beispielsweise kann eine um mehrere Prozentpunkte erhöhte Rücklaufquote bei der Direktansprache von Kunden per Post als Ziel festgehalten werden.

---

[80] Die Einrichtung und auch die laufende Planung der Inhalte eines Data Warehouse müssen einer festen Institution unterliegen. Kimball definiert dazu verschiedene Stellen [vgl. Kimball 96, S. 228f].

[81] In der Praxis wird dies mit der Bezeichnung „User-Centric Warehousing" umschrieben.

- **Bestimmung des subjektiven Informationsbedarfs**

  Gruppendiskussionen und Workshops mit vorgegebenen Zielen werden als unbedingt notwendig erachtet[82]. Als schwierig wird hierbei die Auswahl der zu Befragenden und die Art der Befragung angesehen. Als nicht zu vernachlässigender Faktor wird der Dialog der Fachverantwortlichen aus den verschiedenen betrieblichen Funktionalbereichen untereinander in einer Gruppe angesehen.

  Nachvollziehbar ist die generelle Aussage, daß das Versenden von Datenlisten (in denen die zukünftigen Benutzer des DWH „wichtige" Daten ankreuzen können) zu einer nicht korrekten Abbildung des subjektiven Informationsbedarfs der Informationsnachfrager führt. Schon bei ersten Kontakten mit den späteren Anwendern sollte versucht werden, deren subjektiven Eindrücke und Erwartungen zu sammeln[83].

  Die nachfolgend aufgeführten Hilfsmittel können zur Erfassung von Informationsbedürfnissen herangezogen werden [vgl. Biethahn/Muksch/ Ruf 90, S.156ff; Heinrich 92, S. 271ff]:

  - Interview

  - Brainstorming

  - Methode 635

  - Szenariotechnik

  - Portfolio-Analysen

- **Bewertung des ermittelten Informationsbedarfs anhand des Zielsystems**

  Im Rahmen von moderierten Gruppendiskussionen können beispielsweise kritische Erfolgsfaktoren (KEF) erfaßt und der Informationsbedarf damit objektiviert werden. Für jede Branche ist eine begrenzte Anzahl kritischer Erfolgsfaktoren ausschlaggebend. Diese KEF (engl. auch CSF = Critical Success Factors) können sich nach den empirischen Studien von J.F. Rockart direkt auf den Erfolg von Unternehmen auswir-

---

[82] Die in diesem Abschnitt aufgeführten Methoden zur Bestimmung und Auswertung des Informationsbedarfs wurden unter anderem ausgewählt nach einer im Februar 1997 durchgeführten Maillist-Diskussion mit neun Experten im Data Warehouse-Bereich.

[83] Eine der ersten Data Warehouse-Implementationen im europäischen Bankbereich wurde um 1990 von der niederländischen ABN AMRO Bank abgeschlossen. Besonders großer Wert wurde bei der Implementierung auf die Erfüllung der Benutzerbedürfnisse gelegt. Das DWH-System wurde schon vom Start weg gut angenommen und konnte in den Folgejahren eine jährliche Steigerung der Nutzung von ca. 50% verzeichnen [vgl. Devlin 97, S. 13].

ken [vgl. Rockart 79; Heinrich 92, S. 325ff; Bullinger/Niemeyer/Koll 93, S. 56].

Anhand der durch das Zielsystem vorgegebenen Ziele können die erforderlichen Handlungsalternativen bewertet werden. Die in der Gruppe identifizierten „Key Business Metrics" dienen als Auswahlmenge zur Population der DWH-Datenbasis mit betrieblichen Kenngrößen.

- **Auswahl der in das Data Warehouse aufzunehmenden Inhalte**

   Nach dem Abgleich des ermittelten objektiven Informationsbedarfs der Zielgruppe eines DWH-Projektes mit den zur Verfügung stehenden Informationsquellen können anhand des Zielsystems die in die DWH-Datenbank aufzunehmenden Inhalte bestimmt werden. Gerade zur Einbindung externer Informationen kann sich die Notwendigkeit ergeben, neue Quellen erschließen zu müssen.

Der erreichbare Informationsstand des DWH-Anwenders ergibt sich aus den nach dem effektiven Informationsbedarf bestimmten Inhalten der DWH-Datenbasis.

Generell gilt: Daten sollten nicht ins DW integriert werden solange nicht geklärt ist, daß sie zu einer Wertsteigerung beitragen.

Die Ergebnisse der Informationsbedarfsanalyse können als Grundlage zur konzeptuellen DWH-Modellierung (beispielsweise Modellierung des Datenbankschemas) dienen. Von der Erstellung eines unternehmensweiten Datenmodells als Grundlage eines DWH-Datenmodells wird in der Literatur meist abgeraten [vgl. Radding 96]. Ein solches Vorgehen wird von der Praxis als unrealistisch abgetan, da zu aufwendig [vgl. Hackathorn 95].

Um das Interesse der Beteiligten zu sichern und die Benutzer auch in allen Phasen der Systementwicklung einbeziehen zu können, sollten regelmäßig im Sinne einer Rückkopplung der Diskussionsergebnisse auch in der Phase der Informationsbedarfsanalyse Prototypen präsentiert werden können [vgl. o.V. 97f, S. 80]. Im Vordergrund einer Prototyp-orientierten Vorgehensweise steht der Ansatz, die Fachvertreter durch Wahrnehmung einer konstruktiven Aufgabe in das Projekt einzubinden.

3.3.1.2 Quellsysteme als Datenlieferanten für das Data Warehouse

Daten werden mit Hilfe von Transformationsprogrammen regelmäßig aus den unternehmensinternen Systemen[84] bzw. von unternehmensexternen Datenlieferanten in die DWH-Datenbasis übernommen [vgl. Kirchner 96, S. 274ff]. Neben den aktuellen Datenbeständen der operativen Systeme werden grundsätzlich Daten aus den unternehmensinternen Archivsystemen zum initialen Aufbau der DWH-Datenbasis herangezogen.

Der Vorgang der Datenübernahme ist regelmäßig mit großem Aufwand verbunden und kann technisch reibungslos und ökonomisch vertretbar nur dann funktionieren, wenn die zugehörigen Abläufe größtenteils automatisiert ablaufen (vgl. Abschnitt 3.1.2).

Daten aus den operativen Systemen

Eine Transformation der Quelldaten ist notwendig, da den verschiedenen operativen Systemen oft unterschiedliche Datenstrukturen und häufig auch unterschiedliche Datenbanktechnologien zugrundeliegen.

Häufig werden von den DWH-Systemlieferanten Referenzprogramme zur Transformation von Daten aus vorhandenen ERP-Systemen (Enterprise Ressource Planning-Systeme) in das DWH angeboten. Beispielsweise werden für die Standardsoftwareprodukte Baan und SAP R/3 für bestimmte Module Fertigtransformationen (sogenannte Rapid Deployment Templates) angeboten, welche im Zuge eines Customizing - dank einer ausführlichen Dokumentation und Implementierung eines Repositories - noch angepaßt werden können. Auf diese „Schubladenlösungen" kann bei eigenentwickelten Systemen oder Systemen mit geringem Verbreitungsgrad selbstverständlich nicht zurückgegriffen werden. In diesem Fall müssen die Datentransformationen aus den Operativsystemen ins DWH in eigener Regie realisiert werden.

Daten aus externen Systemen

Die von unternehmensexternen Anbietern (beispielsweise Wirtschaftsverbände, Marktforschungsinstitute oder sonstige professionelle Dienstleister) zur Verfügung gestellten Daten müssen heutzutage meist ebenfalls durch Transformationsprogramme in einen gebrauchsfertigen Zustand versetzt werden.

Die von verschiedenen Dienstleistern regelmäßig auf unterschiedlichen Medien zur Verfügung gestellten Daten müssen physikalisch in die DWH-Datenbank kopiert werden (Medienwechsel).

---

[84] Zu den bankinternen operativen Quellsystemen zählen beispielsweise unter anderem die verschiedenen Abrechnungs- und Buchungssysteme, das Personalsystem, Kundenkontaktsysteme, Systeme zur Bereichs-Ergebnisrechnung und zur Kostenstellenrechnung.

Historische Daten aus Archivspeichern

In regelmäßigen Zeitabständen wird der Inhalt der Datenspeicher der operativen Systeme auf hochkapazitive Externspeicher (beispielsweise Bandspeicher) ausgelagert. Diese Backups der Datenspeicher stellen jeweils einen Snapshot auf die konsistenten Datenspeicher der operativen Systeme dar und bilden damit eine gute Grundlage für die Initialisierung der zeitvarianten Datenhaltung im DWH.

3.3.1.3 Anschluß der Quellsysteme an den Data Warehouse-Kern

Für die operativen Anwendungssysteme existieren typischerweise Datenbeschreibungen in Form von Copybooks, DDL-Statement-Auflistungen oder auch Data Dictionaries. Es ist (im Idealfall) möglich, die Systemkataloge von relationalen Datenbanken direkt auszulesen und so einen Einblick in die physische Datenbankstruktur zu erhalten.

Metadaten stellen die Grundlage der Abbildung der Quell- auf die Zieldaten dar. Die aus den Quelldaten abzuleitenden Daten werden über Bedingungen, Regeln und Zeitrahmen beschrieben. Zusätzlich zur initialen Planung der DWH-Inhalte im Rahmen eines DWH-Projektes müssen gemäß einer Langfristplanung die Inhalte der DWH-Datenbasis den geänderten Benutzeranforderungen als auch den Änderungen der Quellsysteme angepaßt werden.

3.3.2 Das Data Warehouse im laufenden Betrieb

Die Inhalte der DWH-Datenbasis müssen im Zeitablauf ständig gesichtet und bewertet werden. Genau wie bei der Planung und Erstellung des Data Warehouse gilt auch hier: Weniger (Inhalt) ist oft mehr (wert).

Das DWH „lebt" von ständiger Veränderung [Edelstein 97, S. 36]:

- **Veränderte Anforderungen**

  Ein DWH, dessen Inhalte sich im Zeitablauf nicht regelmäßig ändern und an neue Bedürfnisse angepaßt werden kann, wird rasch die Akzeptanz der Benutzer und damit seine Berechtigungsgrundlage verlieren[85].

  Impulse für die Pflege von DWH-Systemen müssen aus den Fachabteilungen kommen. Vertrieb, Marketing, Controlling und die Unternehmensleitung müssen das Data Warehouse als unverzichtbaren Bestandteil eines kundenzentrierten Unternehmens fordern und fördern.

---

[85] Zur Entwicklung und Weiterentwicklung eines Data Warehouse-Systems werden verschiedene spezielle Software Lifecycle-Modelle vorgeschlagen [vgl. B.Devlin, Bullinger et al. 95].

- **Veränderte Umgebung**

  Veränderungen der Quellsysteme müssen im DWH-System nachgebildet werden. Dies kann zu drastischen Veränderungen im Data Load führen (bei den zugrundeliegenden und sich im Zeitablauf ändernden operativen Systemen) und auch bis zur Benutzerschnittstelle durchschlagen. Umfangreiche und zu einem kompletten Redesign des DWH-Systems führende Auswirkungen können sich beispielsweise durch die Einführung von „Standardsoftware" ergeben.

Die zur Anpassung des Systems notwendige **Flexibilität** bezüglich Veränderungen der Benutzerbedürfnisse bzw. Veränderungen der Systemumgebung **ist der kritische Erfolgsfaktor** eines DWH-Systems. Die langfristige Sicherung der Akzeptanz eines DWH-Systems bei seinen Benutzern ist wichtig und Voraussetzung für den erfolgreichen Einsatz [vgl. Devlin 97, S. 63]. Voraussetzung für diese Akzeptanz und damit für das „Überleben" des DWH ist die Verankerung der Flexibilität in einer passenden Organisation.

Die Einbindung des DWH-Benutzers in den laufenden DWH-Betrieb kann durch das Konzept der Übernahme von „Datenpatenschaften" sichergestellt werden. Das Qualitätsmanagement kann ebenfalls auf der Ebene der Fachabteilungen angesiedelt werden.

3.3.2.1 Datenverantwortung: Der Besitz von Daten in der Unternehmung

Bei der Weiterentwicklung eines DWH-Systemes lassen sich neben den technischen Schwierigkeiten hauptsächlich die folgenden Problemtreiber identifizieren:

- **DV-Abteilung entwickelt an den Fachabteilungen vorbei**

  Die DV-Verantwortlichen übersehen oft, daß die von ihnen verwalteten Rohdaten zumeist nicht innerhalb der DV-Abteilung entstanden sind und auch nicht der DV-Abteilung gehören.

  Erweiterungen im Funktionsumfang der Benutzerschnittstelle oder im Umfang der dem DWH zugrundeliegenden Datenbasis können sich suboptimal auf das Gesamtsystem auswirken, wenn sie nicht mit der DWH-Projektgruppe abgestimmt wurden[86].

- **Fachabteilungen agieren „lokal"**

  Quellsysteme eines DWH-Systems können sich außerhalb von Mainframe- oder Serverumgebung und damit auch außerhalb der Kontrolle von DV-Abteilung unter dezentraler Verwaltung eines Fachbereiches

---

[86] Eine DV-zentrierte Denkweise führte in den siebziger Jahre in die MIS-Krise („Wenn die Fachabteilungen diese Funktionen/Daten haben, werde sie diese schon verwenden").

befinden[87]. Hier besteht die Gefahr, daß die Fachbereiche „ihre" Datenbanken ohne Abstimmung mit dem DWH-Projektteam erweitern oder belasten. Dies kann zu Lasten der Data Load-Operationen gehen und nicht vorhersehbare Seiteneffekte generieren.

Zur Lösung dieser Problematik werden in vielen Unternehmen Konzepte der „Datenpatenschaften" angedacht. Verschiedene Fachabteilungen im Unternehmen bekommen die Verantwortung für abgegrenzte Quelldatenbestände übertragen. Der DWH-Nutzer in den Abteilungen bekommt dabei mehrere Faktoren vor Augen geführt:

- Information ist nicht kostenlos.

- Geschäftsrelevante Information ist kein Privatbesitz.

- Datenpflege bedeutet Aufwand.

Die unternehmensinternen Besitzverhältnisse an Informationen sind beim Start des DWH-Projektes auszumachen und in detaillierten Verantwortlichkeiten festzulegen. Fehler im Data Load müssen von den Verantwortlichen lokalisiert und behoben werden. Diese sogenannten „Data Stewards" sind auch innerhalb ihrer Abteilung der Ansprechpartner bezüglich Erweiterungen des DWH-Systems und den daraus entstehenden Kosten [vgl. Inmon/Zachman/Geiger 97, S. 220f; Devlin 97, S. 138f].

Bei Änderungswünschen und Ergänzungsvorschlägen bezüglich Dateninhalten oder Mißverständnissen in den Metadaten aufgrund fehlerhafter Formulierungen ist der Data Steward der fachlich kompetente Verantwortliche. Durch die Etablierung der Position des Data Stewards können die DV-Zentren entlastet werden. Das Vertrauen der DWH-Nutzer in „ihre" Daten wächst, das DWH wird nicht als Fremdkörper empfunden.

Die Bank of Boston hat ein „Corporate Data Resource Board" eingerichtet, welches für die gesamte Unternehmung genau festlegt, wer an welchen Daten Eigentumsrechte besitzt. Dort werden auch gleich Ansprechpartner für Nachfragen benannt.

3.3.2.2 Datenqualität

Liefert das Data Warehouse falsche oder keine Daten oder benötigt „zu viel" Zeit für Recherchen, so wird das oben angesprochene Vertrauen der Nutzer in das System recht schnell schwinden. Unzureichende Datenqualität ist in vielen Fällen das K.O.-Kriterium für ein DWH-Projekt. Die Datenqualität muß immer am konkreten Anwendungsfall gemessen werden [vgl. Hufford 97, S. 253ff; vgl. Abschnitt 3.2.3].

---

[87] Oben wurde bereits diese Bildung von „lokaler DV-Kompetenz" als eine der Ursachen zur Entwicklung des „Spider Net Environment" erkannt (vgl. Abschnitt 2.3.1).

Große Aufmerksamkeit muß dabei im einzelnen den folgenden Bereichen gewidmet werden:

- fehlende oder inkonsistente Daten.

- Erkennen von Homonymen oder Synonymen.

- Umrechnung verschiedener Maßeinheiten.

Besonders historische Datenbestände können nicht immer fehlerfrei angeboten werden, da die Bereinigung nicht oder nur mit nicht vertretbarem Aufwand durchgeführt werden kann. In einigen Fällen wird man trotzdem Zugriff auf diese Daten zur Verfügung stellen und den Benutzer dabei vor teilweise falschen oder unvollständigen Werten warnen wollen [vgl. Edelstein 97, S. 40ff].

3.4 Die Benutzerschnittstelle

Der Zugriff auf die DWH-Datenbank erfolgt über die Systeme der Benutzerschnittstelle (Benutzer-Frontends). Benutzer sind in diesem Sinne sowohl Endanwender aus dem Fachbereich als auch beispielsweise Systemverwalter (zum Beispiel die im vorigen Abschnitt angesprochenen Data Stewards oder die Administratoren im klassischen Sinne).

Die Benutzerschnittstelle bietet dem Endanwender verschiedene Dienste zum multidimensionalen Arbeiten an. Die Dienste werden von den umfangreichen Funktionen des OLAP-Servers realisiert. Die Menge aller Funktionen des OLAP-Servers bildet das OLAP-Server-API (Application Programming Interface, Programmierschnittstelle).

Bei Einsatz einer mehrschichtigen Softwarearchitektur (vgl. Kapitel 3.5.1) und eines rDBMS beschafft der OLAP-Server die im Zuge der multidimensionalen Analyse vom Benutzer angeforderten Datenbestände von der Datenbank, indem auf Basis der DWH-Metadaten selbständig SQL-Kommandos generiert werden. Der als Middleware fungierende OLAP-Server übernimmt den gesamten Datenaustausch mit dem rDBMS und kapselt die zugrundeliegende Datenbanktechnologie völlig ab. Verschiedene Systeme an der Benutzerschnittstelle werden in Kapitel 4.1 besprochen.

3.4.1 Die Benutzerumgebung des fachlichen DWH-Nutzers

Der Funktionsumfang der verschiedenen Systeme der Benutzerumgebung des fachlichen DWH-Nutzers wird in Kapitel 4 erläutert.

Die in Abb. 3.7 vorgestellte Untergliederung des DWH-Kerns wird nicht von allen Systemen in gleichem Umfang realisiert. Häufig operieren die Systeme der Benutzerumgebung direkt auf der DWH-Datenbank und den Metadatenspeichern.

Dabei übernimmt jedoch die Benutzerumgebung (Front End) Aufgaben, die unter der Kontrolle der zentralen Instanz eines OLAP-Servers (als Back End) viel performanter und redundanzfreier ausgeübt werden könnten[88].

Vor allem die Hersteller von Frontend-Produkten mit Zugriff auf relationale Datenbanken haben in der jüngsten Vergangenheit die verwendete Softwarearchitektur grundlegend überdacht und bieten die aus den Benutzerapplikationen extrahierten Funktionen mittlerweile in separaten Backend-Applikationsservern an. Die in den Front End-Systemen verbleibende „lokale Intelligenz" kann relativ gering gehalten werden[89].

Seit dem Jahr 1998 bietet die Fa. Microsoft einen HOLAP-Server auf dem Markt an. Nach einer heftigen Phase von Konsolidierungen ist damit zu rechnen, daß sich die Weiterentwicklungen an den Data Warehousing Front End-Werkzeugen von den DBMS-Entwicklungen loslösen und sich um die standardisierte Funktionalität von separaten OLAP- oder HOLAP-Servern gruppieren.

3.5 Das Data Warehouse-System

Die möglichen Formen der Zusammenarbeit der Komponenten von DWH-Systemen können in Architekturen beschrieben werden. Die Architektur kann einen limitierenden Faktor bezüglich Leistungsfähigkeit und Erweiterbarkeit des DWH-Systems darstellen. Generell sollte bei der Konzeption eines DWH-Systems eine Architektur gewählt werden, die auch in der Zukunft den Anforderungen des Betriebes gewachsen ist.

Dieses Kapitel beschreibt zunächst die softwaretechnische Architektur eines DWH-Systems und wendet sich danach einer Abgrenzung von DWH-Architekturen auf der Basis von Datenschichten zu.

3.5.1 Softwaretechnische Architekturbetrachtung von Data Warehouse-Systemen

Durch Nutzung offener Kommunikationsprotokolle und genormte Schnittstellen läßt sich ein DWH-System in heterogenen Umgebungen realisieren.

---

[88] In Abschnitt 3.2.2.2 wurde darauf hingewiesen, daß physisch multidimensionale DBMS sehr häufig ebenfalls Funkionen eines OLAP-Servers übernehmen und deshalb auch oft einfach als OLAP-Server bezeichnet werden.

[89] Dies ist gleichbedeutend mit dem Übergang vom „Fat Client" zum „Thin Client" (vgl. Abschnitt 3.5.1).

Diese auch als „Client-Server-Systeme" diskutierten, gemischten Architekturen lassen sich in mehrere Schichten unterteilen [vgl. Gluchowski/Gabriel/Chamoni 97, S. 113ff; Saylor/Bansal 95, S. 5f; Meyer 93, S. 81ff]:

- **Präsentationsschicht**

  Steuerung der (grafischen) Benutzeroberfläche und Interaktion mit dem Benutzer.

- **Applikationsschicht**

  Ablauf der eigentlichen Programmlogik; Datenzugriff auf den Datenbankserver.

- **Datenbankschicht**

  Datenverwaltung des Gesamtsystems.

Durch die Aufteilung einer Software in drei Schichten können Aufgaben jeweils in eine spezialisierte (und auch jeweils optimierte) Hand gelegt werden. Die Präsentationsschicht (als Client) nutzt Dienste der als Basismaschine (Server) fungierenden Applikationsschicht. Diese wiederum stellt die Nutzermaschine (Client) der gewisse Basisdienste anbietenden Datenbankschicht (Server) dar. Generell gilt: Bestandteile von Basisdiensten sind weitestgehend aus den Nutzermaschinen zu entfernen und den Basismaschinen zuzuordnen.

Wurden sämtliche Basisbestandteile aus einer Ebene entfernt, so spricht man von einem „Thin Client". Im umgekehrten Falle sind in einem „Fat Client" neben der Nutzermaschine zusätzlich noch Bestandteile der Basismaschine realisiert. Wird innerhalb eines Programmes neben der abgetrennten Datenbankschicht nicht zwischen Präsentations- und Applikationsschicht unterschieden[90], bezeichnet man den auf dem Benutzer-Rechner ablaufenden Programmbestandteil als „Fat". Bei UNIX-Systemen hingegen sind Programme unter der grafischen Benutzeroberfläche X-Window meist nach dem 3-Schichtenkonzept realisiert. Das auf der Benutzerworkstation ablaufende X-Window-System übernimmt die Präsentationsschicht und realisiert einen „Thin Client" [vgl. Meyer 93, S. 90ff].

---

[90] Dies ist regelmäßig bei Programmen unter der graphischen Benutzeroberfläche Windows der Fall.

70

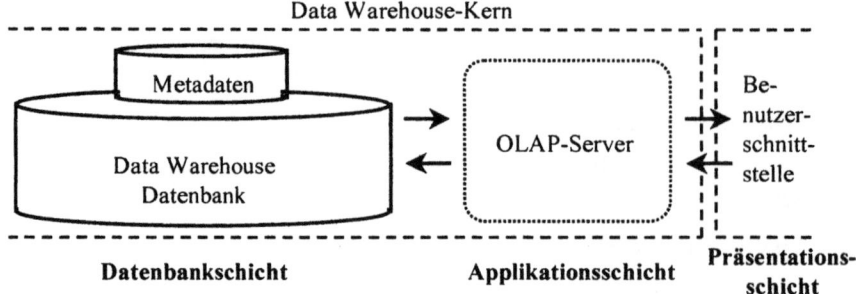

Abb. 3.9: Das DWH-Grundmodell als 3-Schichtenarchitektur

Im Idealfall ist ein modernes DWH-System nach dem Drei-Schichtenmodell aufgebaut (vgl. Abschnitt 3.4.1). Der DWH-Nutzer wird von der Unterteilung des Systems in verschiedene Schichten in aller Regel nichts merken (vgl. Abb. 3.9).

3.5.1.1   Die 3-Schichten Data Warehouse-Architektur

Ein wichtiges Ziel der Aufteilung einer Software in die drei abgrenzbaren Schichten ist letztendlich die Verteilung. Eine in einzelne, spezialisierte Schichten aufgeteilte Software kann als verteilt bezeichnet werden, sobald die Wahrnehmung der Aufgaben der verschiedenen Schichten unterschiedlichen Rechnern in einem verteilten Rechnersystem zugewiesen wird.

Ein in Anlehnung an die 3-Schichten Software-Architektur realisiertes DWH-System bietet eine Reihe von Vorteilen[91]. Große DWH-Lösungen lassen sich auf der Basis einer anderen Architektur in der Regel nicht realisieren[92].

Die Datenanfragen der Benutzerschnittstelle richten sich an den OLAP-Server und werden per Funktionsaufruf übermittelt (vgl. Kapitel 3.1). Die übergebenen Funktionsparameter beschreiben das vom DWH-Nutzer angeforderte Datenmaterial und basieren auf den Metadatenbeschreibungen, welche die Benutzerschnittstelle den Nutzern zur Navigation zur Verfügung stellt (vgl. Abschnitt 3.1.2). Die Datenlieferung des OLAP-Servers beinhaltet eine meist mehrdimensionale Datenreihe (Datenwürfel), die von der Benutzerschnittstelle zur Präsentation verwendet werden kann. Umfangreichen Berechnungen werden - soweit sinnvoll und möglich - auf der Ebene der Applikationsschicht durchgeführt.

---

[91] Eine Aufteilung in drei Schichten bietet große Vorteile bezüglich Administrierbarkeit, Sicherheit, Skalierbarkeit und Leistungsfähigkeit.

[92] In Abschnitt 3.2.2 wurde bereits beispielhaft auf das mDBMS eingegangen. Dieses kann häufig die Trennung zwischen Präsentations- und Applikationsschicht nicht durchgängig aufrechterhalten. Die sich daraus ergebende mangelnde Skalierbarkeit kann Leistungseinbußen nach sich ziehen.

Kommt ein relationales Datenbanksystem zum Einsatz, verwendet der OLAP-Server die Sprache SQL zur Anforderungen von Daten aus der DWH-Datenbank. Die Daten werden vom rDBMS als eine Menge von Datensätzen zurückgeliefert. Bei Einsatz von mDBMS wird die Datenanforderung mittels eines proprietären Abfrageprotokolls vorgenommen (vgl. Abschnitt 3.2.2.2). Die Datenlieferung erfolgt meist als multidimensionale Menge von Feldern.

Auf der Ebene des OLAP-Servers ist die eigentliche „OLAP-Intelligenz" angesiedelt. Diese Schicht nimmt Berechnungen, Aggregationen, Vergleiche und Sortierungen vor. Der OLAP-Server erzeugt aus Daten der DWH-Datenbank die oben angesprochenen mehrdimensionalen Datenwürfel, welche letztendlich von der Präsentationsschicht ohne große Weiterverarbeitung dargestellt werden können Der OLAP-Server kann noch eine Reihe weiterer umfangreicher Funktionen übernehmen (vgl. Abschnitt 3.2.1). Die Präsentationsschicht kümmert sich um die Benutzerinteraktion und ist ansonsten für die Darstellung der multidimensionalen Ergebnisse zuständig.

Nachteil des Einsatzes einer verteilten 3-Schichten-Architektur ist der große Aufwand, der zum Aufbau der stützenden IT-Infrastruktur notwendig ist. Ein DWH-System auf der Basis einer 3-Schichten-Architektur ist aus diesem Grunde überwiegend im unternehmensweiten Einsatz anzutreffen.

3.5.2 Architekturabgrenzungen auf der Basis von Datenschichten

EDV-Projekte in der Ordnung eines umfassenden DWH-Systems erfordern neben der Akzeptanz der potentiellen Anwender auch eine exzellente Vorbereitung der Projektdurchführung. Die planende Unternehmung hat sich auf ein kostspieliges Projekt einzurichten. Bei nicht ausreichender Vorbereitung kann eine Fehleinschätzung der Unternehmensgeschäftsprozesse, eine nicht ausreichende Unterstützung des Projektteams durch Promotoren aus dem Top-Management und der DV-Abteilung sowie die mangelnde Bereitschaft der Mitarbeiter aus den fachlichen Abteilungen zur Verzögerung oder gar zur Einstellung des Projektes führen.

Unabhängig von den oben beschriebenen Systemarchitekturen kann ein DWH-System auf Datenschichten mit unterschiedlich starkem „Fundament" aufbauen. In diesem Abschnitt werden die verschiedenen Möglichkeiten zur Realisierung eines DWH-Datenfundaments aufgezeigt[93]. Die im Anschluß erörterten Datenarchitekturen stehen orthogonal zu den in Abschnitt 3.5.1 betrachteten Softwarearchitekturen.

---

[93] Die folgenden Abbildungen zu den Datenarchitekturen lehnen sich an Devlin an [vgl. Devlin 97, S. 65ff].

Data Warehouse-Systeme in einschichtigen Datenarchitekturen

In der einschichtigen Datenarchitektur steht ein Datenlieferant sowohl für die operativen Systeme als auch für das DWH-System zur Verfügung (vgl. Abb. 3.10). Die von einem Data Warehouse-System meist noch zusätzlich zu den in den operativen Datenbanken vorhandenen Datenbeständen benötigten Daten müssen erzeugt und speziell für den DWH-Zugriff abgelegt werden.

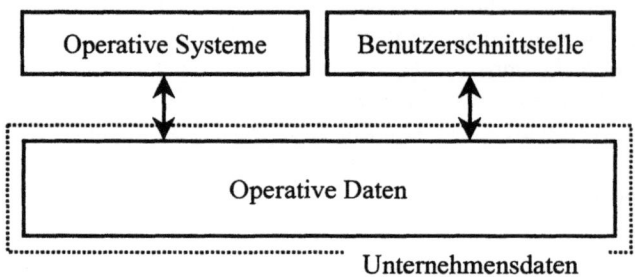

Abb. 3.10: Einschichtige DWH-Datenarchitektur [nach Devlin 97, S. 65]

Der konkurrierende Zugriff auf die operativen Daten kann zu erheblichen Verzögerungen in der Datenbereitstellung führen. Die einschichtige Datenarchitektur wird meist nur bei kleinen DWH-Systemen gewählt und zur Unterstützung der Reportgenerierung herangezogen. Sehr oft sind diese Systeme nicht in der Lage, Zugriff auf „historische" Daten bieten zu können.

Data Warehouse-Systeme in zweischichtigen Datenarchitekturen

Die Trennung der Datenbestände der operativen Systeme und des DWH-Systems führt zur zweischichtigen Datenarchitektur. Eine zusätzliche Datenschicht, bestehend aus den von den operativen Daten „abgeleiteten" Daten, dient dabei als Basis eines Data Warehouse (vgl. Abb. 3.11). In der DWH-Grundarchitektur ist die Schicht der abgeleiteten Daten im DWH-Kern angesiedelt.

Die abgeleiteten Daten können im einfachsten Fall ganz einfach eine Kopie der operativen Daten darstellen. In den meisten Fällen werden in der DWH-Datenschicht zusätzliche extra berechnete Daten vorzufinden sein. In der DWH-Datenschicht werden die Daten in abfrageoptimierter Form vorgehalten[94], was im allgemeinen eine aufwendige Spezifikation der Datenübernahme[95] nach sich zieht [vgl. Devlin 97, S. 67f].

---

[94] Beispiele zur DWH-Datenmodellierung bei Verwendung eines rDBMS finden sich in Abschnitt 3.2.2.1.

[95] Vgl. Beschreibung des PDES bzw. ETL in Abschnitt 3.2.3.

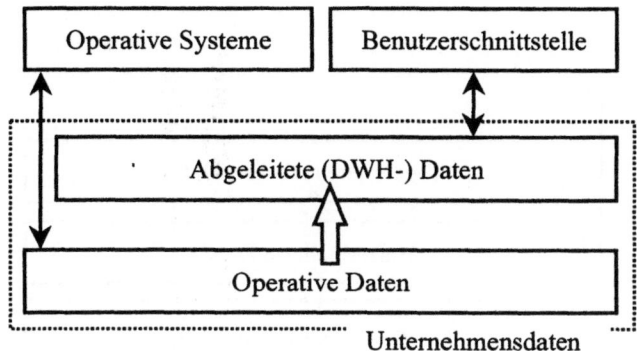

Abb. 3.11: Zweischichtige DWH-Datenarchitektur [nach Devlin 97, S. 67]

Je „größer" das auf der Basis einer zweischichtigen Datenarchitektur implementierte DWH-System wird und je zahlreicher die verschiedenen Plattformen und Systeme der operativen Datenbasen, desto umfangreicher gestaltet sich der Aufwand zur Realisierung des PDES und zur Sicherung der Datenqualität. Dies führt tendenziell zu einer dreischichtigen Datenarchitektur.

Data Warehouse-Systeme in dreischichtigen Datenarchitekturen

Der zur Erstellung des Production Data Extraction Systems (PDES) notwendige Aufwand kann in manchen Fällen durch den Einsatz einer dreischichtigen DWH-Datenarchitektur verringert werden (vgl. Abb. 3.12). Zwischen die Datenschichten der operativen Daten und der abgeleiteten Daten wird eine zusätzliche Datenschicht zur Aufnahme von unternehmensweit harmonisierten Daten eingefügt[96].

Die operativen Daten einer Unternehmung summieren sich aus den verschiedenen operativen Applikationen. Im Zuge einer unternehmensumspannenden Datenmodellierung kann ein „Idealbild" eines unternehmensweiten Datenmodells (UDM) entwickelt werden[97]. Teilbereiche des UDM können zur „Harmonisierung" der operativen Datenbestände herangezogen werden [vgl. Kelly 96, S. 61ff]. Im Blickfeld der Datenschicht der harmonisierten Daten liegen die unternehmensweit bedeutsamen Entitätstypen und deren Relationen untereinander. Erst in der Schicht der abgeleiteten Daten werden die Daten eines „harmonisierten" Datenschemas entsprechend den möglichen DWH-Abfragen optimiert gespeichert.

---

[96] Devlin spricht in diesem Zusammenhang von „reconciled data", von „in Einklang" gebrachte Daten [vgl. Devlin 97, S. 69ff].

[97] Die von Devlin vorgeschlagene dreischichtige DWH-Datenarchitektur wird heute noch kaum eingesetzt [vgl. Devlin 97, S. 68]. Die Umsetzbarkeit einer UDM wird vielfach angezweifelt [vgl. Sinz 95].

74

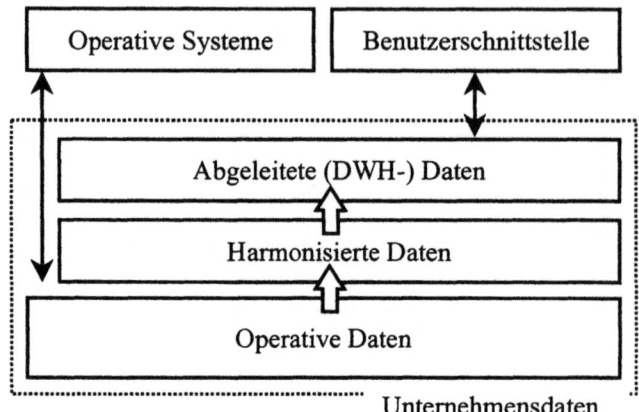

Abb. 3.12: Dreischichtige DWH-Datenarchitektur [nach Devlin 97, S. 69]

Wesentlicher Vorteil der Umsetzung einer dreischichtigen DWH-Datenarchitektur ist die Robustheit bezüglich Änderungen der operativen Systeme. Durch Einführung der Schicht der harmonisierten Daten kann die aufwendige Erstellung des PDES in mehrere Schritte zerlegt werden.

Die bei der Weiterentwicklung eines DWH-Systems zusätzlich benötigten und zu extrahierenden Daten müssen bei Einsatz einer dreischichtigen Datenarchitektur nicht mehr aus den operativen Systemen „gepreßt", sondern können aus den harmonisierten Daten extrahiert werden. Die Einführung einer mittleren Ebene kann langfristig dazu führen, die operativen Systeme von unnötigem „Datenballast" zu befreien.

Abschließend läßt sich noch anmerken, daß die Systeme der Benutzerschnittstelle nicht ausschließlich auf ein DWH zugreifen. Ebenso kommen auch andere Systeme zum Einsatz: private Data Marts (vgl. auch Abschnitt 3.5.2.2) oder auch Informationssysteme der operativen Systeme.

3.5.2.1 Das Virtuelle Data Warehouse

Einige Anbieter am Markt haben sich darauf spezialisiert, verschiedene Schwächen der traditionellen DWH-Implementierung durch ein spezielles Konzept zu umgehen. Sogenannte virtuelle DWH-Systeme stellen eine weniger umfangreiche und auch kostengünstigere Lösung zum analytischen Zugriff auf Unternehmensdaten dar [vgl. Breitner/Herzog 96, S. 46; Kotzias 97].

Ein virtuelles DWH basiert auf einer einschichtigen Datenarchitektur. Die Implementierung von aufwendigen - und damit auch teuren - Infrastrukturen ist damit nicht notwendig. Der Ansatz des virtuellen DWH ermöglicht die schnelle und einfache Implementierung eines Systems zum Zugriff auf Unternehmensdaten, da

mehrere heterogene Datenbasen nicht in einer informativen Datenbank zusammengefaßt werden.

Einschichtige Datenarchitekturen sind allerdings nicht in der Lage, die Flexibilität
und die Leistungsfähigkeit von mehrschichtigen DWH-Datenarchitekturen zu bieten. Ein virtuelles DWH beinhaltet aus diesem Grunde auch meist keine umfassenden Funktionen zur ad hoc-Analyse der Datenbestände.

Virtuelle DWH-Systeme basieren in der Regel auf einer zweischichtigen **Softwarearchitektur**. Dies führt meist nicht zu einer Entlastung der operativen Systeme
[vgl. Bold/Hoffmann/Scheer 97, S. 5f]. Virtuelle DW-Lösungen müssen sich den
Ruf gefallen lassen, alte Datenzugriffslösungen unter einer neuen Bezeichnung zu
verstecken. Die Überführung eines virtuellen DWH-Systems in ein System auf
der Basis einer mehrschichtigen Datenarchitektur ist meist nicht möglich.

3.5.2.2   *Data Mart-Architekturen*

Ein Data Mart ist ein spezielles DWH und folgt im allgemeinen einer zweischichtigen Datenarchitektur.

Ein Data Mart ist:

- **regional orientiert**

  Ein in mehrere Zentralen regional verteilter Konzern, der Data Ware-
  housing-Funktionalität nutzen möchte, wird regionale Data Marts vorhalten, deren Datenbasis entweder aus den lokalen operativen Systemen
  oder von einem übergeordneten unternehmensweiten DWH gespeist
  wird.

- **oder abteilungsspezifisch**

  Ein spezieller Unternehmensbereich ist typischer Einsatzort eines Data
  Mart-Systems. In der Praxis sind Data Marts häufig in der Marketingabteilung, in der Finanzabteilung und auch im Controlling anzutreffen.

- **oder funktionsspezifisch**

  Oft lassen sich auch hochspezialisierte Data Marts, beispielsweise zur
  Kreditkartenanalyse antreffen. Der Aufbau eines Data Marts zur Unterstützung eines langfristigen Projektes ist ebenfalls vorstellbar (z.B. bei
  der Luft- und Raumfahrt).

oder eine Mischform der genannten Spezialisierungen. Ein Data Mart-System ist also ein fokussiertes DWH-System. Die Größe der Datenbank ist nicht alleiniges Kriterium zur Abgrenzung eines Data Mart-Systems[98].

Gemäß dem Motto „think big, start small" kann ein Data Mart die **Vorstufe** zu einem mehrere Abteilungen oder Funktionalbereiche zusammenfassenden DWH darstellen [vgl. Bold/Hoffmann/Scheer 97, S. 5]. Das Gesamtziel einer späteren umfassenden integrierten Lösung sollte jedoch von Anfang an nicht aus den Augen verloren werden [vgl. Edelstein 97, S. 37f]. Bei der Erstellung eines sehr speziellen Abteilungs-Data Mart besteht nicht die Notwendigkeit der Einigung auf eine unternehmensweit gültige Begriffswelt. Die Integration verschiedener bestehender Data Marts zu einem Gesamt-DWH setzt jedoch eine solche begriffliche Einigung zwingend voraus. Nur in einigen Fällen, in denen die verschiedenen fachlichen Bereiche (beispielsweise getrennte Abteilungen oder Produktsparten) nur wenig bis gar keine Berührungspunkte haben, ist bei der Zusammenlegung von Data Marts zu einem Gesamt-DWH nicht mit Schwierigkeiten zu rechnen.

Data Marts sind oft relativ kleine DWH-Systeme, die innerhalb einer Abteilung (abteilungsspezifisch) mit besonderen Aufgaben (funktionsspezifisch) betraut sind. Mit solchen Systemen werden „What-If-Analysen", Zeitreihenprognosen und Budgetplanungen durchgeführt oder es werden Szenariotechniken durchgespielt. Data Marts besitzen häufig einen lokalen Datenspeicher (vgl. Kap. 3.2.2.4).

Der Aufbau von Data Marts ergibt sich in einer Unternehmung auch aus politischen Gründen. Können sich verschiedene Abteilungen nicht auf eine gemeinsame Begriffswelt oder auf gemeinsame Dimensionen und Hierarchien einigen, äußert sich diese geteilte Welt häufig im Aufbau von getrennten Data Warehousing-Systemen.

Herrscht in einer Unternehmung ein suboptimales klassisches Abteilungsdenken vor, entstehen unversöhnliche Fronten oft schon bei dem Versuch, sich auf gemeinsame abteilungsübergreifende Bezeichnungen für verschiedene betriebswirtschaftliche Kennzahlen oder Kenngrößen zu einigen. Auch die Problematik der Aufteilung der DWH-Projektkosten kann im Aufbau getrennter Data Mart-Systeme resultieren.

3.5.3 Architektur des DWH-Systems JumpOne

Im Rahmen der praktischen Forschungsarbeiten zu dieser Arbeit ist der Prototyp eines DWH-Systems nach dem Vorbild einer dreischichtigen Softwarearchitektur entstanden. Ziel des Projektes namens JumpOne war die prototypische Umsetzung der in dieser Arbeit beschriebenen Forschungsergebnisse in Form eines internetbasierten Systems.

---

[98] Ein in einer Bank eingesetztes Data Mart-System zur Analyse von Kreditkartendaten mit einer Datenbankgröße von mehreren hundert Gigabytes wird wegen der extremen funktionalen Fokussierung nicht als Data Warehouse verstanden.

Die Benutzerschnittstelle ist als JAVA-Applet im WWW-Browser ablauffähig. Neben der grafischen Darstellung von Datenreihen und der Unterstützung der Benutzerinteraktion übernimmt das Applet keine weitere Verarbeitungslogik. Auf diese Weise wird der Benutzer-Arbeitsplatzrechner nicht mit rechen- oder speicherintensiven Aufgaben belastet und kann sehr schlank gehalten werden (Thin Client) [vgl. Lipp 98, S. 45f]. Der OLAP-Server stellt die Applikationsschicht der JumpOne-Architektur dar und wurde als JAVA-Applikation realisiert. Er ist als ausführbares Programm auf jedem Rechnersystem, auf dem die Laufzeitumgebung der Sprache JAVA zur Verfügung steht, ablauffähig. Die Funktion der Datenbankschicht wird von einem SQL-Datenbankserver übernommen[99].

Der Benutzer führt seine Informationsabfragen am JumpOne-Client interaktiv per Mausklick durch. Die Informationsnachfrage wird in Form einer Metadatenbeschreibung an den JumpOne-Server gesendet, der die Datenabfrage an die Datenbank in SQL-Anweisungen übersetzt und an den Datenbankserver übermittelt.

Beispiel 3.3: Eine Anfrage an den JumpOne-Server

„Gesamter Umsatz des Zahlungsverkehrs im 1. Quartal 1997 in München"

Umgesetzt als SQL-Anweisung an die relationale DWH-Datenbank:

```
SELECT SUM(Fakten.Umsatz)
FROM  Fakten, Produkte, Zeit, Regionen
WHERE Produkte.IdProdukt = Fakten.IdProdukt
AND    Zeit.IdZeit = Fakten.IdZeit
AND    Region.IdRegion = Fakten.IdRegion
AND    Produkte.Produktgruppen = 'Zahlungsverkehr'
AND    Zeit.Quartal = '1Q97'
AND    Region.Hauptfiliale = 'München'
```

Das Ergebnis der Datenrecherche des SQL-Servers wird an den JumpOne-Server gesendet. Der JumpOne-Server bearbeitet die empfangenen Rohdaten in Abhängigkeit vom Informationswunsch des Benutzers (beispielsweise Aggregation oder Sortierung der Datenreihen). Die bearbeiteten Daten werden als mehrdimen-

---

[99] Eingesetzt wurde der Microsoft SQL Server in der Version 6.5.

78

sionale Matrix an den JumpOne-Client weitergeleitet und dort visualisiert (vgl. Abb. 3.13).

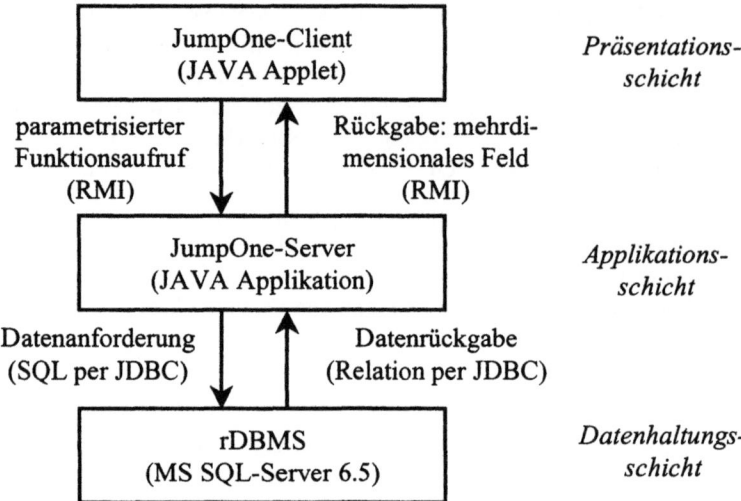

Abb. 3.13: Architektur und Protokolle des Systems JumpOne

Die Kommunikation zwischen JumpOne-Client und JumpOne-Server findet auf Basis des RMI-Protokolles[100] statt. Der Client kommuniziert mit dem Server per Funktionsaufruf. Die Ergebnisse der aufgerufenen Serverfunktion werden dem Client als Funktions-Rückgabewerte übermittelt. Der JumpOne-Server kommuniziert mit dem rDBMS über die standardisierte Datenbankschnittstelle JDBC (JAVA Database Connectivity[101]).

---

[100] RMI (Remote Method Invocation) ist fester Bestandteil des Java Development Kit (JDK) ab der Version 1.1 und ermöglicht den Aufbau von JAVA-basierten Client-Server-Systemen [vgl. Lipp 98, S. 31ff].

[101] Die JDBC-Schnittstelle ist im Prinzip vergleichbar mit der ODBC-Schnittstelle der Fa. Microsoft (Open Database Connectivity) und ist standardmäßig ab der Version 1.1 im JDK enthalten [vgl. Lipp 98, S. 34ff].

4 Einsatzgebiete und Restriktionen von Data Warehouse-Systemen

Die im Kapitel 2 aufgeführten Herausforderungen wirken als „treibende Kraft" zum Einsatz von DWH-Systemen [vgl. Martin 96, S. 36]:

- **durch den Einsatz der neuen elektronischen Medien zur Kundenansprache**

  Die ungeheure Zahl von wertvollen Daten, welche von den Kunden am Point of Interaction zurückgelassen werden, ist eine ideale Ergänzung der bisherigen, in den operativen Systemen vorgehaltenen Datenbestände.

- **durch den Pflegeaufwand der bisherigen operativen Systeme**

  Die DV-Abteilungen sind meist in laufende Projekte eingeplant und mit der Lieferung der von den Fachabteilungen „dringend benötigten" Daten oft völlig überfordert.

- **durch das Anwachsen der Zahl der Mitarbeiter, welche budgetrelevante Informationen treffen**

  Der Abbau der klassischen Ebene des „Mittleren Managements" führt zu einer Erweiterung des Verantwortlichkeits- und Tätigkeitsbereiches der „unteren" Ebenen. Kundenberater sind zunehmend in der Lage, im klassischen Privatkundengeschäft kundenindividuelle „Produktebündel" zu schnüren.

Nach Schätzungen der Patricia Seybold Group wird sich der weltweite Data Warehouse-Markt bis 2002 auf ein Gesamtvolumen von ca. 110 Milliarden Dollar belaufen (Stand: 1999). Dieser Wert beinhaltet Ausgaben für Hardware, Software sowie für unternehmensinterne und -externe Dienstleistungen. Europa wird daran voraussichtlich einen Anteil von ca. 19% haben [vgl. Eckerson 99].

Mit einem DWH ist ein Unternehmen potentiell in der Lage, Trends frühzeitig aufzudecken, Risiken exakter abzuschätzen, zielgruppengenaue Produkte zu entwickeln und das Verbraucherverhalten besser als bisher zu analysieren [vgl. Martin 96, S. 33f]. Die Daten im DWH können vielfältig genutzt werden.

Unter dem Begriff „Data Warehousing" werden die verschiedenen Arten des Zugriffes der Data Warehousing-Dienste auf die im DWH vorhandenen Datenbestände subsummiert.

4.1 Data Warehousing: Die Suche nach Information

Die Data Warehousing-Dienste werden dem Informationsnachfrager über die Anwendungssysteme der Benutzerschnittstelle zur Verfügung gestellt und bedienen sich des OLAP-Servers des DWH-Kerns, welcher wiederum auf die Daten der DWH-Datenbank lesend zugreift (vgl. Kapitel 3.2).

> „The Data Warehouse ist like Inventory whereas Data Warehousing is like Distribution."[102]

Die in Kapitel 2 aufgeführten Bezugspunkte bilden die Rahmenanforderungen an ein umfassendes Informationssystem. Die Rahmenanforderungen können durch das entscheiderunterstützende Data Warehousing optimal erfüllt werden. Eine besondere Unterstützung seiner Arbeit erfährt der Endanwender

- **durch die Verwendung von Geschäftsbegriffen**

  Die bei der Initialisierung eines DWH-Projektes gemeinsam geschaffene Diskussionsbasis zwischen den verschiedenen Abteilungen einer Unternehmung wird in Form von Metadaten in einem Metadatenrepository abgelegt und steht den Nutzern des DWH als grundlegendes Navigationsinstrument zur Verfügung.

- **durch die verschiedenen mehrdimensionalen Sichten**

  Mit Hilfe der verschiedenen innerhalb des DWH modellierten Dimensionen (Kunden, Regionen, Zeit, Artikel, Absatzkanal usw.) können die betrieblichen Fragestellungen formuliert und abgefragt werden. Der DWH-Anwender bewegt sich dabei innerhalb einer ihm geläufigen Begriffswelt.

- **durch den Vergangenheitsbezug**

  Erst die Abbildung des Vergangenheitsbezuges der DWH-Daten ermöglicht viele umfangreiche Auswertungen, die allein mit den operativen Systemen nicht möglich sind. Die Fokussierung auf den einzelnen Kunden und ein hochperformantes Marketing sind nur durch ein zeitvariantes „Customer Tracking" möglich.

Im Vordergrund des Data Warehousing geht es allerdings weniger darum, Datenbanken mit hochoptimierten Benutzerschnittstellen aufzubauen als vielmehr da-

---

[102] Überschrift einer Web-Seite zum Thema „Using the Data Warehouse".

rum, Kundenbeziehungen zu pflegen. Der Kunde und das Geschäft mit dem Kunden stehen im Vordergrund (vgl. Abschnitt 2.1.1). Technische Details sind nicht primär von Interesse. Für das analytische Vorgehen, welches aus meinungslosen Daten zu neuen Erkenntnissen über die Geschäftswelt führt, prägte die Gartner Group bereits 1990 den Begriff „Business Intelligence".

Das DWH stellt ohne die Data Warehousing-Dienste nur einen Pool von Daten („Datengrab") dar. Der reine Zugriff auf die DWH-Datenbestände ist nicht der richtige Weg, den betrieblichen Entscheider in seiner Arbeit zu unterstützen. Wichtiger ist, dem DWH-Nutzer die für „seine Arbeit" passenden Werkzeuge in die Hand zu geben, damit er nicht „in einem Meer von Daten ertrinkt", obwohl ihn „nach Informationen dürstet".

> „Data Warehousing is the process whereby organizations extract value from their informational assets through the use of special stores called Data Warehouses."[103]

Der Wert eines DWH-Systems wird nicht am Umfang der im DWH gespeicherten Daten sondern vielmehr am Wert der an den DWH-Nutzer gelieferten Informationen gemessen.

Die durch die DWH-Dienste zur Verfügung gestellte Endbenutzerfunktionalität läßt sich grob in die drei großen Dienstarten Abfrage/Report, OLAP und Data Mining unterteilen [vgl. Martin 96, S. 40f]. Die folgenden Abschnitte widmen sich diesen Dienstarten, die dem DWH-Anwender über die Schnittstellen der Benutzerumgebung zur Verfügung stehen.

4.1.1 Abfrage- und Berichtssysteme

Ein wichtiger Bestandteil eines EIS ist die Dokumentation betrieblicher Entwicklungen (vgl. Abschnitt 2.2.1.2). EIS bieten dem betrieblichen Entscheider die Möglichkeit, die Unternehmensentwicklung und die operativen Aktivitäten der Unternehmung beispielsweise über

- **Ist-Werte**

  Beispiel: Aktuelle Umsatzzahlen von Produkten oder Mitarbeitern

---

[103] Vgl. Barquin 97, S. 5.

- **Ist / Ist-Vergleiche**

  Beispiel: Vorjahresvergleiche auf der Basis von Zeitreihenanalysen

- **Ist / Plan-Vergleiche**

  Beispiel: Bestimmung von Plan-Erfüllungsgraden

in Form von standardisierten oder individuellen Berichten zu verfolgen [vgl. Seitz/Seidl 93, S. 134].

Das EIS stützt sich bei der Generierung von Berichten idealerweise auf Daten aus dem DWH. Betriebliche Entscheidungen können durch den Einsatz von DWH-Daten auf einer einheitlichen Informationsgrundlage erfolgen, ohne daß - bedingt durch unterschiedlich aktuelle oder abweichend ermittelte Daten - zuerst eine Einigung auf eine gemeinsame Ausgangs-Datenbasis erfolgen muß.

Der Bedarf nach aggregierten und standardisierten aber auch teilweise sehr individuellen Informationen zur Kontrolle des Unternehmens hat zur Entstehung von zwei Systemtypen, den ad hoc-Abfragesystemen und den Berichtssystemen, geführt. Beide arbeiten auf der Basis von DWH-Daten.

Ad hoc-Abfragesysteme

Ad hoc-Abfragen sind Abfragen nach sehr spezifischen oder individuellen Daten, die in den Standardberichten nicht enthalten sind. Ad hoc-Abfragesysteme ermöglichen es dem Anwender, den zeitkritischen Informationsbedarf in eigener Regie ohne Programmierung und Datenbankkenntnisse und vor allem ohne Einschaltung von externer DV-Kompetenz zu befriedigen. Ein wesentlicher Punkt der ad hoc-Abfragewerkzeuge ist deshalb die Datenbeschaffung aus der DWH-Datenbasis auf Grundlage der DWH-Metadaten. Ebenfalls wesentlich ist die Möglichkeit der Erstellung von Berichten auf Basis der Abfrageergebnisse.

(Standard-) Berichtssysteme

Berichtssysteme stellen im wesentlichen eine Erweiterung der Abfragesysteme um verschiedene Automatismen dar. Berichte werden zunehmend in elektronischer Form im unternehmenseigenen Intranet publiziert. Während bei den Abfragesystemen die Informationsbeschaffung durch den Anwender angeregt wird, kann die Generierung von Standardberichten ausgelöst werden durch:

- **zeitliche Vorgaben**

  Regelmäßige Berichte bieten einen Überblick über das aktuelle Unternehmensgeschehen. Ein typischer Anwendungsfall ist der „Montag-Morgen-Bericht".

- **Ausnahmen (Exceptions)**

Sogenannte Agenten können bei vordefinierten Datenkonstellationen die Generierung von Berichten auslösen[104].

- **sonstige Ereignisse**

Die Generierung von Berichten kann durch verschiedene Ereignisse, beispielsweise dem Eintreffen eines anderen Berichtes ausgelöst werden.

Regelmäßig benötigte Informationen werden durch Standardberichte in übersichtlicher Form zusammengefaßt. Die Wertpapierabteilung einer Bank beispielsweise wird in Form von Standardberichten allgemeine Informationen über Fonds, die Vertriebsstruktur, Berichte über Absätze, Struktur und Leistung der Fonds sowie Informationen zum Eigenbestand regelmäßig publizieren[105].

Oftmals bilden Unternehmenskennzahlen die Basis regelmäßig nachgefragter Statusinformationen[106]. Die Definition der Kennzahlen ist in den DWH-Metadaten hinterlegt (vgl. Abschnitt 5.2.2.3). Berichte können durch visuelle Komponenten - beispielsweise durch passives Ausnahmeberichtswesen in Form einer „Ampelfunktionalität" - angereichert werden[107].

4.1.2 Analysesysteme: Online Analytical Processing (OLAP)

Im Vordergrund des OLAP steht die mehrdimensionale Sicht des Nutzers auf die Daten des DWH, die sich in Form eines sogenannten Hyperwürfels präsentieren. Der OLAP-Anwender kann sich im Zuge der Datenanalyse quer durch die einzelnen Dimensionen des Würfels bewegen (die dazu erforderlichen Funktionen werden in den folgenden Abschnitten dieses Kapitels erläutert). Aufgrund von Einschränkungen der betrachteten Dimensionen und der gewünschten Fakten aus der DWH-Datenbank werden die Ergebnisse umschrieben. Dabei wird der Benutzer

---

[104] Aufgabe von Signalsystemen oder Früherkennungssystemen (Exception Reporting-Systemen) ist es, frühzeitig auf Abweichungen von einem vorgegebenen Soll-Zustand hinzuweisen. Nach dem Management by Exception-Ansatz wirkt der betriebliche Entscheider auf akute Problemfälle ein [vgl. Gluchowski/Gabriel/Chamoni 97, S. 216ff]. Dieser aus der Systemtheorie entnommene Regelkreisansatz ermöglicht die Kontrolle der operativen Ebenen der Unternehmung durch fortlaufende Rückkopplungen mit der Führungsebene.

[105] Die aufgeführten Beispiele stammen aus einer praktischen Anwendung der Hypo-Invest [vgl. Holzinger/Klinker/Löb 98, S. 64].

[106] Es werden Kennzahlen zu Rahmendaten, Ressourcen-Daten, Qualitätsdaten und Leistungsdaten unterschieden [vgl. Bremiker 97].

[107] Die graphische Abbildung einer Verkehrsampel signalisiert mit den Farben Rot, Gelb bzw. Grün den Status einer Unternehmenskennzahl („Alarm", „Vorsicht" bzw. „Normal").

vollständig durch die grafische Benutzerschnittstelle unterstützt. Programmierarbeit fällt nicht an[108].

Beim OLAP geht es weniger um die Erstellung von Berichten oder um gezielte Abfragen nach Daten. Im Vordergrund steht vielmehr die Interpretation von Daten als Grundlage für Entscheidungen. Die Analysen werden durch Vermutungen und Fragestellungen des Anwenders vorangetrieben und helfen dem Anwender dabei, Ideen zu Hypothesen weiterzuentwickeln. Die grafische Benutzerschnittstelle unterstützt den Benutzer im Prozeß der Einschränkung der Dimensionen und der Definition des gewünschten Ergebnisses (Fakten und Metriken).

Beispiel 4.1

Eine typische mit Hilfe des OLAP-Frontends formulierte Abfrage lautet beispielsweise: Zeige die prozentualen Abweichungen von Soll- und Istabsätzen nach Quartalen über die Produkte „Kredite" und „Anlagen" in den Ländern „Bayern" und „Hessen".

Das Ergebnis ist eine nach Quartalen geordnete Zeitreihe von relativen Vergangenheitsdaten untergliedert nach den Einschränkungen der Dimensionen Produkte und Regionen.

Der Begriff Online Analytical Processing wurde 1993 von Codd et al. geprägt [vgl. Codd/Codd/Salley 93]. In dem 12 Punkte umfassenden, nicht unumstritten gebliebenen Regelwerk wurden erstmals die Mindestanforderungen an ein OLAP-System dargestellt[109]. Unter dem Akronym FASMI können die grundlegenden Charakteristika von OLAP zusammengefaßt werden [vgl. Pendse/Chreeth 97; Jahnke/Groffmann/Kruppa 96, S. 321; Thomsen 97, S. 14ff]:

- **Fast**

   Im Zuge eines Entscheidungsfindungsprozesses sind vielfache Datenanfragen ohne Zeitverzögerung zu befriedigen. Der betriebliche Entscheider ist in seinem meist iterativ anwachsenden Informationsbedürfnis möglichst nicht zu beschränken: Die Beantwortung selbst aufwendiger Abfragen sollte nicht länger als 20 Sekunden dauern. Die Gewährleistung eines schnellen Zugriffes auf die zu analysierenden Daten ist eine essentielle Eigenschaft von OLAP.

---

[108] Ein ausführliches Beispiel wird in Abschnitt 4.1.2.4 vorgestellt.

[109] Während der Artikel im allgemeinen sehr große Beachtung fand, wurden sehr bald schon wegen der Verfolgung kommerzieller Interessen Zweifel an der Unabhängigkeit des aufgestellten Codd'schen Regelwerkes laut [vgl. Jahnke/Groffmann/Kruppa 96; Born 97; Gluchowski/Gabriel/Chamoni 97, S. 276f].

- **Analysis**

  Eine weitere wichtige Eigenschaft von OLAP ist die Möglichkeit, ohne Einsatz einer Programmiersprache umfangreiche Analysen auf DWH-Daten durchführen zu können. Typische miteinander verknüpfbare Funktionen sind Datenaggregation, Trendanalyse, Zeitreihenvergleich und Prognose, Währungsumrechnung, Berechnung von What-if-Szenarien und -Simulation, Sortierung, Ausreißerberechnung und weiteres.

- **Shared**

  Der gleichzeitige OLAP-Zugriff von mehreren Benutzern auf die DWH-DB ist von großer Bedeutung. Dabei ist zur Wahrung der Akzeptanz des DWH-Systems sicherzustellen, daß gleichzeitige OLAP-Zugriffe jederzeit auf einem integren Datenbestand operieren. Dabei muß die Fortpflanzung von eventuellen Schreibanweisungen über den preaggregierten Datenbestand hinweg gesichert sein.

- **Multidimensional**

  Die zur Verfügung stehenden OLAP-Dienste sollten in der Lage sein, die im DWH zur Verfügung stehenden Sichten auf die Geschäftsdaten (die Dimensionen mit ihren zugrundeliegenden Hierarchien) vollständig, also für sämtliche o.a. Analysefunktionen, zu nutzen.

- **Information**

  Die benötigten Daten sollen unabhängig von Typ, Herkunft und Menge einheitlich zugreifbar gemacht werden.

Die aufgezeigten FASMI-Charakteristika können erweitert werden um das weitere wichtige Kriterium der **Flexibilität**. Denn auch ein DSS oder MIS der siebziger oder achtziger Jahre konnte im Einzelfall einen schnellen und umfassenden Zugriff auf benötigte Daten bieten, wenn eine Schar von Entwicklern ausschließlich zur Umsetzung der benötigten Anpassungen abgestellt wurde. Ziel des OLAP ist jedoch die Unterstützung des einzelnen durch ein mächtiges und einfach zu bedienendes Werkzeug.

Ein OLAP-System muß flexibel sein bezüglich des Eingriffes des Benutzers zur individuellen Anpassung

- von Sichten (grafische und tabellarische Darstellung).

- der Benutzerschnittstellen (intuitive erweiterbare Oberfläche; Zugriff aus dem Büro heraus oder beim Kundenbesuch).

- der Einbindung externer Daten und sonstiger individueller Anpassungen (individuelle oder temporäre Aggregationen von Datenbeständen).

Ein OLAP-Werkzeug bietet dem Anwender die Möglichkeit, durch schnelle und flexible Zugriffsmöglichkeiten auf die umfangreiche Datenmenge des DWH, sukzessive und assoziativ durch den Datenbestand zu navigieren. Die sich im Zuge der einzelnen Analyseschritte ergebenden neuen Fragestellungen können am eigenen Arbeitsplatz in eigener Verantwortung umgehend in weitere Datenanalysen umgesetzt werden.

Online-Analytical Processing (OLAP) beschreibt eine Software-Technologie, die es betrieblichen Analysten, Managern und Führungskräften ermöglicht bzw. erleichtert, komplexe Analysen auf mehrdimensionalen Daten durchzuführen. Die OLAP-Werkzeuge greifen dabei auf ein Data Warehouse oder Data Marts zu [vgl. Gluchowski/Gabriel/Chamoni 97, S. 282; Martin 96, S. 41].

Die OLAP-Analysen werden durchgeführt auf der Grundlage von Hypothesen, die sich aus dem Wissen des Anwenders heraus ergeben und bzw. oder sich im Zuge des OLAP entwickeln[110]. Noch nicht verbal formulierte, tief in den Details der Datenbestände verborgene Informationen können durch das Verfolgen bzw. Konkretisieren einer Hypothese aufgespürt und belegt werden.

Mit dem Begriff OLAP ist eine ganze Reihe von Funktionen verknüpft, welche eines gemeinsam haben: den mehrdimensionalen Blick auf betriebliche Daten und die damit möglichen Analysen. Slicing, Dicing, Drill Up und Drill Down gehören zur typischen OLAP-Funktionalität und ermöglichen es, die benötigten Informationen aus den DWH-Daten zu extrahieren. In den folgenden Abschnitten wird die in den meisten OLAP-Systemen zur Verfügung stehende Funktionalität kurz erläutert. Abschließend folgt in Abschnitt 4.1.2.4 eine Beschreibung des JumpOne OLAP-Frontends anhand eines Beispieles.

4.1.2.1 OLAP-Analyse auf Basis von Daten aus dem Data Warehouse

Der DWH-Endanwender ist mit einem OLAP-Werkzeug in der Lage, mit den ihm bekannten Geschäftsbegriffen die multidimensionale Datenbasis abzufragen. Die mehrdimensionale Datenhaltung kann man sich als Hyperwürfel vorstellen.

Mit dem Begriff Online Analytical Processing ist weit mehr verbunden als nur ein neues Schlagwort zur Umschreibung einer Abfrage von Unternehmensdaten. Im Vordergrund des OLAP steht der interaktive Prozeß, mit dem der OLAP-Anwender sich einem Analyseergebnis nähert. Der Analyseprozeß setzt sich zusammen aus mehreren einzelnen Analysestufen, die der Untermauerung von Hypothesen

---

[110] Hypothesen können ebenfalls im Zuge des Data Mining semiautomatisch „entdeckt" werden. In Kapitel 4.1.3 wird kurz auf die Verfahren des Data Mining eingegangen.

oder auch dem Suchen nach Sachzusammenhängen dienen. Am Anfang jeder Analysestufe steht dabei eine Frage bzw. Problemstellung, die im Zuge des Analysevorganges, der im folgenden kurz umrissen werden soll, konkretisiert und beantwortet bzw. aufgelöst wird.

Das Ergebnis einer Analysestufe kann als Ausgangsbasis für den Eintritt in eine neue Stufe dienen. Die Überleitung zwischen den einzelnen Stufen kann der OLAP-Anwender mit Hilfe von „typischen"[111] OLAP-Funktionen finden. Der Analysevorgang ist beendet, wenn der Benutzer keinen weiteren subjektiven Informationsbedarf mehr verspürt oder wenn die gewünschten Informationen durch das OLAP nicht geliefert werden können.

OLAP ist eine Aneinanderreihung von einzelnen Analysestufen, mit denen der Anwender sich durch Unternehmensdaten „wühlt", bis er das gewünschte Ziel erreicht hat oder auf die Grenzen des DWH-Systems getroffen ist. Hintergrund des OLAP-Vorgehens ist die Tatsache, das Problemstellungen oft erst bei Betrachtung aus unterschiedlichen Blickwinkeln ihr inneres Wesen offenbaren. Im Sinne von Heuristik und Hermeneutik kann sich der OLAP-Anwender zu weiteren klärenden Analysestufen bewegen.

Der Einstieg in das OLAP erfolgt üblicherweise auf der Ebene hochaggregierter Unternehmensdaten. Ausgehend von dieser Basis bewegt sich der Anwender - unterstützt durch die OLAP-Funktionen - zu den relevanten Detaildaten einer Problemstellung. Dem OLAP-Anwender wird durch die Aufteilung der Datenabfrage in die einzelnen Phasen **Ergebnisdefinition, Eingrenzung des Wertebereiches und Ergebniserstellung** ein intuitiver und flexibler Zugang zum mehrdimensionalen Datenmaterial geboten [vgl. Saylor/Bansal 95, S. 4f].

Ergebnisdefinition

In der Phase der Ergebnisdefinition wird vom Benutzer festgelegt, in welcher Form das Analyseergebnis dargestellt werden soll. Notwendig sind die folgenden Angaben:

- **benötigte Fakten und Metriken**

  Die Auswahl zumindest eines Faktums oder einer Metrik ist unbedingt erforderlich.

- **einschränkende Dimensionen**

  Zur Vorgabe einer Formatierung müssen Angaben bezüglich der im Analyseergebnis darzustellenden Dimensionen gemacht werden. Die Dimensionen sind jeweils durch die Angabe einer Hierarchieebene zu spezifizieren.

---

[111] In der Literatur haben sich eine Reihe von „typischen" OLAP-Funktionen herausgebildet. Ab dem Abschnitt 4.1.2.2 werden diese Funktionen erläutert.

- **zusätzliche Formatierungsangaben**

  Grundsätzlich kann die Ausgabe der Ergebnisse in Form von Tabellen, 2- oder 3-dimensionalen Grafiken oder auch eingefärbten Landkarten erfolgen.

Beispiel 4.2

Für einen Finanzdienstleister soll ein Analyseergebnis den Absatz (Fakt, Metrik) der Hauptfilialen des Finanzdienstleisters (Dimension Region) in Form einer dreidimensionalen Grafik gegliedert nach Quartalen (Dimension Zeit) darstellen.

Eingrenzung des Wertebereiches (Filter)

Der Benutzer kann den Wertebereich des Ergebnisses durch Einschränkungen (Filter) nach seinen Wünschen gestalten. Es können mehrere Filter unabhängig voneinander erzeugt und mit den Operatoren der Mengenlehre (resp. der Aussagenlogik) miteinander verknüpft werden. Die Eingrenzungen werden bei Einsatz eines rDBMS jeweils vorgenommen anhand von Einschränkungen des Wertebereiches der

- **Schlüsselattribute einer Dimensionstabelle**

  Die Dimension Gesamtregion Deutschland kann beispielsweise eingeschränkt werden auf die Region Deutschland ohne die neuen Bundesländer:

$$\{Deutsche\ Bundesländer\}\ \cap\ \neg\{neue\ Bundesländer\}$$

- **Nichtschlüsselattribute einer Fakten- oder Dimensionstabelle**

  Aus der Dimension „Absatzkanäle" können beispielsweise durch Einschränkungen bezüglich einer Mindestumsatzangabe die „Umsatzstarken Filialen" extrahiert werden.

  Die Attribute der Dimensionstabellen können ebenfalls als einschränkende Bedingung herangezogen werden. Die Realisierung eines Filters „Umsatzstarke C-Filialen" kann sich zum Beispiel durch die Verknüpfung von zwei Filtern realisieren lassen:

$$\{C\text{-}Filialen\}\ \cap\ \{Umsatzstarke\ Filialen\}$$

Dem OLAP-Anwender sind die Eingrenzungen des Datenraumes durch die Konstruktion eines Filters leicht zu vermitteln, sofern dazu über eine grafische Benutzeroberfläche interaktive Dialoge zur Verfügung stehen. Zum Einsatz kommen hierbei z.B. sogenannte Dialog-Assistenten, die den Benutzer schrittweise durch die Konstruktion eines Filters führen[112]

Besonders interessant ist die Möglichkeit, einmal erstellte Filter über geeignete Austauschmöglichkeiten und Publikationsmechanismen im Unternehmen zur Verfügung zu stellen. Als Medium für die Sammlung der Filter können unternehmensweite Electronic Newspaper-Systeme oder Bulletins-Boards verwendet werden[113]. Die OLAP-Anwender im Unternehmen sind dadurch in der Lage, einmal erstellte Einschränkungen mehrfach zu benutzen. Vor allem für den Zugriff auf durch komplexe Einschränkungen oder aufwendige Aufzählungen entstandene Filter kann sich die Mehrfachverwendung lohnen. Die „Anzahl der Regentage in einem bestimmten Jahre" beispielsweise kann für einen Finanzdienstleister eine interessante und nur aufwendig reproduzierbare Bedingung zur Analyse von Filialbesuchen darstellen.

Der unternehmensweite Zugriff auf die „Bausteine" einer Analyse (bestehend aus Ergebnisdefinition und Filter) stellt nicht nur die Reproduzierbarkeit einer Analyse sicher, sondern gibt zudem allen Mitarbeitern eines Unternehmens die Chance, an der Lösung eines Analyseproblems mitzuwirken bzw. auf der Grundlage von Analyseergebnisse eigene Analysen durchzuführen. Die im DWH-System eingebetteten OLAP-Dienste können die interdisziplinäre Zusammenarbeit in der Unternehmung unterstützen[114]. Allein durch den Zugriff auf fertige Analyseergebnisse, beispielsweise in Form eines manuell erstellten Reports, kann diese Wirkung nicht eintreten.

Eine Dimension kann mehrere Hierarchien beinhalten [vgl. Kimball 96, S. 94]. Eine Hierarchie der Dimension „Regionen" kann beispielsweise die Bundesrepublik Deutschland unterteilen in die verschiedenen Bundesländer und die Regierungsbezirke. Parallel dazu können die „Regionen" unterteilt werden in Nielsen-Gebiete[115], welche sich wiederum weiter aufteilen lassen. Jeder der Hierarchieknoten in den beiden Hierarchien kann als Filter und damit als Menge interpretiert werden. Werden Filter hierarchisch angeordnet, lassen sich einer Dimension multiple Hierarchien zuweisen[116].

---

[112] Ein Beispiel für einen Dialog-Assistenten findet sich beim Office-Produkt Microsoft Excel zur schrittweisen Konstruktion von mehrdimensionalen Grafiken.

[113] Im Kapitel 5 wird im Rahmen der User Workbench auf verschiedene Medien zum Austausch von Informationen eingegangen.

[114] Dies berührt Bereiche der „lernenden Organisation" " [vgl. Raden 97, S. 209] und des Wissensmanagements.

[115] Nielsen-Gebiete unterteilen das Gebiet der Bundesrepublik Deutschland unabhängig von den Bundesländern in verschiedene Regionen.

[116] Das Konzept der multiplen Hierarchien erweitert die Ausführungen zur Multidimensionalität im DWH aus Abschnitt 3.1.1.

90

Fortsetzung von Beispiel 4.2:

1. Einschränkung der Dimension Produkte auf den Hierarchieknoten der derivativen Anlageleistungen

2. Einschränkung der Dimension Region auf eine Auswahl von Städten: Berlin, Hamburg, Frankfurt, München

3. Einschränkung der Dimension Zeit auf die Jahre 1995 und 1996

4. Andere Dimensionen (in diesem Beispiel nicht dargestellt) unterliegen keinerlei Einschränkungen

Ergebniserstellung

Aus der Kombination von Ergebnisdefinition und Eingrenzungen des Wertebereiches wird das gewünschte Ergebnis erstellt und anschließend präsentiert.

Fortsetzung von Beispiel 4.2: Ergebnispräsentation in einer dreidimensionalen Grafik (vgl. Abb. 4.1).

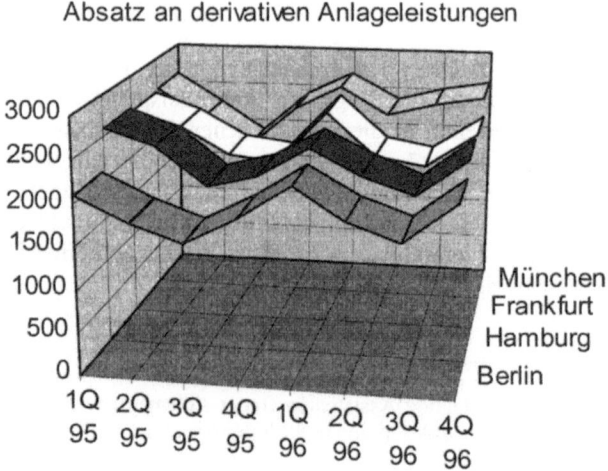

Abb. 4.1: Beispiel einer Ergebnispräsentation aufgrund der Verknüpfung einer Eingrenzung des Datenraumes mit der Ergebnisdefinition

In den folgenden Abschnitten werden die typischen OLAP-Funktionen erläutert, die es ermöglichen, alle im DWH enthaltenen Fakten und Metriken in jeder Kombination und auf vielen sinnvollen Detailebenen zu betrachten.

4.1.2.2 Drill Up & Drill Down

Die OLAP-Funktion „Drill Down" ermöglicht den dynamischen Wechsel zwischen den unterschiedlichen Aggregationsstufen einer Dimension. Dabei wird innerhalb der Hierarchie einer Dimension von einem Hierarchieknoten zum darunterliegenden Knoten gesprungen[117].

Ein Navigieren ist so vom Wurzelknoten (der i.d.R. die Bezeichnung der Dimension trägt) bis zu jedem der Blattknoten möglich. In dieser Richtung sinkt der Grad der Aggregation, detailliertere Informationen werden sichtbar. Wurde im Zuge des Analyseprozesses eine Problemstellung grob umrissen, so kann mit Hilfe der Drill-Down-Funktionalität eine neue Analysestufe angeregt werden, welche Detaildaten zu den aktuell betrachteten Dimensionen aufzeigt [vgl. Breitner/Herzog 96, S. 18].

Beispiel 4.3: Anwendungsbeispiel

Wird der Absatzwert einer Produktgruppe in einem bestimmten Zeitabschnitt vom Controller als ungenügend empfunden, bietet es sich an, die Absätze der einzelnen Produkte der betrachteten Produktgruppe näher zu untersuchen.

Umgekehrt dazu wird ein Vorgehen, welches sich in Richtung Wurzelknoten bewegt, mit „Drill Up" bezeichnet. Beim „Drill Up" werden verdichtete/ aggregierte Fakten und Metriken sichtbar. Sind für eine Dimension multiple Hierarchien definiert und wird ein Hierarchieknoten zu mehr als einem hierarchisch darüberliegenden Knoten konsolidiert (findet sich also ein Hierarchieknoten in mehreren Hierarchien wieder), so ist bei einem „Drill Up" der Zielknoten in der Dimensionshierarchie anzugeben [vgl. Holthuis 96, S. 183f].

---

[117] Eine etwas allgemeinere Definition für das Drill-Down bietet Kimball: Ein Drill-Down liegt dann vor, „wenn zusätzliche Details offengelegt werden". Das kann selbstverständlich durch einen Sprung auf eine tieferliegende Hierarchieebene erfolgen. Das kann allerdings auch durch die zusätzliche Visualisierung eines Attributes einer Parallelhierarchie (vgl. vorigen Abschnitt) eintreten [vgl. Kimball 96, S. 93]. Grenzen werden hierbei ausschließlich durch die Visualisierungsmöglichkeiten aufgezeigt.

92

Beispiel 4.4

Eine Stadt (beispielsweise München) kann in der Dimension Region sowohl in der Hierarchie der Bundesländer auftauchen, als auch in einer Hierarchie von Nielsen-Gebieten (vgl. Abb. 4.2).

Abb. 4.2: „Drill-Up" (bei multiplen Konsolidierungspfaden) und „Drill-Down"

4.1.2.3 Slicing & Dicing

Absatzzahlen sowie andere Fakten und Metriken werden im Analyseprozeß typischerweise laufend nach den verschiedenen Dimensionen neu angeordnet. Dieses „Drehen" des Datenwürfels wird als „Dicing" (engl. für „Würfeln") bezeichnet.

Zur Ergebniserstellung und -Präsentation der OLAP-Analyse spezifiziert der OLAP-Anwender mittels der Funktion „Slice" (engl. für „in Scheiben schneiden") bestimmte „Datenscheiben" des Datenwürfels. Im dreidimensionalen Datenwürfel sind die Datenscheiben als Quer- oder Längsschnitte angeordnet (vgl. Abb. 4.3).

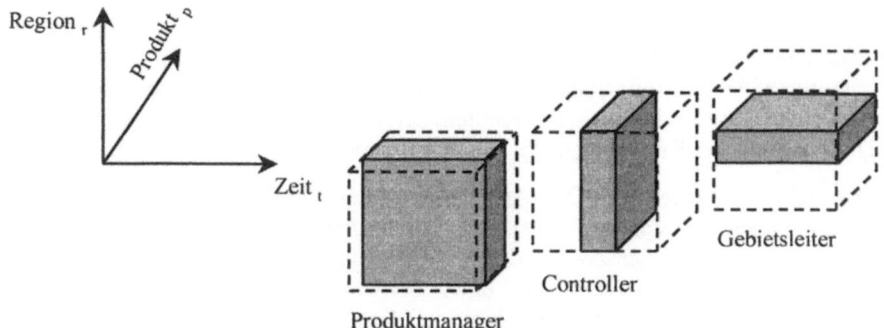

Abb. 4.3: Sichten auf die multidimensionalen Daten im Data Warehouse (Slices im dreidimensionalen Datenwürfel)

Die Ergebniserstellung der OLAP-Analyseschritte basiert auf den Datenauszügen (Slices) aus dem multidimensionalen Datenwürfel der DWH-Datenbank. Die Funktion „Slice" ermöglicht die freie Auswahl der Dimensionen, die mit den Funktionen „Drill Up" und „Drill Down" weiter detailliert werden können. Mit Hilfe der Funktionen „Slice & Dice", „Drill Up" und „Drill Down" kann sich der OLAP-Anwender in Form von ausgedehnten Analysen frei durch den Datenwürfel bewegen.

Unternehmensmitarbeiter mit Entscheidungsbefugnis sind es gewohnt, Daten nach unterschiedlichen Zugriffspfaden anzuordnen. OLAP ermöglicht dem Anwender beliebig verschiedene Sichten auf die im DWH abgelegten Daten mit ihrer Ausrichtung auf betriebliche Dimensionen. Die im Marketing oder Controlling üblichen Vergleichsoperationen können auf den durch die OLAP-Funktionen extrahierten Datenreihen durchgeführt werden.

4.1.2.4   OLAP-Unterstützung des betrieblichen Entscheiders im JumpOne-System

Dieser Abschnitt beschreibt die Anwendung der oben aufgeführten typischen OLAP-Funktionen anhand des Forschungsprototypen JumpOne. Die OLAP-Unterstützung des JumpOne-Systems wird in Form eines durchgehenden Beispiels beschrieben.

In der linken Hälfte der Arbeitsfläche des OLAP-Client befindet sich der Arbeitsbereich (vgl. Abb. 4.4). Die Ergebnisdefinition der OLAP-Analyse wird in der unteren Hälfte des Arbeitsbereiches vorgenommen. Die in der dreidimensionalen Ergebnisgrafik anzuzeigenden Dimensionen werden per Auswahlfeld (getrennt für X- und Z-Achse) zugeordnet. Für die Y-Achse kann die gewünschte Metrik (Absatz, Umsatz usw.) ebenfalls per Auswahlfeld bestimmt werden.

Die Eingrenzung des Wertebereiches wird über das Tab-Feld im oberen Teil des Arbeitsbereiches vorgenommen. Jeder Dimension im JumpOne-DWH ist ein Tab zugeordnet. Durch Auswahl eines Tab wird die zugrundeliegende Hierarchie der jeweiligen Dimension angezeigt[118]. Mit Hilfe der Maus kann der OLAP-Anwender einen oder mehrere Knoten der Dimensionshierarchie auswählen[119]. Die Auswahl der Knoten stellt für die betreffende Dimension einen Filter dar.

Die rechte Hälfte der JumpOne-Arbeitsfläche dient der Ergebnispräsentation. Dort wird - je nach Wunsch des Anwenders - das im Arbeitsbereich definierte Analyseergebnis in Form einer zwei- oder dreidimensionalen Grafik dargestellt. Durch Drücken des Knopfes „2D-Chart" bzw. „3D-Chart" erfolgt die Übermittlung der ausgewählten Filter und der Metrik an den JumpOne-Server, der die Datenanforderung nach SQL umformuliert und per SQL-Befehl an den SQL-Server weitergibt. Die Datenbank-Ergebnisse werden vom Server als mehrdimensionales Feld an den JumpOne-Client zurückgegeben. Das Client-Applet übernimmt nur noch die Visualisierung der angeforderten Daten. Die in den Tab-Feldern definierten Filter der Dimensionen, die nicht als sichtbare Achse der Ergebnisgrafik ausgewählt wurden, erscheinen oberhalb der Ergebnisgrafik als „Restriktionen".

Beispiel 4.5

Der Filialleiter einer Bank möchte die Umsatzzahlen seiner Mitarbeiter in der Produktsparte „Kreditleistungen" im bayerischen Raum im Januar 1997 überprüfen. In der Dimension „Absatzkanal" sind die gesuchten Mitarbeiter aufgeführt und sollen in der Ergebnisgrafik an der X-Achse dargestellt werden.

---

[118] Die Dimensionshierarchien werden aus der JumpOne-DWH-Datenbank geladen. In der Abb. 4.4 ist per Tab die Hierarchie der Dimension „Zeit" ausgewählt.

[119] Bei Auswahl mehrerer Knoten müssen sich alle Knoten in einer Hierarchieebene befinden [vgl. Gruber 98, S. 57ff].

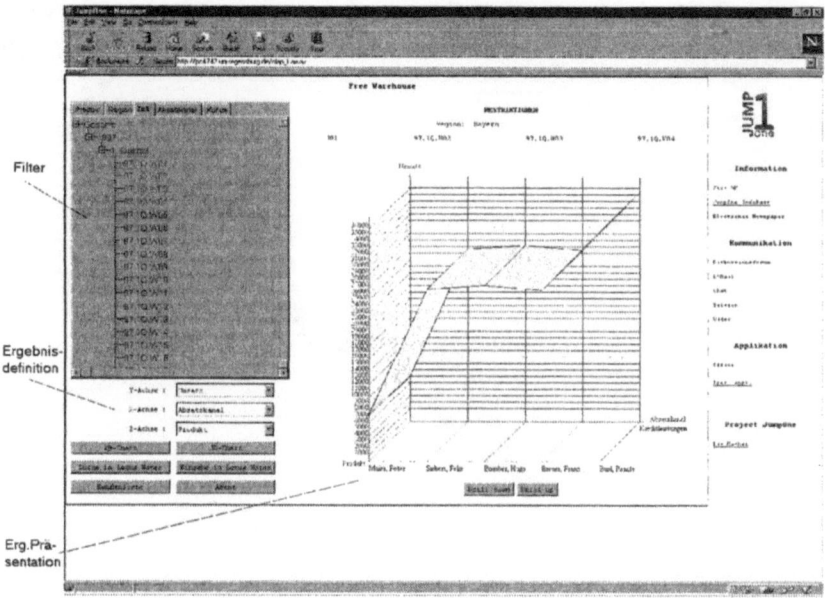

Abb. 4.4: Einstieg in die Analyse mit dem JumpOne-System

Besonders auffällig sind die stark unter- bzw. überdurchschnittlichen Umsatzsummen der beiden Mitarbeiter „Maier Peter" und „Busl Renate" (vgl. Abb. 4.4). Um herauszufinden ob der Mitarbeiter „Maier Peter" besondere Probleme in einem Produktbereich der angezeigten Sparte hat, markiert der Filialleiter in der Grafik die Bezeichnung „Kreditleistungen" per Mausklick und aktiviert durch Drücken des entsprechenden Knopfes unterhalb der Grafik die Drill Down-Funktion.

Die Drill Down-Funktion detailliert die Produktsparte (vgl. Abb. 4.5). Es ist deutlich zu erkennen, daß sich die Umsatzschwäche von „Maier Peter" über das gesamte Spektrum der aufgeführten Produkte zieht. Die umsatzbeste „Busl Renate" zeigt im Verhältnis zu allen anderen Kollegen über alle Produkte einen kontinuierlich hohen Umsatz.

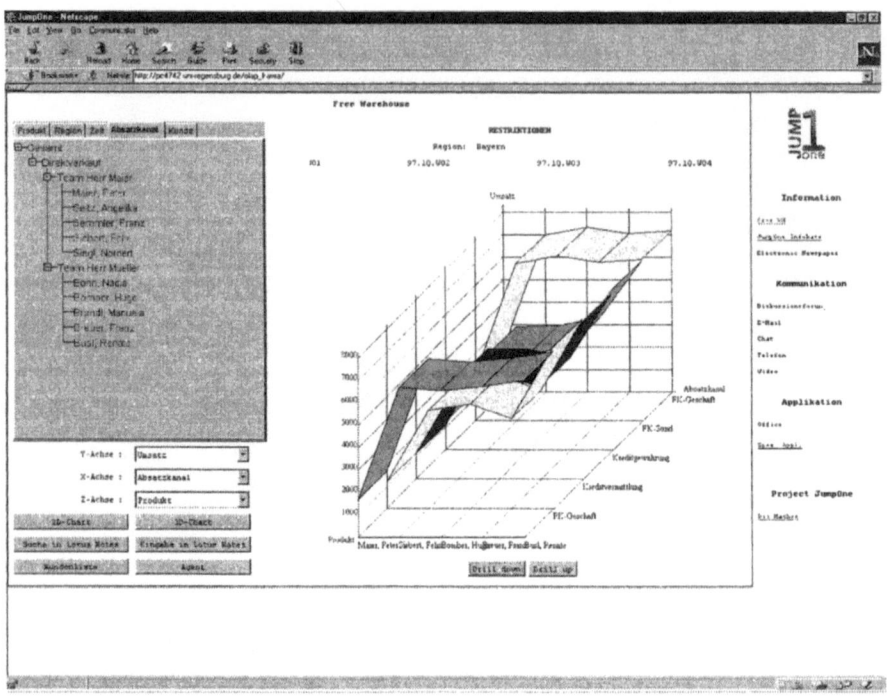

Abb. 4.5: „Drill Down" in die Produktsparte „Kreditleistungen"

Um mehr Details zu erfahren, wählt der Filialleiter den umsatzschwachen „Maier Peter" als einzigen Absatzkanal aus und ordnet der X-Achse die Visualisierung der Zeitdimension zu (Dicing). Die Berechnung und Anzeige der Grafik wird durch Drücken des Knopfes „3D-Chart" aktiviert.

Der Abb. 4.6 läßt sich entnehmen, daß der betreffende Mitarbeiter in den letzten drei Wochen des Monats überhaupt keinen Umsatz getätigt hat. Der Grund dafür ist aus der DWH-Datenbank nicht zu erfahren[120].

---

[120] Im Zusammenhang mit dem agentengestützten Zugriff auf DWH-externe Informationsressourcen wird in einem späteren Kapitel auf das Beispiel 4.5 zurückgegriffen.

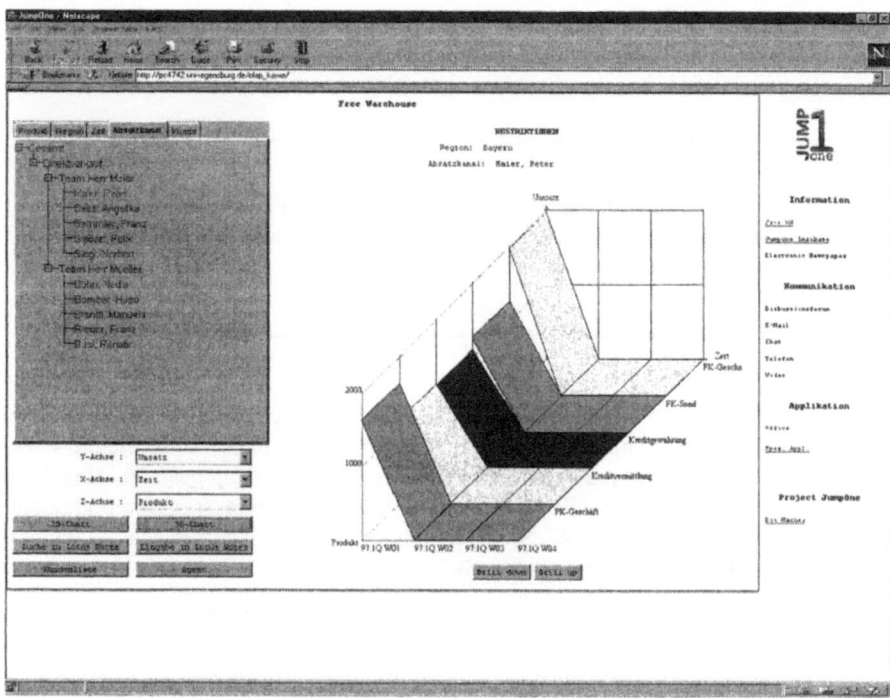

Abb. 4.6: Visualisierung der Dimension „Zeit" an der X-Achse (Dicing)

4.1.3 Data Mining

OLAP-Entscheider-Unterstützungssysteme unterstützen den betrieblichen Entscheider bei der Verifizierung von eigenen Hypothesen. Die Formulierung neuer Hypothesen „reift" beim OLAP-Anwender im Zuge des interaktiven Analyseprozesses heran. Ideale Ergänzung zu den OLAP-Werkzeugen erfährt der Anwender durch den Einsatz von Methoden des Data Mining[121]. Data Mining-Werkzeuge sind prinzipiell in der Lage, Hypothesen selbständig zu entdecken.

Im Gegensatz zum Top-Down-Vorgehen des OLAP ermöglichen es die Bottom-Up operierenden Data Mining-Werkzeuge, aus den operativen Unternehmensdaten bislang unbekannte bemerkenswerte Zusammenhänge ans Tageslicht zu fördern, also neue Hypothesen zu entdecken und zu formulieren[122]. Die Methoden des Data Mining „wühlen" sich durch eine geeignete Datenbasis - im Idealfall ein

---

[121] Ebenfalls übliche Bezeichnungen: Knowledge Discovery in Databases (KDD), Data Pattern Processing, Information Harvesting [vgl. Bissantz/Hagedorn/Mertens 96, S. 339].

[122] Data Mining-Werkzeuge können demnach auch als automatische „Verdachtsgeneratoren" bezeichnet werden [vgl. Mertens/Bissantz/Hagedorn 97].

Data Warehouse oder ein Data Mart - und bringen dabei möglicherweise interessante und relevante Zusammenhänge in den Daten zutage[123].

Aufgabe des Data Mining ist die Identifizierung und Präsentation der bedeutsamsten und aussagekräftigsten Datenmuster aus der Rohdatenbasis [vgl. Kelly 96, S. 17f].

Ein Muster[124] ist dabei „eine Aussage über eine Untermenge der Daten. Die Aussage soll einfacher sein als es die Aufzählung der Elemente der Untermenge wäre. Muster umfassen damit jedwede Beziehungen zwischen Datensätzen, einzelnen Feldern, den Daten innerhalb eines Satzes und bestimmte Regelmäßigkeiten" [Mertens/Bissantz/Hagedorn 97, S. 181]. Anhand der aufgespürten Muster können Rückschlüsse gezogen und mit Fakten belegt werden.

Ziel einer Unternehmung bei der Anwendung von Data Mining-Verfahren ist es, Kunden und Märkte besser verstehen zu wollen und durch eine bessere Time-to-Market-Strategie neue Kunden zu gewinnen und die vorhandenen zu halten. Dazu ist es notwendig, möglichst viel über die Wünsche und Vorlieben der potentiellen wie der existierenden Kunden zu wissen.

Einsatzbereiche des Data Mining in der Finanzdienstleistungsbranche

Die bei den Kreditinstituten im Laufe der Zeit angesammelten gigantischen Mengen operativer Detaildaten beinhalten eine Vielzahl wichtiger marketingrelevanter Aussagen. Ein Finanzdienstleister kann auf einen vergleichsweise umfangreichen und vielfältigen Bestand an sozioökonomischen Daten zurückgreifen: „Kaum eine andere Branche hat die Möglichkeit, vor Abschluß eines Geschäftes so viele persönliche Daten des Vertragspartners zu erheben" [Bissantz/Küppers 96; vgl. auch Grebe 98, S. 98].

Im Käufermarkt der Finanzdienstleistungsbranche ist ein ausgefeiltes Customer Relationship Management (CRM) unabdingbar [vgl. Stüfe 97]. Für die Bereiche Neukundengewinnung, Cross-Selling, Up-Selling, Stornoerkennung, Financial

---

[123] Der aus dem Bergbau entlehnte Begriff des „Mining" soll den Vorgang des Suchens und Verfolgens einer lohnenden Rohstoff-Ader verdeutlichen. Mertens spricht in diesem Zusammenhang von Filtersystemen oder Aktiven Management-Informationssystemen [vgl. Mertens/Bissantz/Hagedorn 97].

[124] Das Aufspüren eines Musters wird als Pattern-Analyse bezeichnet.

Forecasting, Churn Management[125] und Bestandspflege ist ein Beziehungsmanagement zu etablieren, dessen steuernd einwirkende Parameter sich aus dem Einsatz von Data Mining-Methoden ergeben können.

Die Haupteinsatzgebiete von Data Mining im Finanzdienstleistungssektor sind [vgl. o.V. 97j]:

- **Database-Marketing**

  Im Vordergrund steht die Segmentierung von Zielgruppen. Haupteinsatzbereiche des Data Mining liegen derzeit in Marketing und Vertrieb (Entwicklung von Portfolio-Strategien usw.).

  Beispiel Kundensegmentierung:

  Traditionelle Segmentierungsansätze wie die ABC-Segmentierung oder das Lebensphasen-Konzept erweisen sich als Basis des Bankvertriebs in der heutigen Zeit als zunehmend ungeeignet. Moderne komplexe Segmentierungsansätze berücksichtigen neben den klassischen soziodemographischen Merkmalen zusätzlich psychographische Merkmale wie Werthaltung, Verhaltensmuster und materielle Grundorientierung des Kunden[126]. Data Mining-Werkzeuge können helfen, die Kunden eines Finanzdienstleisters anhand ihrer Stamm- und Bewegungsdaten in eine solche komplexe Segmentierung einzuordnen[127].

  Beispiel Direct Mailing:

  Durch Data Mining-Werkzeuge unterstützte Direct Mailing-Aktionen und Response-Analysen ermöglichen eine sehr effiziente und kostengünstige Ansprache von individuellen Kundenzielgruppen [vgl. Koch 97, S. 18].

- **Risiko-Management (Risikoeinschätzung)**

  Beispiel Bonitätsprüfung bei der Kreditantragsbearbeitung (Credit Scoring):

  Die Zahlungsmoral von Kunden im Privatkundengeschäft kann anhand von bestimmten, bei Kreditantrag nachgefragten Merkmalen (Alter des Kunden, Anzahl der nachgefragten Kreditraten, Vermögensverhältnis-

---

[125] Unter „Churn" wird ein stiller Kundenwechsel verstanden, bei dem ein Kunde aus unbekannten Gründen zur Konkurrenz wechselt.

[126] Die am Institut für Bankinformatik an der Universität Regensburg entwickelte ibi-Finanztypologie hat zum Ziel, „Kunden nach ihrer derzeitigen und künftigen Akzeptanz und Nutzung traditioneller und elektronischer Bankvertriebswege zu klassifizieren" [Grebe/Kreuzer 97a, S. 6].

[127] Mit Hilfe des Data Mining können oftmals alleine aus den Kunden-Bewegungsdaten ergiebige Schlüsse gezogen werden. Die Typisierung des Kunden kann für den weiteren Zugriff in den Kundenstammdaten hinterlegt werden.

se, Dienstalter des Sachbearbeiters usw.) und deren Verhältnis zueinander, eingeschätzt werden[128]. Im Firmenkundengeschäft werden die folgenden Merkmale als besonders kennzeichnend gesehen: Größe und Rechtsform eines Unternehmens, bisherige Zahlungsmoral, betriebswirtschaftliche Kennzahlen etc.

Die Merkmale eines (potentiellen) Kreditnehmers werden als Risikofaktoren aufbereitet, als Kennzahlen abgebildet und in Form einer Ex-post-Analyse von Kreditvorgängen einem Bewertungsalgorithmus unterzogen. Ergebnis des Scoring-Algorithmus ist ein Bonitätsindex (bi). Auf der Grundlage von Vergangenheitsdaten kann ein Schwellenwert bi' ermittelt werden. Kreditbeantrager oberhalb von bi' werden als „notleidend" eingestuft und deren Kreditanträge abgelehnt [vgl. Watzlawek/Frohnhoff 98].

Die Berechnung des Schwellenwertes bi' muß laufend verfeinert werden, um sowohl die Zahl der angenommenen Kreditanträge insolventer Kreditbeantrager als auch die Zahl der entgangenen Kreditanträge einwandfreier Kreditbeantrager zu minimieren (vgl. schraffierte Fläche in Abb. 4.7).

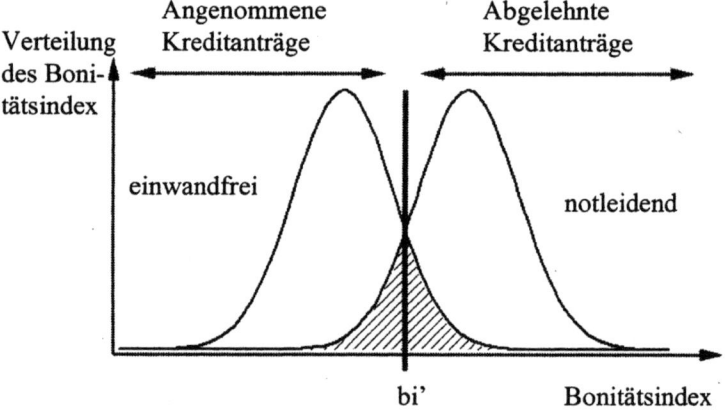

Abb. 4.7: Bonitätsprüfung auf der Basis von Credit Scoring
[vgl. Watzlawek/Frohnhoff 98]

Zum Credit Scoring werden vielfach künstliche neuronale Netze eingesetzt [vgl. Lohrbach 94, S. 99ff].

---

[128] Die US-amerikanische Mellon Bank beispielsweise sammelt pro Kunde 565 Merkmale [vgl. o.V.98a].

Beispiel Risikoadjustiertes Pricing im Kreditgeschäft:

Die in den vergangenen Jahren - bedingt durch eine undifferenzierte Kundenbetrachtung - vorgenomme implizite Quersubventionierung der Kredite mit hohem Risiko läßt sich heutzutage wirtschaftlich nicht mehr vertreten [vgl. Affentranger 97]. Faire, kundenindividuelle Kredit-Preise können sich erst durch Berücksichtigung der Risikosituation ergeben. Mit den Methoden des Data Mining können „gute" Kunden von den weniger attraktiven Kunden, die dann einen „Kreditrisikoaufschlag" zu zahlen haben, unterscheidbar gemacht werden.

- **Betrugserkennung durch Assoziationen**

Durch den Einsatz von Data Mining-Methoden zur ex ante-Analyse soll beim Risiko-Management die Anzahl der Forderungsausfälle minimiert werden. Im Umfeld der Betrugserkennung wird im Gegensatz dazu versucht, den durch Forderungsausfälle angerichteten Schaden schnell und wirksam zu begrenzen.

Beispiel: Analyse von Kreditkartenmißbrauch

Die Aufdeckung von Betrugsfällen ist für Kreditkartenfirmen ein wichtiges Aufgabengebiet. Beim Auftreten von spezifischen Betrugsmustern[129] wird die Kreditkarte automatisch sofort deaktiviert [vgl. o.V.98a].

Beispiel: Geldwäscheassoziationen und Insidergeschäfte

Transaktionen zur Duchführung von Insidergeschäften oder illegaler Geldwäsche weisen alle ein ähnliches Muster auf (Weiterleitung von großen Geldbeträgen nach einem bestimmten Muster usw.). Durch Assoziationsverfahren und den dort aufgestellten Assoziativ-Regeln können diese Muster beschrieben werden, wie z.B. bei der Warenkorbanalyse in großen Kaufhäusern [vgl. Bollinger 96].

- **Financial Forecasting**

Beispiel Prognosen von Devisenkurs- und Zinsentwicklungen:

Zur Prognose von Zins- und Wertpapierkursentwicklungen werden beispielsweise künstliche neuronale Netze schon seit geraumer Zeit erfolgreich eingesetzt [vgl. Lohrbach 94, S. 163ff].

---

[129] Ein typisches Betrugsmuster ist das wiederholte Abheben von großen Bargeldbeträgen mit einer Kreditkarte, die zur Bargeldbeschaffung noch niemals eingesetzt wurde.

Data Mining-Methoden

Die Verfahren des Data Mining etablierten sich unabhängig von Data Warehouse-Architekturen. Zur Sicherstellung des uneingeschränkten Betriebs der operativen Systeme und der Wiederholbarkeit von Auswertungen ist jedoch eine separate Data Mining-Datenbasis sinnvoll. Der Einsatz einer speziellen DWH-Datenbank bietet sich hierzu förmlich an, ist aber keine notwendige Voraussetzung zum Einsatz von Data Mining-Verfahren. Zur Generierung von aussagekräftigen, nichttrivialen Hypothesen benötigen die im folgenden vorgestellten Methoden des Data Mining Zugriff auf umfangreiches, qualitativ hochwertiges historisches Datenmaterial. Dieses wird in den modernen Implementierungen zumeist durch ein Data Warehouse zur Verfügung gestellt.

Data Mining-Werkzeuge operieren in den seltensten Fällen auf dem Gesamtdatenbestand. Aus Geschwindigkeitsgründen werden die meisten Analysen auf der Basis von Stichproben erarbeitet [vgl. Zick 98, S. 20].

Data Mining-Werkzeuge verwenden lernende Verfahren und nutzen zur klassischen Analyse von Ursache-Wirkung-Beziehungen Häufigkeitsauszählungen, Entscheidungsbäume, Neuronale Netze, Cluster- und Assoziationsverfahren ebenso wie die klassischen Verfahren der Statistik (beispielsweise Verfahren der linearen oder logistischen Regression). Anwendung finden ebenfalls moderne nichtlernende Verfahren der künstlichen Intelligenz wie beispielsweise die Fuzzy Logik und auch Genetische Algorithmen [vgl. Hagedorn/Bissantz/Mertens 97, S. 601ff].

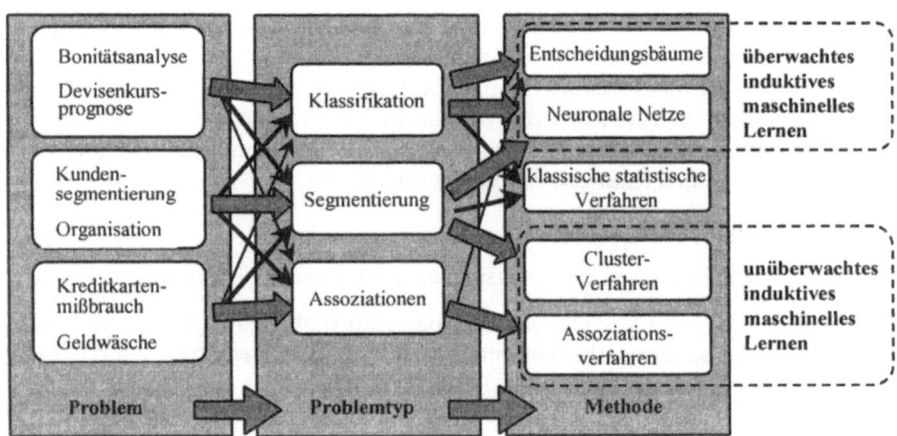

Abb. 4.8: Von der Problemstellung zur Wahl des Data Mining-Verfahrens
[nach Zick 98, S. 20]

Vorgänge des deduktiven Lernens (durch z.B. den Einsatz von Expertensystemen) sind nicht Bestandteil des Data Mining. Induktive Lernvorgänge sind geeignet neue, bisher nicht bekannte Zusammenhänge aufzudecken. Das maschinelle induktive Lernen läßt sich weiter unterteilen in „überwachtes Lernen" und „unüberwachtes Lernen" (vgl. Abb. 4.8).

Das „überwachte Lernen" kann zum Einsatz kommen, wenn bereits eine Menge von Fällen vorliegt, die hinsichtlich einer Zielgröße bereits gelöst wurde. Beispielsweise können Entscheidungsbäume bei der oben beschriebenen Bonitätsprüfung von Kreditkunden mittels Scoring-Verfahren aus den abgeschlossenen Kreditvergaben der Vergangenheit die Bonitätseinschätzung „lernen". Die Kunden werden dabei klassifiziert, also verschiedenen Klassen zugeteilt[130].

Verfahren des „unüberwachten Lernens" ermöglichen es, ohne Vorgabe einer Klassifikation Ähnlichkeiten in Mustern zu entdecken. Die Aufstellung möglichst homogener Gruppen durch Verfahren des unüberwachten Lernens wird in Abgrenzung zur Klassifikation als Segmentierung bezeichnet. Zum Einsatz kommen bei den Segmentierungsverfahren auch spezielle Verfahren von Neuro-Netzen, sogenannte Kohonen-Netze [vgl. König et al. 99, S. 707f].

Assoziationsverfahren dienen dazu, Ähnlichkeitsaussagen über partielle Datenstrukturen aufzuspüren. Dazu werden die Häufigkeiten des gemeinsamen Auftretens von Merkmalskombinationen überprüft und die relevanten Kombinationen aus der Vielzahl der Möglichkeiten isoliert. Die beispielsweise bei Geldwäscheaktionen oder beim Kreditkartenmißbrauch auftretenden Muster können durch Assoziationen entdeckt werden. Häufig lassen sich durch den Einsatz von Assoziationsverfahren Potentiale für Cross-Selling-Aktionen auffinden: "Von den 50 Prozent der Kunden, die ein Einkommen zwischen DM 2500.- und 3000.- haben, schließen 45 Prozent einen Sparvertrag ab" [Bissantz/Küppers 96, S. 69].

Fazit

Der Einsatz des Data Mining allein ist noch kein Garant für ein besseres Kundenverständnis und eine größere Nähe zum Markt: „...you need to know a lot about your data to mine successfully" [Thomsen 97, S. 478]. Ebenso wie das OLAP kann auch das Data Mining nur als „Intelligenzverstärker" der Unternehmensmitarbeiter dienen, die ein Verständnis für die grundlegende Arbeitsweise der eingesetzten Dienste aufbringen.

Data Mining kann sich für einen Finanzdienstleister sowohl im Firmenkundengeschäft (durch hochindividuelle Kreditausgestaltung) als auch im Geschäft mit Privatkunden (im Rahmen von Database Marketing) lohnen. Der Kunde fühlt sich durch die angebotenen bedarfsgerechten Lösungen individuell beraten, wodurch die Abschlußwahrscheinlichkeit steigt [vgl. Koch 97, S. 22]. Der Finanzdienstlei-

---

[130] Bestehende herkömmliche - zumeist weniger komplexe - Scoring-Modelle weisen oftmals eine zu grobe Ungenauigkeit auf, die dazu führt, daß bestimmte Klassen von Kunden „durch das Raster" fallen. Klassifizierungsverfahren auf der Basis von z.B. Entscheidungsbäumen bieten die Möglichkeit, eine genauere Trennschärfe zu implementieren [vgl. Bissantz/Küppers 96, S. 71].

ster kann schneller auf verändertes Konsumverhalten reagieren und dem Kunden zum gewünschten Zeitpunkt den gewünschten Service bieten. Eine gute Marketingabteilung wird durch den Einsatz von Data Mining-Methoden noch besser, eine weniger gute nur teurer [vgl. Martin 96, o.V. 97j].

Dem Einsatz von neuronalen Netzen und der Fuzzy Logik im Data Mining steht oft die Tatsache entgegen, daß sie nicht in der Lage sind, aufgestellte Hypothesen mit Begründungen zu fundieren. Als „Black-Box" agierende Verfahren werden von den Benutzern vielfach nicht akzeptiert, und werden deshalb in aller Regel mit anderen Verfahren kombiniert eingesetzt [vgl. Angstenberger 98, S. 32].

In der Zukunft des Data Mining werden sicherlich die zu untersuchenden Datentypen um komplexe Datentypen wie beispielsweise Text, Bilder und Video erweitert werden. Bilder und Texte können so beispielsweise in der Versicherungsbranche auf bestimmte auffällige Muster (z.B. Gemeinsamkeiten in Unfallprotokollen und -Fotos in Versicherungsfällen) untersucht werden.

4.1.4 Aspekte des Datenschutzes und der Sicherheit

Im Zusammenhang mit dem „Volkszählungsurteil" hat das Bundesverfassungsgericht das Recht auf informationelle Selbstbestimmung als Grundrecht mit Verfassungsrang eingestuft [vgl. Hönicke 97]. Über Preisgabe und Verwertung persönlicher Daten hat jeder Bürger selbst zu bestimmen. Gemäß Datenschutzgesetz darf eine Bank z.B. das Feld „Verwendungszweck" auf Überweisungen in keiner Form elektronisch - auch nicht für interne Zwecke - auswerten.

Das Thema Datenschutz wird gerade in der Bundesrepublik Deutschland besonders emotional aufgenommen. Bezüglich der „drohenden Gefahr" des „gläsernen Kunden" sind die Bundesbürger - bedingt auch durch ausführliche Berichterstattung in den Medien - besonders sensibilisiert [vgl. Hönicke 97].

In der Finanzdienstleistungsbranche werden detaillierte personenbezogene Kundendaten erhoben, verarbeitet und gespeichert. Mit den Methoden des Data Mining auf der Basis hochoptimierter DWH-Systeme besitzen Finanzdienstleister grundsätzlich die Möglichkeit, sehr umfangreiche Datenbestände unterschiedlicher Natur auszuwerten und mit unternehmensexternen Zukaufdaten abzugleichen. Dieser Problembereich sollte bereits im Vorfeld der Planung und Umsetzung des Systems mit dem Datenschutzbeauftragten und der Rechtsabteilung des Unternehmens abgestimmt und mit entsprechenden Sicherheitsmechanismen versehen werden. Bei der Implementierung eines DWH-Systems hat der Datenschutzbeauftragte darüber zu wachen, daß zur Erfüllung der gesetzlichen Anforderungen die erforderlichen organisatorischen und technischen Maßnahmen getroffen werden[131].

---

[131] In der Anlage zu Artikel 9 des Bundesdatenschutzgesetzes wird beispielhaft ein Zehn-Punkte-Katalog zur Umsetzung der organisatorischen und technischen Anforderungen aufgeführt. Im Gesetzentwurf zum Informations- und Kommunikationsgesetz (IuKDG) ist

Zur in Abschnitt 2.2.1 angesprochenen Informationskultur gehört ebenfalls der verantwortungsbewußte Umgang mit sensiblen Daten. Dies gilt vor allem dann, wenn eine große Zahl von Mitarbeitern Zugang zu komplexen und hochperformanten Data Warehousing-Abfrageumgebungen besitzt. Eine ernsthafte Konfrontation mit dem Datenschutz wird keine Bank überstehen, ohne ernsten Schaden zu nehmen[132].

4.2 Restriktionen und Erweiterungsmöglichkeiten bestehender Data Warehousing-Dienste

Die DWH-Dienste (Abfrage- und Reportsysteme, OLAP und Data Mining) sind in der Lage, betriebliche Mitarbeiter in quasi-operativen und auch strategischen Entscheidungsprozessen zu unterstützen und werden im folgenden als "klassische Data Warehousing-Dienste" bezeichnet.

Abfrage- und Report-Systeme werden überwiegend auf Ebene der Unternehmensleitung zur taktischen Entscheidungsfindung und zur strategischen Orientierung der Unternehmung eingesetzt. Das Data Mining findet vorwiegend in hochspezialisierten Teilbereichen der Unternehmung Anwendung (beispielsweise in der Produktforschung und im Customertracking). OLAP eignet sich zum Einsatz in allen Ebenen der Unternehmung.

Im weiteren Verlauf dieser Arbeit sollen Erweiterungsmöglichkeiten des Data Warehousing beschrieben werden. Die folgenden Abschnitte dieses Kapitels beschreiben die Möglichkeit der Integration moderner Informationsquellen und -versorgungsmethoden in den Kontext des Data Warehousing anhand einer Architekturmodellskizze. Im Kapitel 5 wird das Architekturmodell verfeinert und seine einzelnen Komponenten sowie die möglichen Kommunikationarten dargestellt.

4.2.1 Unterstützung des betrieblichen Entscheiders durch Data Warehousing-Dienste

Wie in Kapitel 2 diskutiert, ist eine Unterstützung des betrieblichen Entscheiders mit einer ausreichenden Menge qualitativ hochwertiger Informationen anzustreben. Die Daten sollen dabei schnell verfügbar sein und sich aus dem Kontext des Informationsproblemes heraus abfragen lassen.

---

erstmals ein Datenschutz-Audit zur Prüfung und Bewertung des Datenschutzkonzeptes und der technischen Einrichtungen durch unabhängige Gutachter vorgesehen (Stand: Juni 1997).

[132] In Australien mußte sich bereits ein Marketing-Experte einer großen Versicherungsgesellschaft im Zusammenhang mit betrügerischen Direkt-Marketing-Aktivitäten im Rahmen des Data Warehousing vor Gericht verantworten. Dieser Fall erregte in der australischen Öffentlichkeit große Aufmerksamkeit [vgl. Hönicke 97].

106

Klassische Data Warehousing-Dienste können - bedingt durch ihr eng umrissenes Einsatzgebiet - kein „Allheilmittel" zur Informationsversorgung in der betrieblichen Unternehmung darstellen. Die Einbindung von DWH-Systemen in die operativen betrieblichen Prozesse steht zur Zeit im Vordergrund der weiteren Entwicklungen im DWH-Umfeld. Die Komplexität und die fehlende Offenheit des umfassenden DWH-Ansatzes treibt aus diesem Grund viele DWH-Werkzeuge in eine Nischenexistenz.

Ziel der Forschung im Bereich des Data Warehousing muß es sein, Konzepte zur Integration des Data Warehousing mit anderen Informationsversorgungsmethoden zu entwickeln. Nur durch die integrierte Zusammenarbeit aller Informationsdienste in einer Benutzerschnittstelle kann sich das DWH-Konzept aus seiner Nischenposition herausbewegen und die Akzeptanz einer breiteren Masse von Anwendern erfahren.

Im Vordergrund der Integration eines DWH-Systems in die Benutzerschnittstelle steht der Arbeitsplatz des einzelnen Benutzers. Eine arbeitsplatzzentrierte Betrachtung der Integration berücksichtigt den einzelnen Benutzer als Bestandteil eines Mensch-Maschine-Systems. Der im Rahmen dieser Arbeit entwickelte Vorschlag einer Systemintegration wird in den folgenden Abschnitten vorgestellt.

4.2.2 Die Erreichbarkeit von Daten als Integrationsaspekt einer offenen Architektur

Die Integration von umfassender Informationsfunktionalität innerhalb einer unternehmensweiten monolithischen Informationssystemarchitektur ist aus verschiedenen Gründen nicht anzustreben (vgl. Abschnitt 2.3.1). Bedingt durch die sich ständig ändernden Anforderungen des Informationsnachfragers wird ein solches „tight coupled" System immer als Baustelle und immer mehr als Stückwerk anzutreffen sein. Es bietet sich deshalb an, ein Informationssystem auf der Basis einer lose gekoppelten Architektur mit austauschbaren Bestandteilen zu realisieren [vgl. Gluchowski/Gabriel/Chamoni 97, S. 285f].

Konzept einer offenen Informationssystemarchitektur

Die Architektur eines solchen Systems wird als offen bezeichnet, da Bestandteile des Informationssystems wie Bausteine jederzeit hinzugefügt und auch wieder entfernt werden können[133]. Wichtig ist die Loslösung des Zugriffes auf die Informationsdienstleistung von EDV-technischen Fragestellungen. Der Informationsnachfrager kommuniziert ausschließlich mit der grafischen Benutzerschnittstelle, die in der Lage sein muß, den sehr großen und vor allem breit gefächerten Informations- und auch Kommunikationsbedarf des einzelnen Mitarbeiters zu bedienen.

---

[133] Die Offenheit des Systems ist ein wichtiger Punkt, da sich der zukünftige Informationsbedarf des Informationsnachfragers typischerweise nicht vorausbestimmen läßt.

Die Abstimmung der einzelnen Systemkomponenten hat für den Endanwender völlig unsichtbar im Hintergrund abzulaufen. Die Bausteine pflegen untereinander keine Kommunikationsbeziehungen sondern werden vielmehr durch eine Zwischenschicht, der Master- oder Metaverwaltungseinheit koordiniert [vgl. Gluchowski/Gabriel/Chamoni 97, S. 102].

Die Koordination zwischen Metaverwaltungseinheit und Bausteinen erfolgt auf Basis eines erweiterbaren bidirektionalen Kommunikationsprotokolles[134]. Grundlage der Kommunikation ist die Anfrage nach und die Lieferung von Daten (vgl. Abb. 4.9).

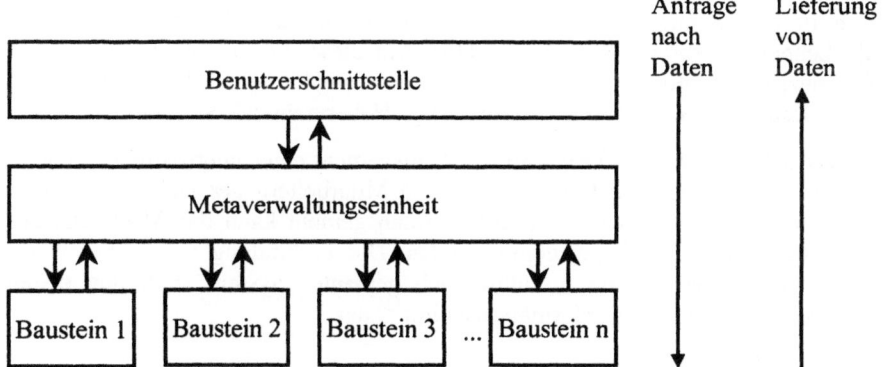

Abb. 4.9: Informationssystemarchitektur mit lose gekoppelten Bausteinen und koordinierender Metaverwaltungseinheit

Die Flexibilität in der Schichtenbildung der skizzierten IS-Architektur bietet genug Entwicklungspotential zum Einsatz zukünftiger Hardware, weiterentwickelter Software und zur integrierten Umsetzung von neuen Benutzeranforderungen [vgl. Habermann 93, S. 160]. Neu hinzugefügte Bausteine können das Kommunikationsprotokoll erweitern. Durch diese Erweiterungsfähigkeit kann die Benutzerschnittstelle den Zugriff auf Daten potentiell verbessern.

Informationssystemmanagement (ISM)

Das von Österle beschriebene Informationssystemmanagement (ISM) besitzt durch die Auftrennung der Aktivitäten der Architekturebene in die beiden Bereiche **Management der Integrationsbereiche** und **Management der IS-Architektur** Vorbildcharakter für die strukturierte Umsetzung der oben vorgeschlagenen Informationssystemarchitektur [vgl. Österle/Brenner/Hilbers 92, S. 109ff]. Der

---

[134] Die Schnittstellenfunktionen eines geeigneten Kommunikationsprotokolles werden in Kapitel 5.2 ausführlich besprochen.

Bereich Management der Integrationsbereiche besitzt einen unternehmensweit strategischen Charakter und hat die Aufgabe, die Planung und Umsetzung von Benutzerschnittstelle und Metaverwaltungseinheit organisatorisch zentral in der Unternehmung zu verankern. Der Bereich Management der IS-Architektur ist in den dezentralen Unternehmensteilen angesiedelt und hat die Realisierung und die Anbindung von verschiedenen Informationsbausteinen unter Berücksichtigung der Ergebnisse der Informationsbedarfsanalyse zu planen und durchzuführen.

Durch die Auftrennung der Aktivitäten im ISM kann eine offene unternehmensweite Informationssystemarchitektur zentral geplant und in ihren Grundzügen umgesetzt werden. Im Zuge des Managements der Integrationsbereiche kann eine permanente Abstimmung der Informatikstrategie mit der Geschäftsstrategie erfolgen[135] (vgl. Abschnitt 2.1.3). Anschließend kann die Architektur beispielsweise durch die Fachbereiche um verschiedene Informationsbausteine erweitert werden [vgl. Lehner/Hildebrand/Maier 95, S. 60f]. Auf diese Weise können quasi-abteilungsspezifische Informationssysteme aufgebaut werden, ohne die Integration in einem Gesamtsystem zu vernachlässigen [vgl. Habermann 93, S. 161].

Ziel des ISM ist die Schaffung und das Management einer langfristig angelegten IS-Architektur. Durch die Einbeziehung von Mitarbeitern der fachlichen Abteilungen im dezentralisierten IS-Architekturmanagement kann die Akzeptanz des Gesamtsystems erheblich gesteigert werden. Die Einbindung von bisher ungefragten Mitarbeitern in ein gesamtheitlich geplantes System stellt den ersten Schritt zu Schaffung einer Informationskultur[136] dar.

Die „Infosphere" der Unternehmung

Kalakota und Whinston fassen die in der Unternehmung anfallenden Transaktionsdaten, sowie Daten aus Electronic Document Libraries und DWH-Systemen unter dem Begriff der „Infosphere" zusammen [vgl. Kalakota/Whinston 96, S. 442f]. Besitzt der Informationsnachfrager mittels einer ihn nicht behindernden oder seinen Informationswunsch einschränkenden Schnittstelle uneingeschränkten Zugriff auf die Infosphere, so ist die Erreichbarkeit der Daten vollständig gegeben.

---

[135] In die Planung und Umsetzung der Informatikstrategie ist eine gewisse Zielflexibilität „einzubauen", damit in der Zukunft anfallende Erweiterungen des Systems jederzeit umgesetzt werden können. Ein strategieorientiertes, strukturiertes Vorgehen beim Entwurf einer IS-Architekur führt zur Vermeidung von „Informationssystem-Insellösungen". Moderne Rapid Application Development-Systeme bieten vielfältige Möglichkeiten zur Integration von vorhandenen und zugekauften Bausteinen in das Gesamtsystem.

[136] Der Begriff der Informationskultur und die zur Schaffung einer Informationskultur nötigen Vorbedingungen wurden bereits in Abschnitt 2.2.1.1 erläutert.

Erreichbarkeit von Daten

Die **Erreichbarkeit von Daten** kann erweitert werden durch den Zugriff des Informationsnachfragers auf neue Datenquellen. Durch die Zunahme der Menge an Quelldaten oder durch den zusätzlichen Zugriff auf semantisch gehaltvollere Daten kann die Infosphere erweitert werden. Wird der Zugriff auf die Infosphere bei gleichbleibender Menge oder Qualität der Quelldaten für den Informationsnachfrager erleichtert oder erweitert - beispielsweise durch flexiblere Abfragewerkzeuge - so führt dies ebenfalls zu einer Erhöhung der Erreichbarkeit von Daten.

Die vom Anwender nachgefragten Daten werden von den einzelnen Bausteinen der Informationsarchitektur, welche als separate Programmsysteme realisiert sind, zur Verfügung gestellt. Im Falle eines neu auftretenden Informationsbedarfs können zusätzliche Datenquellen durch das Hinzufügen zusätzlicher Bausteine aufgetan werden. Dieser Vorgang soll für den Informationsnachfrager keinerlei Umstellung in der Arbeitsweise - beispielsweise in Form von Einarbeitungs- oder Lernaufwand - bedeuten. Eine Einbindung neuer Datenquellen muß sinnvollerweise die Erreichbarkeit von Daten durch die potentielle Erweiterung des erreichbaren Informationsangebotes erhöhen[137].

Die in der vorliegenden Arbeit verwendete Begrifflichkeit der „Erreichbarkeit von Daten" muß innerhalb eines integrierten arbeitsplatzzentrierten Informationsproblemkontextes gesehen werden. Ein aufgetretenes Informationsproblem soll vom betrieblichen Mitarbeiter möglichst in eigener Regie vom Schreibtisch aus erledigt werden können. Dabei soll sich der Mitarbeiter mittels einer Beschreibung des Problemsachverhaltes an eine mögliche Lösung des Informationsproblemes herantasten, ohne daß erkennbar verschiedene Programme mit unterschiedlichem „Look & Feel" auf möglicherweise unterschiedlichen Betriebssystemen zum Einsatz kommen müssen[138].

Das im folgenden Abschnitt aufgeführtes Klassifikationsschema kann zur Bewertung der Erreichbarkeit von Daten in einer integrierten Informationssystemarchitektur herangezogen werden.

4.2.3 Klassifikationsschema zur Bewertung der Erreichbarkeit von Daten

Anhand der drei Kriterien **Lokation von Daten, Lieferung von Daten** und **semantischer Gehalt von Daten** kann ein Schema zur Klassifikation der Erreichbarkeit von Daten in einer integrierten Informationssystemarchitektur aufgebaut werden.

---

[137] Die Erhöhung der Erreichbarkeit von Daten ist eine grundlegende Vorbedingung für die Erweiterung des Informationsangebotes.

[138] Mehr zum arbeitsplatzzentrierten Informationsproblemkontext in Abschnitt 4.2.5.

110

Lokation von Daten

Im Einzelfall benötigte Daten können sich innerhalb einer Unternehmung befinden oder von einer rechtlich völlig selbständigen Institution zur Verfügung gestellt werden[139]. Zwischen diesen beiden Extremen sind einige weitere Szenarien vorstellbar. Beispielsweise können Unternehmensdaten im Rahmen eines Outsourcing-Abkommens von einer unternehmensfremden vertraglich gebundenen Institution verwaltet und angeboten werden.

Kelly unterscheidet zwischen unternehmensinternen und unternehmensexternen Daten. Erstere beschränken sich auf die unternehmensinternen Aktivitäten, während letztere die unternehmensexternen Aktivitäten beschreiben[140].

> Beispiel 4.6
> Betriebliche Kennzahlen errechnen sich aus den Rohdatenbeständen der Unternehmung (evtl. durch Einsatz eines DWH-Systems). Der Vergleich zwischen Unternehmensumsatzzahlen und speziellen Branchendaten benötigt dagegen eventuell einen zusätzlichen Zugriff auf außerhalb der Unternehmung befindliche aktuelle Datenbestände.

Je nach Lokation können sich beim Zugriff auch auf unternehmensinterne Datenbestände erhebliche Unterschiede ergeben. Die zur Verfügung stehenden Zugriffsschnittstellen haben wesentlichen Einfluß auf die Geschwindigkeit der Datenbereitstellung und die mögliche Komplexität der Datenabfrage. Die Abfragefunktionen auf Archivsysteme (z.B. Bandlaufwerke mit ausschließlich sequentiellem Zugriff) unterscheiden sich wesentlich von der Leistungsfähigkeit hochkomplexer moderner Datenbanksysteme (mit Zugriff auf evtl. multimediale Inhalte).

Lieferung von Daten

Die Informationsnachfrage des Anwenders kann innerhalb einer „Sitzung" mit einer Datenlieferung beantwortet werden[141]. Im Gegensatz zu dieser synchronen Übertragung steht die asynchrone Anlieferung von Daten, bei der zwischen An-

---

[139] Anbieter von Wirtschaftsdaten sind beispielsweise: DataStar, Genios, APA, Schweizerische Depeschenagentur, Lexis-Nexis, Knight-Ridder, STN International, Hoppenstedt, Nielsen, GfK, Predicast, FIZ und das ifo-Institut [vgl. Kurzidim 98].

[140] Eine umfassende und mit Beispielen unterlegte Übersicht findet sich in [Kelly 96, S. 32f].

[141] Die Beschäftigung des Anwenders mit einer genau umrissenen Problemstellung innerhalb eines ununterbrochenen Zeitfensters wird als „Sitzung" bezeichnet.

forderung und Lieferung in verschiedenen Sitzungen deutlich getrennt werden kann.

Bei der asynchronen Übertragung kann der Zeitpunkt der Anlieferung vom Datenlieferanten ausgewählt werden. Die nachgefragten Informationen können außerdem in mehreren voneinander unterscheidbaren und unabhängigen Paketen angeliefert werden.

Beispiel 4.7: Synchrone Lieferung von Daten

Im Zuge einer OLAP-Analyse (OLAP-Sitzung) werden die angeforderten Daten schnellstmöglich angeliefert. Per Telefonkonferenz kommuniziert der Anwender mit einem Kollegen, um Informationen zu einem Problembereich einzuholen[142].

Beispiel 4.8: Asynchrone Lieferung von Daten

Auf einen einmal geäußerten Wunsch bekommt der Anwender regelmäßig Nachrichten geliefert, beispielsweise über Börsenkurse oder bestimmte Unternehmenskennzahlen. Zum Einsatz kommen hier Status- und Reportsysteme oder ein System zum Empfang elektronischer Post (E-Mail).

Semantischer Gehalt von Daten (semantical thickness)

Der semantische Gehalt von Daten ergibt sich aus dem Grad ihrer Selbsterklärungsfähigkeit. Eine auf einem einfachen Integer-Datentyp basierende Zahl wird immer vor einem (in unserem Falle betriebswirtschaftlichen) Kontext interpretiert werden müssen. Komplexere Datentypen wie beispielsweise Enumerationen oder Strukturen besitzen meist schon eine - wenn auch evtl. sehr geringe - Selbstaussage.

Vom Datentyp alleine kann allerdings in den wenigsten Fällen auf den Informationszuwachs beim Empfänger geschlossen werden. Auch ein Bild oder ein Video wird immer vor einem Kontext interpretiert werden müssen und setzt dementsprechend ein entsprechend umfangreiches Hintergrundwissen beim Betrachter voraus. Im weiteren Verlauf dieses Buches wird zur Informationsinterpretation der korrekte Kontextbezug und ein maximales Hintergrundwissen des Empfängers vorausgesetzt. Je komplexer der Typ der übertragenen Daten ist, desto größer ist potentiell der semantische Gehalt (semantical thickness). Ein umfangreiches Textdokument beispielsweise kann Daten in Tabellenform ebenso wie

---

[142] Der Einsatz von Kommunikationsmedien zur Informationsbeschaffung ist Gegenstand des Kapitels 5.3.

Grafiken, Videos und Geräusche enthalten. Ein Maximum an semantischem Gehalt wird erreicht, wenn ein solches Dokument um hypertextuelle Komponenten erweitert wird und dadurch unter Umständen „unendlich groß" wird.

Im Rahmen dieser Arbeit werden durch Zahlenwerte repräsentierte - semantisch „dünne" - Daten als „quantitative" Daten bezeichnet. Datenmaterial mit eher beschreibend textuellem Charakter[143] wird als „qualitativ" eingestuft [vgl. Gabriel/Bergmann/Krizek 95, S. 283]. Quantitative Daten sind grundsätzlich vom Typ „Zahl" abgeleitet und müssen innerhalb eines Kontextes interpretiert werden (beispielsweise Zeitreihen). Qualitative Daten besitzen einen höheren semantischen Gehalt und können alle komplexen Arten von Datentypen beinhalten (beispielsweise Dokumente, Hyperlink-Dokumente, Grafiken, Videos, Audio-Dateien usw.). Quantitative Daten werden oft auch als „strukturierte" Daten, qualitative Daten dagegen als „unstrukturierte" Daten bezeichnet [vgl. Martin 97].

Digitale Archive mit der Funktion der Speicherung von Daten und des Zugriffes auf Daten lassen sich vor diesem Kontext in zwei Typen unterteilen [vgl. Kalakota/Whinston 96, S. 450ff]:

- Elektronische Dokumenten-basierte, digitale Bibliotheken

- Datenbanken zur Speicherung strukturierter (Massen-)Daten.

Dem ersten Typ lassen sich Dokumenten-Archiv- und Workflow-Systeme zurechnen, zum zweiten Typ gehören klassische Datenbank- und Data Warehouse-Systeme.

Die Bewertung der Erreichbarkeit von Daten

Jedes Element aus der Produktmenge über die drei oben aufgeführten Kriterien ist ein wertvoller Bestandteil zur Erreichung von Daten. Die drei zueinander orthogonal stehenden Kriterien können sinnvoll in einem Klassifikationsschema zusammengeführt und zur Bewertung der Erreichbarkeit von Daten herangezogen werden (vgl. Abb. 4.10, vgl. auch [Meier/Fülleborn 99] und [Mertens 99]).

---

[143] Weltweit existieren etwa 100.000 Fachzeitschriften, die pro Jahr ca. 5 Millionen Fachinformationen publizieren. Hinzu kommen etwa 300.000 Forschungsberichte und 700.000 Dissertationen (Stand 1992) [vgl. o.V. 92].

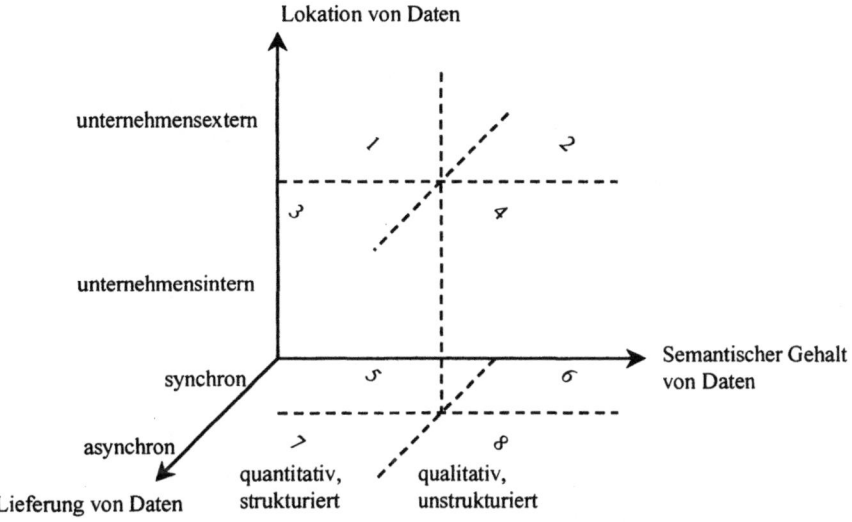

Abb. 4.10: Klassifikationsschema zur Bewertung der Erreichbarkeit von Daten

Im Klassifikationsschema werden die drei Dimensionen Lokation von Daten, Lieferung von Daten und semantischer Gehalt von Daten mit jeweils zwei Extremausprägungen in einer dreidimensionalen Darstellung zusammengefaßt. Es ergeben sich 8 Quadranten.

Im dreidimensionalen Klassifikationsschema können bestehende und zukünftige Datenquellen abgetragen werden (vgl. Abb. 4.11). Von OLAP und Abfragesystemen gelieferte Daten lassen sich im fünften Quadranten des Schemas plazieren. Automatisch Daten generierende Unternehmens-Status- und Reportsysteme finden sich im siebten Quadranten. Unternehmensextern vorliegende Daten wie beispielsweise kommerzielle Branchennachrichten und Berichte mit hohem semantischen Gehalt werden typischerweise auf Anfrage des Informationssuchenden synchron oder asynchron geliefert und werden deshalb im zweiten oder im vierten Quadranten abgetragen.

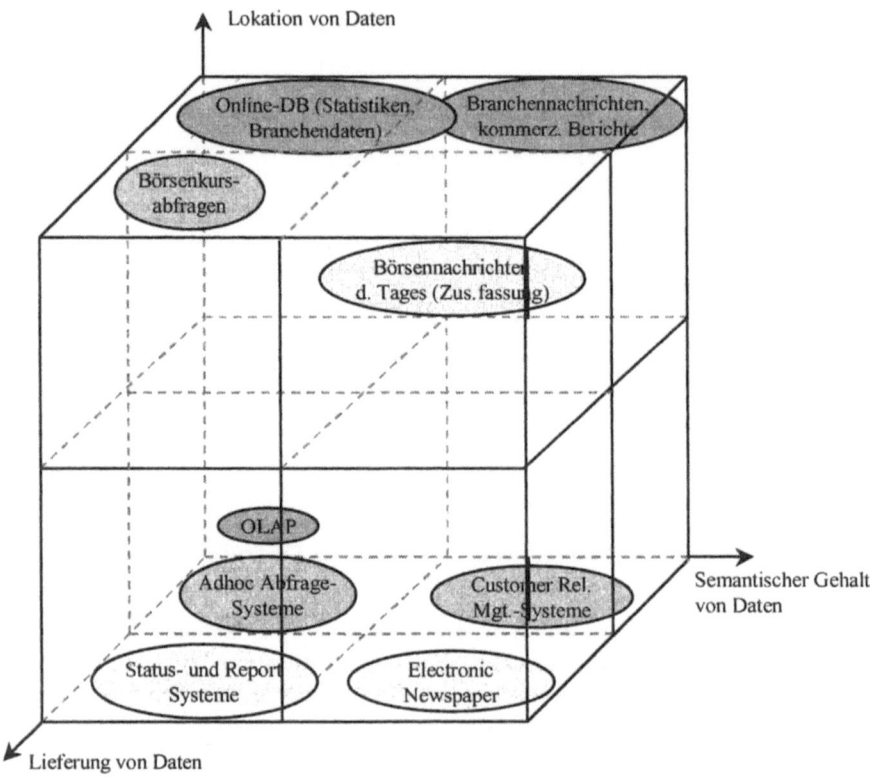

*Abb. 4.11: Einordnung von Datenquellen in das Klassifikationsschema
(dunkler eingefärbte Textstücke gehören in den räumlichen Hintergrund)*

Die in der Unternehmung verfügbaren Datenquellen lassen sich innerhalb des Klassifikationsschemas positionieren. Das Klassifikationsschema kann als „Bebauungsplan" für die Entwicklung eines umfassenden Informationssystems verwendet werden. Eine integrierte Informationssystemarchitektur vorausgesetzt, kann die Erreichbarkeit von Daten anhand der Abdeckung der einzelnen Quadranten im Schema überprüft werden.

Die klassischen Data Warehousing-Dienste können nur einen Teil der typischen betrieblichen Informationsnachfrage befriedigen, da sie sich ausschließlich auf die Bereitstellung und Bearbeitung quantitativer vergangenheitsorientierter Unternehmensmassendaten konzentrieren. Data Warehousing-Dienste decken damit klassischerweise die Quadranten 5 und 7 im Klassifikationsschema ab[144].

---

[144] Martin bezeichnet den Ansatz eines Warehouse-System, welches zur Speicherung und Verwaltung von quantitativen Daten zusätzlich noch qualitative Daten handhaben kann, als „Knowledge Warehouse" [vgl. Martin 97, S. 27].

Eine integrierte offene Informationssystemarchitektur verhindert das Auftreten von „Inseln" in der Informationssystemlandschaft und trägt durch die einheitliche Benutzerschnittstelle für den Zugriff auf Data Warehousing-Dienste und sonstige Datenbereitstellungsdienste zu einer Erweiterung der Erreichbarkeit von Daten bei. Die Zusammenführung der Data Warehousing-Dienste mit den klassischen Diensten von EIS (vgl. Kap. 2.2.1.2) wird erst durch eine offene Informationssystemarchitektur mit einheitlicher Benutzerschnittstelle ermöglicht.

4.2.4 Unterstützung des Entscheidungsprozesses durch eingebundene Data Warehousing-Dienste

Der Grad der Erreichbarkeit von Daten hat einen zwingenden Einfluß auf die Entscheidungsprozesse des betrieblichen Mitarbeiters und wirkt sich somit auf die Qualität der getroffenen Entscheidungen aus. Insbesondere durch die in Kap. 2 angesprochenen Herausforderungen an die Finanzdienstleistungsbranche ergeben sich neue Anforderungen an die Informationsunterstützung der Mitarbeiter:

- **Eingeschränkter Kundenkontakt durch den Vertrieb von Finanzdienstleistungen per elektronischer Bank-Kunde-Schnittstelle** macht es notwendig, die vorhandenen Bestands- und Bewegungsdaten optimal auszunutzen. Durch den Einsatz von Data Mining-Systemen können beispielsweise die Vergangenheitsdaten ausgewertet und sinnvoll genutzt werden.

  Mit Hilfe des DWH-basierten Informationssystems kann der Kundenbetreuer seine Kunden auf eine Änderung des Verhaltens hin untersuchen. Eine Kundenklassifizierung muß im Zeitablauf nicht konstant bleiben, Veränderungen können sich beispielsweise durch Änderungen in den persönlichen oder familiären Verhältnissen (Berufsanfang, Heirat) ergeben. Die zur Untersuchung notwendigen Daten können spezialisierte Algorithmen auf Anregung des Kundenbetreuers hin oder - falls gewünscht - aus eigenem Antrieb aus der DWH-Datenbasis abfragen.

- Die vom Kunden in der Bankfiliale in Anspruch genommenen Leistungen werden sich in der Zukunft durch eine **hohe Komplexität und Qualität** auszeichnen. Die kundenspezifische Produktion von Finanz- und Versicherungsdienstleistungen über das Standardproduktprogramm hinweg gewinnt immer mehr an Bedeutung. Der Kundenberater wird den Kunden in der Bankfiliale aus dem gesamten Produktportfolio bedienen können müssen (komplexe Bankdienstleistungen aus einer Hand: One Face to the Customer). Dazu sind klassische Kundeninformationssysteme idealerweise zu ergänzen um Bausteine mit Zugriff auf Berichte (beispielsweise zur Bauspar- oder Fondsanlageberatung) und Online-Informationen (z.B. Wertpapierinformationen, aber auch Buchungsinformationen über Zusatzprodukte wie Tennis- oder Theaterplatzkarten).

Interessant ist die Möglichkeit, dem Kunden anhand seines Kundentyps, der sich aus den Bewegungs- und Stammdaten ermitteln läßt, gezielt Angebote unterbreiten zu können. Im Kundeninformationssystem sollte dabei nicht nur hinterlegt werden, welche Finanz- und Versicherungsprodukte der Kunde in Anspruch genommen hat, sondern auch, wie es zur Inanspruchnahme der einzelnen Produkte gekommen ist [vgl. Arnold 97, S. 38]. Dazu können Daten aus dem DWH und auch zusätzliche Informationen des Kundenberaters (persönliche Einschätzungen und Meinungen in Textform) verwendet werden.

- Die Prognose der oft in „Einzelfertigung" erstellten komplexen Bankprodukte gelingt nur, wenn die vorhandenen Informationssysteme **sowohl kunden- als auch produktspezifisch Auskunft** geben können. Auf Basis dieser Prognosen können Outsourcing-Entscheidungen gefällt oder der Ausbau der IT-Systeme geplant werden. Der Zugriff auf Daten aus dem DWH-System (beispielsweise Umsatz- oder Absatzdaten zu bestimmten Produkten aber auch Daten zur Nutzung einzelner IT-Ressourcen) sollte aus jedem Anwendungs- und Problemkontext heraus möglich sein.

Berichte und Studien als Ergänzung zu den aus den vorhandenen Transaktionsdatenbeständen ableitbaren statistischen Aussagen werden in der Bankpraxis häufig durch Befragung bankinterner Experten oder im Zuge der Durchführung von Marketingexpertisen (z.B. Kundenbefragungen oder Delphi-Studien) erstellt und liegen damit außerhalb des Zugriffes der klassischen Informationssysteme. Diese für den Entscheidungsprozeß wichtigen Unterlagen sind dem Informationsnachfrager ebenfalls aus dem Problemkontext heraus zugänglich zu machen.

Das dreidimensionalen Klassifikationsschema kann als Bauplan zur Integration von Data Warehousing-Diensten in die Informationssysteme am Arbeitsplatz des Bankmitarbeiters gemäß den skizzierten Anforderungen dienen.

Die klassischen Data Warehousing-Dienste ermöglichen es grundsätzlich, benötigte spezielle Daten aktuell und schnell zu beschaffen und damit die Erreichbarkeit von Daten allein schon durch die Menge der zur Verfügung stehenden Quelldaten und die darauf möglichen Abfragen entscheidend zu erweitern. Außerhalb des Zugriffes von heutigen DWH-Systemen befindet sich jedoch eine große Menge von unternehmensinternen oder -externen Daten mit unterschiedlichem semantischen Gehalt (beispielsweise Berichte, Expertenmeinungen, umfassende Sammlungen von Marktdaten und mehr). Diese Daten **aus dem Kontext des Data Warehousing heraus ebenfalls erreichbar** zu machen ist ein wichtiges Ziel dieser Arbeit.

Erweiterung der Data Warehousing-Datenquellen

Vielfach wird in der Literatur angeregt, Inhalte von Datenquellen der Quadranten 1, 2 und 6 des o.a. Klassifikationsschemas durch Kopieren in die DWH-Datenbank zu übernehmen [vgl. Christ 96, S. 309f]. Diese Form der Einbindung von unternehmensexternen und -internen Massendaten und Dokumenten bringt jedoch eine Reihe von Problemen mit sich:

- **Aktualisierungsaufwand**

    Ein enormer Aufwand ist notwendig um beispielsweise qualitative Daten (Dokumente) aktuell zu halten. Aus dem Internet oder aus Online-Datenbanken in die DWH-Datenbank hineinkopierte Dokumente verlieren schnell an Aktualität und damit an Wert.

- **Wildwuchs in der DWH-Datenbank**

    Durch das Kopieren wachsen DWH-Datenbanken an. Die Speicherung komplexer Datentypen in der DWH-Datenbank führt zu einem drastischen Anstieg des Platzbedarfs. Es ergeben sich zwangsläufig Leistungseinbußen[145].

- **Knappes Zeitfenster**

    Der Aufwand des Copy-Managements in der - bei großen DWH-Datenbanken sowieso recht knapp bemessenen - DWH-Downtime[146] vergrößert sich enorm.

- **Unzureichende Werkzeugunterstützung**

    Es stehen kaum geeignete Werkzeuge zur automatisierten Einbindung der Dateninhalte zur Verfügung.

Das Kopieren von zusätzlichen Datenquellen aus den Quadranten 1, 2 und 6 führt immer zu einer Erweiterung des DWH-Datenbankschemas. Das regelmäßige zusätzliche Kopieren von Massendaten ist nicht effizient und bei DWH-Systemen ab einer gewissen Größe auch nicht mehr durchführbar. Die Lieferung von Daten der o.a. Datenquellen sollte besser spezialisierten Datenbereitstellungsdiensten überlassen werden, denen zur Datenverwaltung hochoptimierte Managementsysteme zur Verfügung stehen.

rDBMS, wie sie in DWH-Systemen zum Einsatz kommen, sind nicht die richtigen Systeme zur Verwaltung von großen Dokumentenbeständen[147]. Aus den genannten Gründen ist eine Integration auf der Ebene der Datenbereitstellungsdienste der Einbindung auf der Datenebene vorzuziehen. Im folgenden Abschnitt wird eine IS-Architektur beschrieben, die eine Integration von Datenbereitstellungs-

---

[145] Der Auswahl der in das DWH aufzunehmenden Daten ist besondere Sorgfalt zu widmen [vgl. Behme/Muksch 99].

[146] Zeit, in der das DWH aus Gründen der Datenaktualisierung oder Wartung für den Benutzer nicht zugreifbar ist.

[147] Systeme zur Verwaltung von Dokumentenbeständen in Unternehmen (Electronic Document Management Systems) werden in Abschnitt 5.2.3.3 näher betrachtet.

diensten in das Data Warehousing ermöglicht. Das nachfolgende Kapitel 5 detailliert diese IS-Architektur.

4.2.5 Verbesserung der Erreichbarkeit von Daten durch den Einsatz von elektronischen Information Brokern

Im Vordergrund dieses Abschnittes steht die Beschreibung von Erweiterungsmöglichkeiten der klassischen Data Warehousing-Dienste durch deren Integration in eine offene Informationssystemarchitektur. Dabei wird auf das in den vorigen Abschnitten erarbeitete Architekturmodell und das Klassifikationsschema zurückgegriffen.

Ungenügende Erreichbarkeit von Daten in herkömmlichen Informationssystemarchitekturen

Die Erreichbarkeit von Daten kann durch separate Systeme zur Informationsbeschaffung, die in den verschiedenen Quadranten des Klassifikationsschemas liegen, nicht vollständig sichergestellt werden. Es gilt: Das Ganze ist mehr als die Summe seiner Teile. Ein Informationssystem, das die einzelnen Bestandteile eines Unternehmensinformationssystems in einer offenen Softwarearchitektur integriert, kann die Erreichbarkeit von unternehmensinternen und -externen Daten erheblich fördern.

Kundenberater haben typischerweise Zugriff auf verschiedene Kundeninformationssysteme, mit denen Bestands- und Bewegungsdaten zu den einzelnen Kunden abgerufen werden können. In den einzelnen Produktbereichen eines Finanzdienstleisters kommen dabei unterschiedliche und voneinander getrennte Systeme zum Einsatz. So kann typischerweise mit einem die Spar- und Girokonten verwaltenden System nicht auf die Daten zu den laufenden Bausparverträgen oder Hypotheken eines Kunden zugegriffen werden. Dem Anlageberater stehen spezielle Programme zur Verfügung. Der Wertpapierspezialist wiederum verwendet spezielle, seinen Informationsbedarf deckende Online-Systeme zum Zugriff auf aktuelle Zins- und Wertpapierentwicklungen. Zum Controlling und zur Produktplanung werden wiederum separate Systeme - eventuell sogar DWH-Systeme - eingesetzt.

Funktional orientierte Programme zur Informationsversorgung sind für die zukünftigen Aufgaben der Kundenberater, die zunehmend komplexe Produkte und Beratungsleistungen anbieten, nicht mehr adäquat. Die Erreichbarkeit von Daten ist in einer solchen Architektur in der Regel nicht optimal. Da das rasche Fortschreiten der Geschäftsprozesse einer Bank durch die Systementwicklung oftmals nicht mehr zeitgerecht umgesetzt werden kann, ist die Gefahr des Mißbrauchs der auf Bankprodukte und betriebliche Querfunktionen fokussierten bestehenden operativen Systeme offensichtlich: Programme werden - oft mit Duldung von Vorgesetzten - zweckentfremdet eingesetzt und laufen dadurch außerhalb der Kontrolle einer zentralen Instanz[148].

Professionelle Informationsbeschaffung durch Information Broker

Zur umfassenden Beschaffung unternehmensexterner Daten können professionelle Dienstleister herangezogen werden. Sogenannte **Information Broker** beschaffen Informationen über Konkurrenten, Dienstleistungen, Produkte, Absatzzahlen und vieles andere mehr[149]. Grundlage der Recherchen sind das Internet, verschiedene kommerzielle Online-Datenbanken, Literatur-Recherchen in Fachbibliotheken und auch Interviews mit Fachleuten[150].

Der Information Broker definiert in Absprache mit dem Unternehmensmitarbeiter Art und Umfang der nachzufragenden Information. Die Informationsbeschaffung wird völlig selbständig unter Beachtung eventuell vorgegebener Kosten- oder Zeitrestriktionen durchgeführt. Erst zur Verteilung der beschafften Information meldet sich der Informationsdienstleister wieder.

Der Einsatz von professionellen menschlichen Information Brokern ist aus Kosten- und Zeitgründen sicherlich nur zur Informationsversorgung für taktisch oder strategisch bedeutsame Entscheidungen sinnvoll.

Der elektronische Information Broker als Integrationspromoter

In Analogie zum menschlichen Pendant stellt der elektronische Information Broker (EIB) den „maschinellen Ansprechpartner" des Unternehmensmitarbeiters zur Informationsnachfrage dar. Die Definition der zu beschaffenden Information führt der Mitarbeiter in enger Abstimmung mit dem EIB durch[151]. Die Informationsbeschaffung und -verteilung führt der EIB in eigener Regie durch.

Der EIB fungiert als Mediator zwischen dem Informationsnachfrager und den verschiedenen Informationsressourcen [vgl. Kalakota/Whinston 96, S. 444; Zapke 98, S. 50]. Dazu übernimmt der EIB die Aufgaben der „Metaverwaltungseinheit"

---

[148] Häufig werden Systeme der operativen Ebene zusätzlich zu ihrem ursprünglich geplanten Einsatz zur Informationsabfrage herangezogen.

[149] Branchen- und Wirtschaftsdaten umfassen Daten über Umsatz, Konjunktur, Entwicklung. Konkurrenzdaten konzentrieren sich auf Daten bezügl. Konkurrenzprodukte und Umsatzentwicklungen. Daten potentieller Kunden werden nach eigenen Klassifikationskriterien geordnet angeboten.

[150] Die Deutsche Gesellschaft für Dokumentation (DGD) schätzt die Anzahl der selbständigen deutschen Information Broker auf 50 bis 200. Dazu kommen die angestellten Broker, deren Zahl zwischen 1000 und 5000 liegen wird (Stand: Ende 1996) [vgl. Ballauf 96].

[151] Der EIB besitzt zur Interaktion mit dem Benutzer eine grafisch orientierte Dialogschnittstelle.

und gegebenenfalls auch Teile der „Benutzerschnittstelle" der in Abschnitt 4.2.2 skizzierten Informationssystemarchitektur[152].

Das für den professionellen Praxiseinsatz notwendige Vertrauen des Benutzers zum EIB-System wird sich einstellen, sobald der EIB

- nachweisbar und dauerhaft verschiedene stetig wiederkehrende Tätigkeiten mindestens genauso gut erledigt wie die einzelnen Mitarbeiter und

- seine Vorgehensweise dabei nachvollziehbar bleibt.

Ein EIB übernimmt in der oben skizzierten IS-Architektur hauptsächlich zwei Aufgaben. Zum ersten steht er dem Informationsnachfrager als **direkter Ansprechpartner zur Aufnahme eines Informationswunsches** zur Verfügung. Im Extremfall ist der EIB der einzige Ansprechpartner zur Informationsbeschaffung des Benutzers. Der EIB interpretiert den an ihn herangetragenen Wunsch nach Datenbeschaffung und gibt seine Interpretation an die ihm am geeignetsten erscheinenden zur Verfügung stehenden Informationsbausteine weiter (vgl. Abb. 4.12). Das von den Informationsbausteinen beschaffte Datenmaterial wird kontrolliert, evtl. überarbeitet und anschließend dem Informationsnachfrager zur Verfügung gestellt. Zur möglichst korrekten Interpretation eines Informationswunsches und zur Auswahl der richtigen Informationsbausteine als Datenlieferanten benötigt der EIB eine gewisse „Mindestintelligenz".

---

[152] Die Metaverwaltungseinheit kapselt die Informationsbausteine zur Benutzerschnittstelle hin ab. Die Bausteine kommunizieren nicht direkt miteinander oder mit der Benutzerschnittstelle. Auf diese Weise können die Schnittstellen der Informationsbausteine standardisiert werden. Die Metaverwaltungseinheit fungiert als Zwischenschicht. Im folgenden wird der EIB synonym zu „Metaverwaltungseinheit" verwendet und umfaßt in den weiteren Ausführungen auch Elemente der Benutzerschnittstelle.

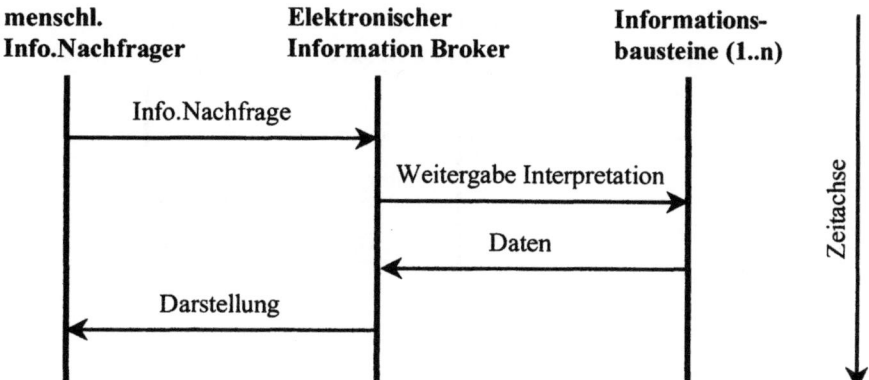

*Abb. 4.12: Elektronischer Information Broker als direkter Ansprechpartner
des Informationsnachfragers*

Durch den Einsatz von Methoden der künstlichen Intelligenz kann der EIB den Problemkontext erweitern. Durch Einsatz von Methoden des unscharfen Schließens (Fuzzy-Logic) kann die Interpretation des vom Informationsnachfrager formulierten Problemkontextes „intelligenter" gemacht werden. Der EIB ist auf diese Weise in der Lage, den Kontext auf verwandte Problembereiche auszudehnen.

Zum zweiten ist der EIB **Integrator der einzelnen Informationsbausteine**. Jeder Informationsbaustein kann über eine Standardschnittstelle die vermittelnden Dienste des EIB in Anspruch nehmen. Ein Informationsbaustein kann unter Zuhilfenahme des EIB beispielsweise auf die Dienste anderer Informationsbausteine zugreifen, ohne deren Schnittstellen und spezifischen Eigenschaften genauer zu kennen. Der anfragende Informationsbaustein wird hierbei selbst zu einem Informationsnachfrager. Der Baustein gibt dazu - auf Wunsch des Mitarbeiters - eine Beschreibung seines Problemkontextes an den EIB weiter (vgl. Abb. 4.13). Der weitere Verlauf ist analog zu oben.

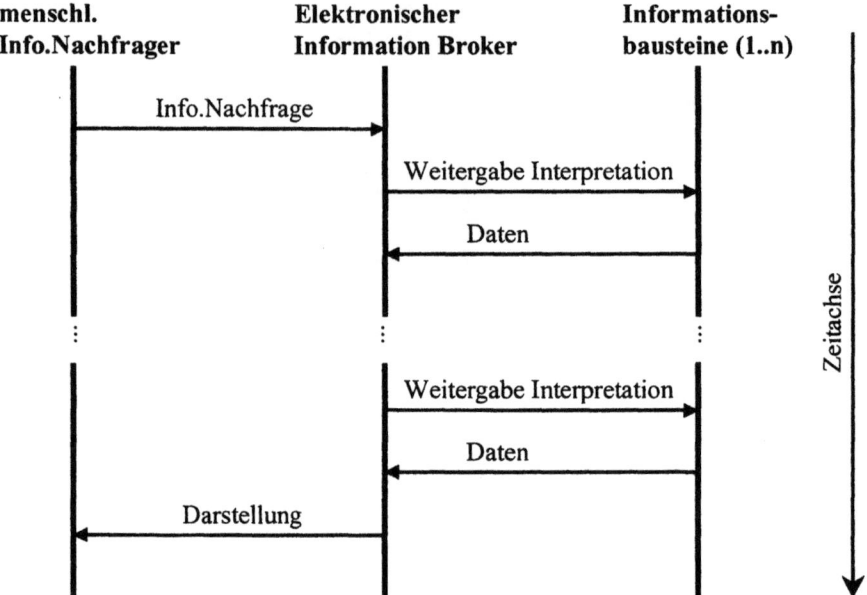

*Abb. 4.13: Elektronischer Information Broker als Integrator zwischen den einzelnen
Informationsbausteinen*

Durch den Einsatz eines EIB kann der Informationswunsch des Informationsnachfragers im Problemkontext interpretiert werden [vgl. Kalakota/Whinston 96, S.
463]. Schon durch den Einsatz von geringer „Intelligenz" kann der EIB „entscheiden", welche Bausteine einen potentiellen Informationsbeitrag liefern können und
welche nicht. Die ausgewählten Bausteine können dann einen Informationswunsch mit ihrer hochoptimierten „lokalen Intelligenz" bearbeiten. Die von den
einzelnen Bausteinen angelieferten Ergebnisse werden vom EIB aufbereitet und
dem Benutzer präsentiert.

Der EIB übernimmt eine Mittlerrolle

- zwischen Informationsnachfrager und den einzelnen Informationsbausteinen.

- unter den verschiedenen Informationsbausteinen.

Das gesamte Informationssystem wird auf Basis einer lose gekoppelten IS-Architektur realisiert und erscheint dem Benutzer als einheitlich integriert.

Die Vorteile sind offensichtlich: Der menschliche und auch der elektronische Informationsnachfrager besitzen nur noch eine Schnittstelle zum EIB, welcher die
weiteren Schritte der Informationsbeschaffung und -verteilung unter Kontrolle des
Menschen veranlaßt. Ein Information Broker kann damit die Basis eines Enterprise Information Systems darstellen, welches die Informationsbeschaffung für

einen großen Kreis heterogener Informationsnachfrager sichert (vgl. Abschnitt 2.2.1.2).

Durch die Unterstützung eines EIB ist der Informationsnachfrager „able to discover, retrieve, and display information relevant to the operations being conducted, regardless of wether the manager is aware of the existence of such information or able to explicitly direct that such information be retrieved from specific sources" [Kalakota/Whinston 96, S. 443 u. 448f]. Der Informationsnachfrager als Dienstnutzer hat grundsätzlich die Möglichkeit des Zugriffes auf mehrere EIB, deren Dienste auch kommerziell angeboten werden können.

Von besonderer Bedeutung für die Einsetzbarkeit eines EIB ist der Sprachumfang und die Komplexität der Schnittstellen. Aus ökonomischen Gründen ist es nicht vertretbar, jedem Benutzer eine individuelle, seinen speziellen Anforderungen entsprechende Schnittstelle zur Verfügung zu stellen. Dem avisierten Benutzerkreis ist es nicht zuzumuten, sich in eine programmiersprachenähnliche Schnittstellensprache einzuarbeiten. Es soll keineswegs eine „Entmündigung" des Informationsnachfragers angestrebt werden. Die diskutierten Automatismen bieten dem Benutzer revidierbare Vorschläge an.

Das verfügbare Datenmaterial innerhalb der Klassifikation

Die Quellen der Informationsbeschaffung können sich gemäß den beiden Dimensionen **Lokation von Daten** und **Semantischer Gehalt von Daten** sowohl innerhalb als auch außerhalb der Unternehmung befinden und sowohl reine Zahlenwerte (beispielsweise Absatz- und Umsatzdaten) als auch Dokumente (beispielsweise Reports) und weiteres umfassen.

Das für den Informationsnachfrager bedeutsame Datenmaterial kann sich demnach innerhalb oder außerhalb des Unternehmens irgendwo in höchst unterschiedlichen Datenbanken befinden. Der Zugriff kann dabei durch relationale und andere Datenbankmaschinen, Intranet/Internet-Server oder auch elektronische Dokumentarchive sichergestellt werden, die jeweils durch hochspezialisierte Informationsbausteine angesprochen werden.

Die **Lieferung von Daten** (dritte Dimension im Klassifikationsschema) wird vom Mitarbeiter in vielen Fällen selbst per OLAP-Analyse angeregt werden (synchrone Informationslieferung). Andererseits wird sich der Wertpapierspezialist in einer Bank beispielsweise bei interessanten oder „gefährlichen" Kursverläufen auf dem Wertpapiermarkt von seinem Informationssystem informieren lassen wollen (asynchrone Informationslieferung). In gleicher Weise wird der klassische Kundenberater an einer „Warnung durch sein System" interessiert sein, sobald sich aus den Bewegungsdaten eines Kunden ein „typisches Abwanderungsverhalten" erkennen läßt[153].

---

[153] Zum aktiven Churn Management werden häufig Methoden des Data Mining eingesetzt.

Steht bei der Nachfrage nach Daten ein Automatisierungsaspekt im Vordergrund der Auswahl und der Anregung von Datenanfragen, muß innerhalb dieser Automatik eine gewisse „Intelligenz" stecken. Die Implementierung dieser Intelligenz ist in den Bausteinen etwa in Form von intelligenten Agenten oder intelligenten Suchmaschinen anzusiedeln. Dem EIB sollten diesbezügliche Eigenschaften und Fähigkeiten der Informationsbausteine bekannt sein[154] [vgl. Kalakota/Whinston 96, S. 444].

Die in diesem Abschnitt skizzierte offene Architektur von Informationssystemen dient als Grundlage zur Beschreibung eines durch den Einsatz eines EIB informationszentrierten Anwenderarbeitsplatzes im nachfolgenden Kapitel.

---

[154] Möglichkeiten der Implementierung von „lokaler Intelligenz" innerhalb der Informationsbausteine und eine detaillierte Beschreibung der Kommunikation zwischen Metaverwaltungseinheit und den verschiedenen Baustein-Typen finden sich in Kapitel 5. Zu den o.a. Intranet-Suchmaschinen und dem Einsatz von intelligenten Agenten finden sich dort detaillierte Beispiele.

5 Konzeption einer arbeitsplatzzentrierten User-Workbench in einer offenen Systemarchitektur

Dieses Kapitel beschreibt einen rechnergestützten Arbeitsplatz zur Unterstützung des Entscheidungsprozesses der Mitarbeiter eines Finanzdienstleisters. Neben den bereits behandelten Data Warehousing-Diensten werden mit Hilfe des EIB weitere Informationsdienste integriert. Die verschiedenen Schichten und Bestandteile des EIB sowie die möglichen Kommunikationsprotokolle zum Nachrichtenaustausch mit den Informationsdiensten werden ebenso erläutert wie verschiedene Möglichkeiten der Erweiterung des EIB. Beispiele ergänzen die Erläuterungen zur Integration der einzelnen Informationsdienste.

5.1 Unterstützung der Entscheidungsfindung in der User-Workbench

Aus der Sicht des Informationsnachfragers stellt die User-Workbench die Benutzerschnittstelle der im vorigen Kapitel beschriebenen IS-Architektur dar.

5.1.1 Unterstützung von DWH-Werkzeugen durch die User-Workbench

Der Entscheidungsprozeß ist vielstufig angelegt und wird zumeist iterativ und evolutionär durchlaufen. Der in der Phase der Informationsdefinition umrissene Typ der zu beschaffenden Daten wird sich in der Iteration mehrfach ändern und dabei konkretisieren. Ebenso werden sich die benötigten Datenquellen und damit auch die zur Beschaffung herangezogenen Werkzeuge grundlegend voneinander unterscheiden. Die folgenden Beispiele sollen diesen Zusammenhang verdeutlichen[155].

Beispiel 5.1

Im Zuge des **OLAP** konnte ein ungewöhnliches Muster in der Zeitreihe eines Produktumsatzes (z.B. ein Umsatzeinbruch) isoliert werden. Die weitere Anwendung von OLAP-Funktionen liefert keine Mehrinformation. Das Wissen des Bearbeiters reicht nicht aus, den problematischen Zeitreihenverlauf zu erklären. Der EIB macht über den Zugriff auf verschiedene Informationsbausteine ein firmeninternes Dokument erreichbar. Mit Hilfe des EIB aus dem Problemkontext des OLAP heraus abgerufen, konnte dieses Dokument den Sachverhalt und die Hintergründe des problematischen Zeitreihenverlaufes aufklären.

---

[155] Anhand der aufgeführten Beispiele wird in den Abschnitten 5.2.2.2 bis 5.2.2.4 das Zusammenwirken der Informationskomponenten mit dem EIB ausführlich erläutert.

Beispiel 5.2

Eine von einem **Statusreportsystem** gelieferte Unternehmenskennzahl
weist einen alarmierenden Wert auf. Statt an dieser Stelle den Anwender
mit einer sogenannten „Ampelfunktion" mit der eigentlichen Arbeit, also
der Suche nach der Ursache der Fehlentwicklung des Wertes, alleine zu
lassen, sollte das Gesamtsystem vielmehr seine Unterstützung in Form von
einigen plausiblen kontextbezogenen Informationen anbieten. Der elektronische Information Broker wird dazu in eigener Regie geeignete Kandidaten aus der Menge der Informationskomponenten auswählen. In diesem
Beispiel wäre eine Suchmaschine im Internet oder im unternehmensweiten
Intranet in der Lage, Expertenmeinungen oder Reports zum Problemkontext aufzuspüren. Sinnvoll ist jedoch auch die direkte Überleitung zum
OLAP, um in den Detaildaten den Problemauslöser einzugrenzen und zu
isolieren.

Beispiel 5.3

Die im Rahmen einer Pattern-Analyse mit den Methoden des **Data Mining**
aufgestellten Hypothesen können von Finanzexperten mit Hilfe von beispielsweise OLAP-Werkzeugen auf ihre Korrektheit überprüft werden. In
diesem Beispiel bildet jede der aufgestellten Hypothesen einen Problemkontext ab, der mit einem automatisch sich in den Kontext initialisierenden
OLAP-Baustein verifiziert werden kann.

In allen drei Beispielen wird versucht, die Entscheidungsfindung durch den integrierten Einsatz von nichtmenschlichen Informationslieferanten innerhalb und
auch außerhalb der Unternehmung zu verbessern[156]. Ein Benutzerarbeitsplatz zur
Informationsbeschaffung (User Workbench) ist in der Lage, die Informationsnachfrage aus einem aktuellen Problemkontext heraus auf verschiedene
Werkzeuge zu verteilen.

5.1.2 Datenquellen der User-Workbench

Die Art des benötigten Datenmaterials kann anhand der Dimensionen **Lokation**
und **semantischer Gehalt von Daten** des im Abschnitt 4.2.3 vorgestellten Schemas klassifiziert werden. Es ergeben sich insgesamt vier spezialisierte Informationsdiensttypen.

Zur Interpretation der von einem DWH-Dienst - beispielsweise OLAP - gelieferten Daten sind eventuell zusätzliche Daten notwendig. OLAP- und Abfrage- bzw.

---

[156] Die Einbeziehung menschlicher Informationslieferanten betrifft die in diesem Zusammenhang wichtige zwischenmenschliche Kommunikation und wird in Kap. 5.3 betrachtet.

Reportwerkzeuge bieten klassischerweise Zugriff auf unternehmensinterne, semantisch wenig gehaltvolle Daten und befinden sich damit im Klassifikationsschema im Quadranten 5[157].

Lokation von Daten

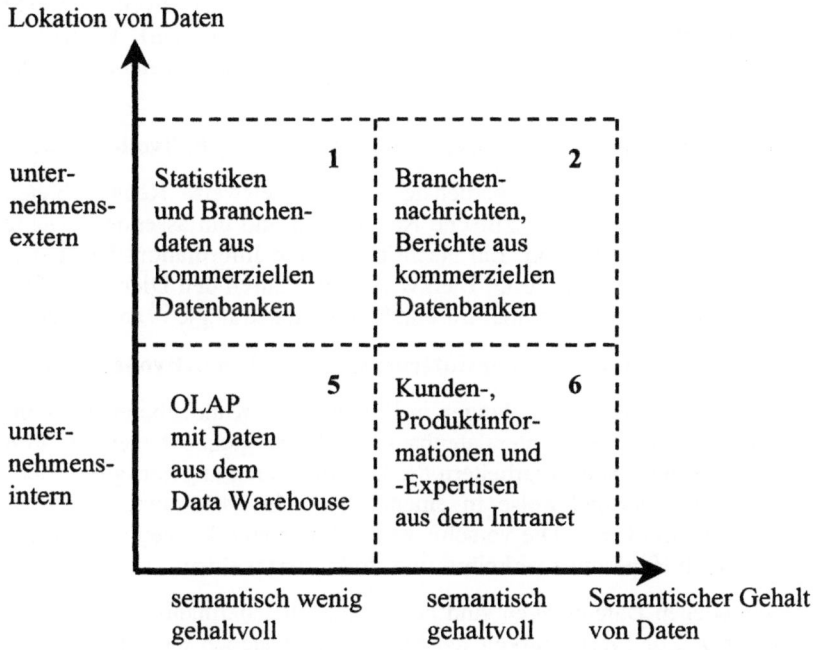

Abb. 5.1: Einordnung der verfügbaren Datenquellen im Klassifikationsschema

Zusätzliche Datenquellen offenbaren sich durch Betrachtung der Quadranten 1, 2 und 6 des Klassifikationsschemas (vgl. Abb. 5.1; vgl. Abb. 4.11 auf S. 114):

- **Quadrant 1: unternehmensexterne, semantisch nicht sehr gehaltvolle Daten**

  Kommerzielle Online-Datenbanken, auf die per Modemzugang oder auch per Internet zugegriffen werden kann, bieten oft umfangreiche spezielle Datenbestände wie beispielsweise Statistiken und Branchen-

---

[157] Die Bankgesellschaft Berlin hat sich bereits 1994 dazu entschlossen, mittels einer DWH-zentrierten Lösung umfangreiches über die üblichen DWH-Inhalte hinausreichendes Informationsmaterial zur Verfügung zu stellen. Die Mitarbeiter besitzen nun elektronischen Zugriff auf die monatlichen Bundesbankmeldungen, die Handelsbilanz mit Gewinn- und Verlustrechnung, Jahresabschlußanalysen sowie interne Ergebnisrechnungen [vgl. Markowski 97].

kennzahlen an[158]. Die Daten des ersten Quadranten sind nochmals unterteilbar in Daten, deren Werte im Zeitablauf recht stabil bleiben und Daten, deren Werte sich laufend ändern. Zur ersten Gruppe zählen beispielsweise geographische Daten (Einwohnerzahlen), demographische Daten (Altersprofile, Bevölkerungsdichten) und ökonometrische Daten (Einkommensgruppen, Konsumentenverhalten). Die zweite Gruppe beinhaltet Daten über Wettbewerber (Umsatzzeitreihen), Ökonomie (Währungskurse, Zinskurse), Rohmaterialpreise sowie meteorologische Daten.

- **Quadrant 2: unternehmensexterne, semantisch gehaltvolle Daten**

  Kommerzielle Nachrichtendienste wie beispielsweise Reuters bieten Zugriff auf branchenspezifische Nachrichten und umfassende Berichte in Dokumentenform an. Ein Nachrichten- und Informationsdienst speziell für Führungskräfte im Bankwesen wird durch den Dienst IBI-Online des Institutes für Bankinformatik und Bankstrategie[159] angeboten.

- **Quadrant 6: unternehmensinterne, semantisch gehaltvolle Daten**

  Expertisen über Entwicklungen in Produkt- und Kundenbereichen können in einer Dokumentendatenbank verfügbar gemacht werden. Von den verschiedenen Mitarbeitern der Unternehmung angefertigte Berichte können beispielsweise in einem Unternehmensintranet zugreifbar gemacht werden[160]. Die verschiedenen Dokumente können untereinander durch Hyperlinks verknüpft und strukturiert werden.

Die verschiedenen Datenquellen sind heutzutage für jedermann oft auch kostenfrei zugreifbar. Zur Erreichbarkeit der Daten gehört jedoch nicht nur die physische Zugriffsmöglichkeit sondern auch wesentlich der Zugriff aus einem bestehenden Informationsproblemkontext heraus. Dazu sind die Datenquellen der oben beschriebenen verschiedenen Arten unter einem Dach zu integrieren [vgl. Behme/Schimmelpfeng 93, S. 4 u. 8]. Grundlage hierfür ist das in den Abschnitten 4.2.2 und 4.2.5 grob skizzierte IS-Architekturmodell.

In diesem Kapitel wird das verfeinerte Modell einer IS-Architektur beschrieben, welches in der Lage ist, die verschiedenen Informationsdiensttypen der oben genannten vier Quadranten zu integrieren. Im Vordergrund der Betrachtung steht hier die Offenheit der als EIB zu realisierenden Metaverwaltungsebene der Architektur.

---

[158] Kelly bietet hierzu eine umfassende Aufzählung von Beispielen [vgl. Kelly 96, S. 33].

[159] Institut für Bankinformatik und Bankstrategie an der Universität Regensburg [http://www.ibi.de]

[160] Die Datenquellen im Quadranten 5 und 6 dienen der Speicherung des entscheidungsrelevanten „Unternehmenswissens".

5.1.3 World Wide Web-Technologie als Basis der User-Workbench

Die Zusammenführung von unterschiedlichen Informationskomponenten in einer Applikation wirft die folgenden Probleme auf:

1. Monolithische Systemarchitektur

Schon geringer Änderungsbedarf kann zum Reengineeren des gesamten Systems führen. Erweiterungen des Systems lassen sich aufgrund von Seiteneffekten nicht immer wie gewünscht durchführen.

2. Notwendigkeit einer zentrale Kontrollinstanz

Änderungen des Systems müssen zentral geplant und durchgeführt werden. Eine Bereichsverantwortung im Sinne eines dezentralen Informationsmanagements ist nicht möglich (vgl. Abschnitt 4.2.2).

3. Plattformabhängigkeit

Die Implementierung des gesamten Systems ist auf eine Plattform festgelegt. Die Unterstützung neuer Plattformen erfordert eine „Portierung". Dies resultiert in hohem (Weiter-)Entwicklungs- und Wartungsaufwand.

Zur Vermeidung der genannten Probleme ist eine „lockere" Zusammenführung der Informationsbausteine anzustreben. Die Technologie des World Wide Web (WWW) bietet als Integrationsplattform die dazu nötigen Voraussetzungen. Gegenüber anderen Client/ Server-Technologien bietet die WWW-Technologie eine Reihe von Vorteilen [vgl. Schallenmüller 97, S. 56]:

- **Vorteile für IT-Manager**

    - Geringe Anforderungen an die Arbeitsplatzsysteme.

    - Nutzung einer überschaubaren Infrastruktur.

    - Vereinfachtes Anwendungssystemmanagement durch automatische Verteilung von Änderungen.

    - Wegfallen der Verteilung von Datenextraktionen via E-Mail oder Replikation.

    - Keine Notwendigkeit zur Einrichtung von Datenquellen auf den Arbeitsplatzsystemen.

- **Vorteile für IT-Anwender**

    - Alle Informationen können über ein Medium, dem Browser, einheitlich abgerufen werden.

    - Informationen stehen mit hoher Aktualität bei Bedarf zur Verfügung.

– Die Auswertungen werden nicht durch ein begrenztes lokales Datenvolumen beschränkt.

Ein WWW-basiertes Intranet stellt die ideale technische Ausgangsbasis für die User-Workbench dar [vgl. Hoppe/Kracke 98]. Durch den Einsatz der WWW-Technologie wird auf einfache Weise der Aufbau von 3-Schichten-Architekturen ermöglicht (vgl. Abschnitt 3.5.1.1). Über einen handelsüblichen Web-Browser hat der Benutzer Zugriff auf die Präsentationsebene der User-Workbench. Die rechen- und speicherintensiven Bestandteile der Workbench sind auf einen Applikationsserver ausgelagert, die Datenhaltung erledigt ein Datenbankrechner.

Die dokumentenorientierten Inhalte des Unternehmensintranets (Intranet-Seiten) werden von zentraler Stelle verwaltet und unterliegen dem Zugriff eines oder mehrerer Web-Server[161]. Die verschiedenen „Seiten" des Intranets sind untereinander durch Hyperlinks verbunden. Per HTTP-Protokoll werden die Inhalte vom Web-Server zum Browser transportiert und dort dargestellt.

Der einzelne Benutzer kann sich durch die Konfiguration seines Browsers seinen Arbeitsplatz individuell gestalten. Durch das Anlegen von Bookmarks in hierarchischer Organisation können verschiedene Pages im Intranet oder dem unternehmensexternen Internet direkt aufgesucht werden. Die einzelnen Intranet-Web-Seiten der Workbench können durch den Einsatz der mächtigen Klassenbibliotheken der für den Einsatz im Web optimierten Programmiersprache Java hochgradig interaktiv gestaltet werden.

5.1.4 Bestandteile der User-Workbench

Die User-Workbench bietet Zugriff auf alle einem Mitarbeiter an seinem realen Arbeitsplatz zur Verfügung stehenden Arbeitshilfsmittel und realisiert auf diese Weise einen virtuellen Arbeitsplatz [vgl. Schranner 98, S. 49f].

Über den Browser hat der Anwender Zugriff auf die drei wesentlichen Bestandteile der User-Workbench (vgl. Abb. 5.2):

1. **Information Workbench: Informationsbausteine und EIB**

   Wurden EIB und Informationsbausteine speziell für die Nutzung im Intranet ausgelegt, so können die mit Hilfe von HTML, JAVA oder ActiveX realisierten Bestandteile durch Hyperlinks in das System eingebunden werden[162].

---

[161] Obwohl hier der Begriff des „Dokuments" verwendet wird, liegen Intranetseiten keineswegs unbedingt in Form statischer Dateien vor. Vielmehr werden bei modernen Lösungen die „Webseiten" dynamisch auf der Grundlage von Datenbankinhalten erstellt.

[162] Oftmals können bestehende Informationssysteme durch „sanfte" Reengineering-Maßnahmen „intranetfähig gemacht" werden, indem Schnittstellen dieser Systeme durch JAVA- oder ActiveX-Komponenten „umhüllt" werden.

2. Communication Workbench: Verschiedene Web-Dienste zur Kommunikation

Die verschiedenen per WWW zur Verfügung stehenden Dienste wie beispielsweise E-Mail und Telefonie werden im Kapitel 5.3 behandelt.

3. Application Workbench: Einbindung von Applikationen beliebiger operativer Systeme

Bestehende operative Systeme, die sich nicht den beiden oben aufgeführten Kategorien zuordnen lassen, können per Emulatoren eingebunden werden[163]. Im Kapitel 5.4 wird auf die Unterstützung von operativen Systemen genauer eingegangen.

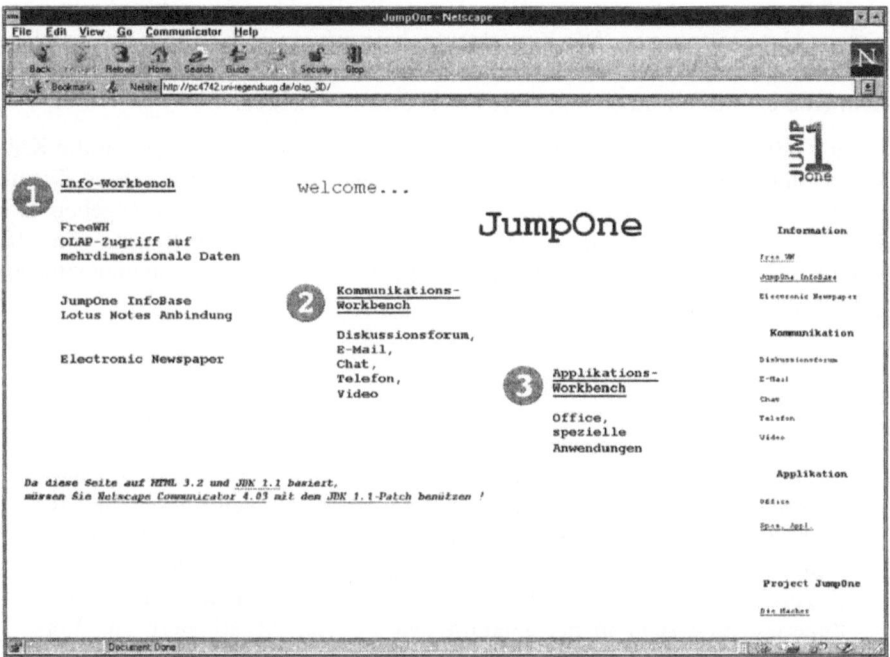

Abb. 5.2: Die User-Workbench im Projekt JumpOne

Den Kunden eines Finanzdienstleisters kann per Internet Zugriff auf Teile des unternehmensinternen Informationssystems gegeben werden. Dadurch wird es möglich, die den Kundenberater und den Kunden unterstützenden Applikationen von

---

[163] Der Zugriff auf UNIX-Applikationen ist per Emulation eines VT100-Terminals oder eines X-Servers möglich. Zugriff auf eine AS/400 wird durch Emulation eines IBM3270-Terminals ermöglicht.

einer gemeinsamen soliden technologischen Basis abzuleiten. Das dem Kunden (über Online-Zugang) zur Verfügung stehende System kann dabei eine Untermenge des vom Kundenberater eingesetzten unterstützenden Systems darstellen.

5.1.5 Integrierte Informations- und Kommunikationsdienste in der User-Workbench

Der EIB unterstützt die Phasen der Informationsdefinition und -beschaffung im Entscheidungsfindungsprozeß. Er bietet Zugriff auf frühere Zustände des Entscheidungsprozesses und schafft auf diese Weise eine Möglichkeit, „Informationssackgassen" wieder zu verlassen.

Die zwischenmenschliche Kommunikation spielt in Entscheidungsprozessen ebenfalls eine wichtige Rolle. Hier bietet die Workbench problemkontextbezogene Unterstützung an. Die Kontaktaufnahme mit einem Kollegen per Telefon, Videokonferenz, Voice- oder textueller EMail oder per Chat hat idealerweise aus dem Kontext des Informationsproblemes heraus zu erfolgen.

Fragen oder Lösungen zu einem bestimmten Problembereich werden an die Kollegen oder allgemeiner an ein Moderationssystem, wie es beispielsweise für ein unternehmensinternes Blackboard zum Einsatz kommen kann, weitergegeben. Die Phase der Informationsabgabe kann damit ebenfalls durch den Einsatz von EIB unterstützt werden. In diesem Fall kümmert sich das System um die kontextbezogene Ablage von Informationen.

Beispiel 5.4

Die durch Data Warehousing-Dienste beschafften Daten veranlassen den Informationsnachfrager in den meisten Fällen zu weiterer Nachfrage nach Informationen. Ein beispielsweise per OLAP nicht weiter eingrenzbares Problem (z.B. ein Umsatzeinbruch) kann von einem Mitarbeiter durch telefonische Nachfrage bei einem der aufgeführten Produktgruppenverantwortlichen geklärt werden. Die Lösung des Problemes wird im Intranet hinterlegt und steht in der Zukunft den weiteren Mitarbeitern zur Verfügung.

In Kapitel 5.2 wird auf die verschiedenen durch Einsatz eines EIB integrierten Informationskomponenten eingegangen. Im Vordergrund der Betrachtung steht die sogenannte Information-Workbench, also der Teil des Arbeitsplatzes, der den Mitarbeiter mit Kundeninformationen, Statusreports über das Unternehmen im Markt und sonstigen wichtigen Unternehmensdaten versorgen kann. Im Zuge der Betrachtung der Information-Workbench wird die Einbindung von (unternehmensexternen und unternehmensinternen) Daten aus dem Internet und (kommerziellen, soweit nicht unternehmensinternen) Online-Datenbanken schwerpunktmäßig behandelt. Dazu werden Anbindungsmöglichkeiten von Internetagenten und Zugriffsmethoden strukturierter Intranet-Datenbanken (Beispiel: Lotus Notes) am Beispiel des Forschungsprototypen JumpOne beschrieben.

Das Kapitel 5.3 beschreibt die Integration von Kommunikationsbausteinen in die IS-Architektur. Inhalt der Communication Workbench sind typische Internet-Dienste wie beispielsweise E-Mail, Chat, Listserver, Pushservices und Newsgruppen [vgl. Hoppe/Kracke 98].

5.2 Integrierte Informationsdienste der User-Workbench: Der Ansatz der Information Workbench

Die Information Workbench ist Teil der Benutzerschnittstelle und erlaubt dem Informationsnachfrager den Zugriff auf alle **erreichbaren Daten**. Die Information Workbench basiert auf der Technologie des WWW und realisiert im Unternehmen den Informationsmarktplatz.

Wie in Abschnitt 4.2.5 bereits erläutert, dient der EIB als direkte Schnittstelle zum Informationsnachfragers (per EIB-Interface) und als Integrator der verschiedenen Informationskomponenten. Dem EIB kommt damit in der Information Workbench eine zentrale Rolle zu.

5.2.1 Der elektronische Information Broker

Die beispielsweise in den Informationskomponenten im Rahmen des OLAP entstehenden Informationsbedürfnisse werden an den EIB gereicht. Der EIB interpretiert die Anfragen und sorgt dafür, daß verschiedene Informationsdienste in den zur Verfügung stehenden Datenquellen nach passendem Datenmaterial suchen. Die Ergebnisse der Datensuche werden vom EIB aufbereitet und dem Nachfrager präsentiert [vgl. Kalakota/Whinston 96, S. 448f].

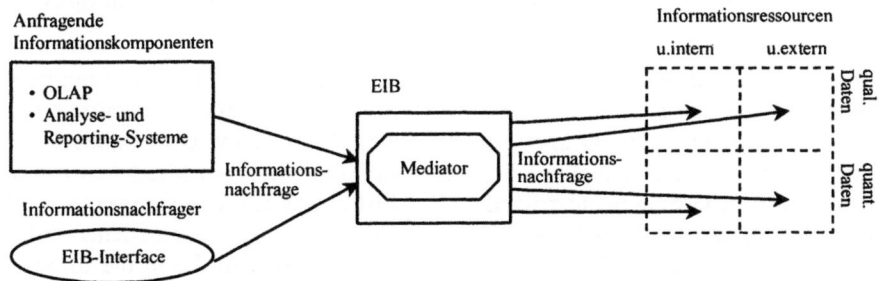

Abb. 5.3: Der EIB als Mediator verschiedener Informationskomponenten

Die zur Verfügung stehenden Datenquellen werden nach dem Klassifikationsschema aus Abschnitt 4.2.3 gemäß den Kriterien Lokation und semantischer Gehalt der Daten geordnet (vgl. Abb. 5.3). Der EIB übernimmt die Funktion eines Mediators, der sich zur Erfüllung einer Aufgabe (hier: Informationsnachfrage) der passendsten Aufgabenträger (hier: die für eine konkrete Informationsbeschaffung passenden Informationslieferanten aus einer Menge von Informationskomponenten) bedient [vgl. Wiederhold 96]. Die verschiedenen Informationslieferanten werden später besprochen.

Der EIB tritt als Informationsmittler auf und bildet eine Middleware, die als zusätzliche Schicht zwischen Informationsanbietern und Informationsnachfragern anzusiedeln ist.

Ohne Einsatz eines EIB muß sich der Informationsnachfrager zur Informationsbeschaffung aus neuen Quellen üblicherweise mit den zur Verfügung stehenden Abfragewerkzeugen und dem zugrundeliegenden Datenmaterial auseinandersetzen. Informationsversorgung aus mehreren Quellen bedeutet vor diesem Hintergrund einen ständigen Wechsel zwischen verschiedenen Werkzeugen. Die zur Verfügung stehenden Daten sind oft ohne Überarbeitung und Zwischenspeicherung nicht weiterverwendbar[164]. Der Einsatz eines EIB bietet dem Informationsnachfrager den folgenden Zusatznutzen:

- Daten werden vom EIB in **das vom Informationsnachfrager gewünschte Format** transferiert. Dadurch können beispielsweise Daten aus unternehmensexternen Datenbanksystemen innerhalb des OLAP verwendet werden.

- Dem Informationsnachfrager stehen **Metadaten** in einem einheitlichen Format über die der Informationslieferung zugrundeliegenden Datenquellen und die zur Informationsauswahl verwendeten Methoden zur Verfügung. Der EIB greift dazu - unter anderem - auf die DWH-Metadaten zurück.

- Es können **verschiedene Schnittstellen** unterschiedlicher Komplexität zum EIB angeboten werden. Denkbar ist eine Schnittstelle für Anfänger, die den Benutzer im Dialog unterstützt. Eine Expertenschnittstelle bietet dagegen durch den Einsatz einer speziellen Sprache einen direkten Zugriff auf den EIB.

Über die Standardschnittstellen des EIB können die Informationskomponenten „vernetzt" und damit unter dem Dach der Information-Workbench integriert werden. Der Informationsnachfrager erhält auf diese Weise ohne wesentliche Mehrarbeit Zugriff auf Datenquellen, die „normalerweise" nur vom Menschen zur Informationsbeschaffung benutzt werden. Der EIB macht aus dem Ganzen mehr als nur die Summe der Einzelteile. Er ist in der Lage, die verschiedenen Informationsbausteine untereinander zusammenzubringen, so daß die in die Informationsbeschaffung einbezogenen Informationssysteme einen positiven Beitrag zum Informationsstand des Informationsnachfragers leisten [vgl. Zapke 98, S. 50]. Die

---

[164] Die mit dem „Spider Web" einhergehenden Nachteile wurden in der Einleitung zu Kapitel 2.3 ausführlich besprochen.

Erreichbarkeit von Daten kann auf diese Weise erhöht werden, ohne daß im Unternehmen neue Datenquellen eingerichtet und gepflegt werden müssen.

5.2.1.1 Vom Data Warehousing zum EIB: Schnittstellen der Informationskomponenten

Zur Entscheidungsfindung wird der betriebliche Entscheider aus den Informationskomponenten des Data Warehousing heraus auf eine Reihe weiterer Datenquellen zugreifen wollen[165]. Im folgenden wird das Beispiel eines Zugriffes aus einem OLAP-Werkzeug heraus angeführt. In der OLAP-Ausgangsapplikation wird der Problemkontext durch einen Parametersatz beschrieben.

Beispiel 5.5

Per OLAP wird ein **Umsatzeinbruch** in der **Produktsparte** Kreditgewährung in der **Region** Bayern in einem genau abgrenzbaren **Zeitbereich** (1. Quartal 1997) entdeckt.

Die fettgedruckten Begriffe aus Beispiel 5.5 bilden die Attributtypen, die zur Beschreibung des Problemkontextes vollständig ausreichen. Die dazugehörigen Attributausprägungen bilden einen Parametersatz, der den Problemkontext detailliert beschreibt (vgl. Tab. 5.1). Beim OLAP ergeben sich diese Attributausprägungen aus den Dimensionsrestriktionen.

Merkmal	Attributtyp	Ausprägung
Dimension	Produkt	Kreditgewährung
Dimension	Region	Bayern
Dimension	Zeit	97.1Q.W17
Metrik	Umsatz	negativer Ausreißer

Tab. 5.1: Beispiel eines beschreibenden Parametersatzes

Die OLAP-Informationskomponente formuliert den Problemkontext eigenständig und ohne Hilfe des Benutzers in einem Parametersatz. Der Parametersatz wird im Normalfall an den EIB weitergegeben. Der EIB bemüht sich daraufhin, auf Grundlage des Parametersatzes und unter Zuhilfenahme von Angaben über die

---

[165] Im Abschnitt 5.1.1 wurden einige Beispiele des Zugriffes auf weiteres Datenmaterial aus typischen Data Warehousing-Situationen heraus aufgeführt.

nachfragende Informationskomponente ergänzende Daten zu beschaffen[166]. Zur Datenbeschaffung greift der EIB auf die in der Information Workbench vorhandenen Informationsressourcen zu. Auf den Vorgang der Datenrecherche wird im nachfolgenden Abschnitt eingegangen. Die beschafften Daten werden vom EIB bewertet, geordnet und dem Benutzer präsentiert.

Der versierte Informationsnachfrager hat die Möglichkeit, über die Schnittstelle des EIB-Interface (vgl. Abb. 5.3) auf die Informationsnachfragen der Informationskomponenten Einfluß zu nehmen oder auch eigene Anfragen zu starten[167]. Dazu kann er über die Schnittstelle eingreifen und den von der OLAP-Ausgangsapplikation beschriebenen Problemkontext direkt verändern.

Formulierung des Parametersatzes durch die Informationskomponenten

Innerhalb einer Informationskomponente ist auf Verlangen des Benutzers der Problemkontext zu erfassen und in einem Parametersatz zu spezifizieren. Diese Funktionalität und die anschließende Übergabe des Parametersatzes an den EIB erfolgt im sogenannten Kontext-Interface der Informationskomponente.

Das Kontext-Interface der Informationskomponente kann über eine objektorientierte generische Klasse, welche die Kommunikation zwischen Informationskomponente und EIB in der Information Workbench sicherstellt, realisiert werden. Die Schnittstellen zu den verschiedenen Informationskomponenten weisen einen identischen Mindestumfang auf[168]. Die folgenden Funktionen sind auf jeden Fall zu berücksichtigen:

- **Erfassung des Problemkontextes**

  Der Problemkontext ist von der Informationskomponente als Parametersatz zu formulieren.

- **Informationsnachfrage**

  Der Parametersatz wird von der Informationskomponente dem EIB übergeben.

---

[166] In Kapitel 5.1.2 wurde auf verschiedene mögliche Datenquellen eingegangen.

[167] Grundlage der Kommunikation zwischen Informationskomponente resp. EIB-Interface und dem EIB ist eine eindeutige Begriffswelt. Die zugrundeliegende Semantik muß für Mensch und Maschine identisch sein. Metadaten stellen eine ideale Ausgangsbasis für die Kommunikation dar. Vor allem innerhalb der Unternehmung können quantitative und auch qualitative Daten durch Metadaten beschrieben werden.

[168] Beispiele zu möglichen Kandidaten der Informationskomponenten finden sich in Kapitel 4.2.3.

- **Datenannahme**

  Die Ergebnisse der Datenrecherche des EIB werden entgegengenommen und in der Informationskomponente verwertet.

Die Integration der Informationskomponenten in einer IS-Architektur wird über mindestens diese Funktionen vorgenommen.

Informationskomponenten sind als Software-Komponenten[169] zu entwickeln. Jede Komponente besitzt einen genau fixierten Aufgabenbereich und wird nach dem Prinzip des abstrakten Datentyps (ADT) über eine wohldefinierte Schnittstelle von außen gesteuert [vgl. Gluchowski/Gabriel/Chamoni 97, S. 287].

Idealerweise ist eine Software-Komponente nach dem objektorientierten Paradigma realisiert. Die Verbindung eines Objektes mit der „Außenwelt" wird dabei über Nachrichten hergestellt. Eine Nachricht an ein Objekt kann dabei den Objektzustand verändern. Eine als Objekt realisierte Informationskomponente kann die zur Kommunikation mit der Objektumwelt benötigten Methoden und Eigenschaften von einer generischen Vaterklasse erben.

Die DV-Abteilung wird bei der Umsetzung der IS-Architektur der Information Workbench den Grundtyp einer Informationskomponente mit einer umfangreichen wohldefinierten Mindestschnittstelle als generische Klasse realisieren.

Dieser generische Typ einer Informationskomponente kann von den Fachabteilungen jederzeit zur Konstruktion von unterschiedlich spezialisierten Komponenten herangezogen werden. Durch Vererbung ist die Fähigkeit einer jeden Komponente zum Nachrichtenaustausch mit der zentralen Instanz eines EIB bereits „eingebaut". Fachabteilungen sind auf diese Weise in der Lage - in Abstimmung mit der DV-Abteilung - ihre eigenen möglicherweise stark spezialisierten Informationssystembestandteile zu realisieren bzw. realisieren zu lassen.

Ergebnispräsentation der Datenrecherche des EIB

Die Ergebnisse der Datenrecherche werden vom EIB idealerweise in eine eigens geschaffene Treffer-Web-Seite gestellt. Die dynamisch generierte Treffer-Web-Seite ist (zumindest kurzzeitig) Bestandteil des privaten Teils des Unternehmensintranet, des „Private Electronic Newspaper". Der Inhalt der Seite ist unterteilt nach den verschiedenen Datenquellen. Per Hyperlink kann der Informationsnachfrager die Inhalte nutzen. Dabei sind die folgenden zwei Fälle zu unterscheiden:

1. **Quelle verweist auf quantitative Daten**

   Ergebnis der EIB-Recherche sind quantitative Daten, die oft als Zeitreihe vorliegen. Der EIB bringt die Daten in ein dem Problemkontext

---

[169] Softwarekomponenten werden in [Gamma et al. 95] ausführlich erläutert.

angepaßtes Format. Zeitreihen werden dabei entlang der zeitlichen Dimension aggregiert bzw. disaggregiert[170].

Die Quelle verweist per Hyperlink auf die Informationskomponente, welche die ursprüngliche Informationsnachfrage an den EIB gerichtet hat. Wird der Hyperlink vom Benutzer verfolgt, werden die recherchierten Quellendaten an diese ursprünglich nachfragende Informationskomponente geleitet und stehen dort zur sofortigen freien Benutzung zur Verfügung.

Fortsetzung von Beispiel 5.5: Der EIB konnte verläßliche externe Branchendaten beschaffen, die im Zeitbereich des obigen Beispiels und in einer vergleichbaren Produktsparte einen ähnlichen Umsatzverlauf aufweisen. Durch Auswahl eines mitgelieferten Hyperlinks werden die Branchendaten von der Datenannahmefunktion der Informationskomponente aufgenommen und können beispielsweise im OLAP-Werkzeug verwendet werden.

2. Quelle verweist auf qualitative Daten

Die Quelle verweist per Hyperlink direkt auf die qualitativen Daten (Dokumente, Web-Seiten), die im Browser angezeigt werden können.

In Beispiel 5.5 läßt sich das wie folgt darstellen: Der EIB konnte im Unternehmensintranet ein Dokument auffinden, welches den Problemsachverhalt in wenigen Sätzen umschreibt. Zusätzlich wurde in einer kommerziellen unternehmensexternen Datenbank ein allgemeiner Bericht über den Problembereich aufgefunden. Beide Quellen können per Hyperlink direkt betrachtet werden.

Eine Unterscheidung zwischen unternehmensinternen und unternehmensexternen Quellen muß nicht vorgenommen werden.

Reporterstellung mit Unterstützung der Informationskomponenten und des EIB

Die Erstellung eines Reports auf Basis der recherchierten Quellen gestaltet sich für den Benutzer relativ einfach. Der EIB stellt den Report nach inhaltlicher Vorgabe des Benutzers zusammen.

---

[170] Sowohl die Aggregation von Daten entlang einer zeitlichen Dimension (Problematik der Zuordnung von Wochen zu Monaten) als auch die Disaggregation einer Zeitreihe - also das Herunterbrechen einer Zeitachse auf eine höhere Detailstufe - kann sich sehr aufwendig gestalten [vgl. Tabbert 96].

Reports der Information Workbench setzen sich typischerweise aus wenigstens einer der folgenden Komponenten zusammen:

1. **Informationsinhalte von Informationskomponenten**

   Zur Weitergabe von Informationsinhalten an den EIB hat jede Informationskomponente eine Exportfunktion zu besitzen. Ein OLAP-Werkzeug kann beispielsweise eine mehrdimensionale Drill-Down-Grafik oder eine Tabelle exportieren. Ein Reporting-Werkzeug beispielsweise wird dazu ein Tortendiagramm liefern können.

2. **Quellen der Treffer-Web-Seite**

   Die vom EIB gelieferten Quellen sind vom Informationsnachfrager aus einer Treffer-Web-Seite zur Übernahme in den Report zu selektieren.

3. **Ergänzende Anmerkungen des Informationsnachfragers**

   An verschiedenen Stellen des Reports wird der betriebliche Nutzer der Information Workbench Ergänzungen vornehmen wollen.

Der Report basiert auf einem HTML-Dokument und wird im Private Electronic Newspaper abgelegt. Die verschiedenen Komponenten werden vom Benutzer in den Report-Editor des EIB übernommen. Der fertige Report wird vom EIB an einer geeigneten Stelle des Unternehmensintranet publiziert.

Unterstützung der Infosphere: Aufbau einer Unternehmensinformationsbasis

Die mit Hilfe des EIB erzeugten Reports können zur Bereicherung der Infosphere in den öffentlichen Teil eines Unternehmensintranet eingestellt werden. Dazu sind für den Report die Attributausprägungen des Parametersatzes in das Schlagwortverzeichnis einer Intranetdatenbank aufzunehmen. Auf diese Weise wird sichergestellt, daß der Report im Intranet gefunden werden kann.

Fortsetzung von Beispiel 5.5: Wenn der EIB das Unternehmensintranet als Informationskomponente in seine Recherche miteinbezieht, führt die erneute Recherche nach einem bereits mit Hilfe des EIB erstellten Reports zum Ziel.

Im Unternehmensintranet stehen die Reports den anderen Mitarbeitern der Unternehmung zur Verfügung und tragen zu einer Erweiterung der Datenerreichbarkeit bei. Martin bezeichnet ein Publikationsmedium zum Zugriff auf quantitative DWH-Daten und qualitative Daten (Dokumente) als „Knowledge Warehouse" [vgl. Martin 97].

5.2.1.2 Der EIB als System von Agenten

Im vorangegangenen Abschnitt wurde das Zusammenwirken von EIB und **nach-fragender Informationskomponente** aus der Außensicht betrachtet. An dieser Stelle soll ausführlicher auf die Innensicht des EIB eingegangen werden.

Der EIB ist im wesentlichen ein System von Agenten. Im folgenden soll daher kurz auf den Begriff des Agenten und eine Agentenkommunikationssprache eingegangen werden. Die einzelnen Bestandteile des EIB und der Zugriff auf die **liefernden Informationsressourcen** werden im Anschluß daran erläutert.

Agentenbegriff

Im allgemeinen wird unter einem Agenten „jeder im Auftrag oder Interesse eines anderen Tätige" verstanden [Meyers 98]. Im Vordergrund dieser Definition steht dabei der Begriff des „Dienens". Softwareagenten dienen einem oder mehreren Benutzern zur Unterstützung der Arbeit am Computer oder in Computernetzwerken.

Ein Softwareagent kann als „a software thing that knows to do things you probably do yourself if you had the time" verstanden werden [Selker 96]. Die Unterstützung eines Softwareagenten kann durch den Einsatz von elektronischer Intelligenz verbessert werden. Agenten kennen ihr Arbeitsgebiet und wissen um ihre Fähigkeiten. Sie „können selber Entscheidungen fällen und Arbeitspläne entwerfen" [Wagner 97, S. 243].

Softwareagenten sind oftmals mobil und können sich in einem Netzwerk zu einem oder mehreren Agentenservern „bewegen" [vgl. Merz 96]. Dort nutzen sie lokal vorhandene Ressourcen zur Unterstützung ihrer Arbeit und suchen sich parallel dazu weitere „Nistplätze". Nach Beendigung ihrer Tätigkeit melden sie sich selbständig bei ihrem Auftraggeber und liefern ihre Ergebnisse ab[171].

Die verschiedenen Typen von Softwareagenten besitzen die unterschiedlichsten Ausprägungen der Kriterien des „Wirkens" (engl. *Agency*), der „Intelligenz" und der „Mobilität" [vgl. Schranner 98, S. 15ff]. IBM ordnet die drei Ausprägungen in einer Agentenklassifikation[172] [IBM 95; Teuteberg 97, S. 380f].

---

[171] Der Entwurf von mobilen Agentensystemen wirft verschiedene umfangreiche Probleme der Sicherheit, Koordination, Architektur und Kommunikation der Agenten auf. Die OMG (Object Management Group) strebt zur Zeit einen Standard für mobile Agenten an (Stand Mai 1998) [vgl. Schranner 98, S. 28].

[172] Die im IBM-Ansatz vorgesehene Dimension der Mobilität von Agenten wird in dieser Arbeit nicht betrachtet. Die dreidimensionale Agentenklassifikation des Originalansatzes reduziert sich dadurch auf zwei Dimensionen. Im weiteren Verlauf dieser Arbeit werden Softwareagenten vereinfacht als Agenten bezeichnet.

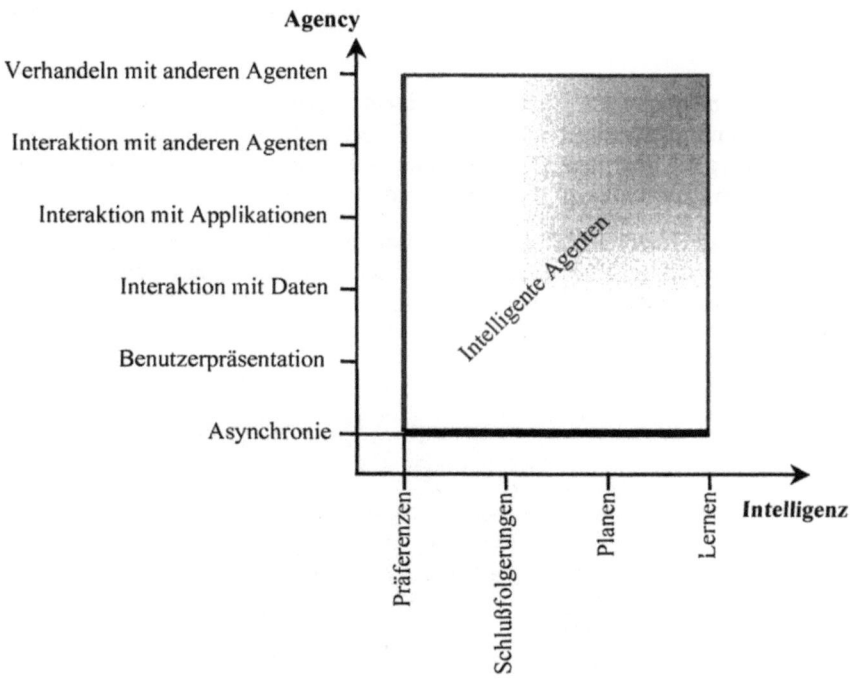

Abb. 5.4: Agentenklassifikation [nach *IBM 95*]

Die Agentenfunktionalität eines Anwendungssystems ist in der rechten oberen Ecke des Kastens „Intelligente Agenten" in der Abb. 5.4 am größten[173]. Die Trennlinien in der Abbildung ziehen eine Grenze zwischen Agenten und herkömmlichen Anwendungssystemen. Die Kriterien der Agency und Intelligenz stehen bei der weiteren Betrachtung von Agenten im Vordergrund[174].

Ein Agentensystem besteht aus einer Menge von Agenten, die bei der Lösung eines Problems zusammenwirken. Die einzelnen Agenten bringen ihre jeweiligen spezifischen Fähigkeiten in die Gruppe ein und lösen die Problemstellung im Team [vgl. Stockmann 98, S. 173; Nwana/Ndumu 97, S. 8].

---

[173] Ein eigenständig planendes und mit anderen Agenten interagierendes Anwendungssystem wird demnach als „ziemlich intelligenter" Agent eingestuft.

[174] Die Agenteneigenschaften Wahrhaftigkeit, Gutmütigkeit und rationales Verhalten werden im folgenden vorausgesetzt [vgl. Woolridge/Jennings 95, S. 6]. Neben den genannten Eigenschaften existieren noch eine Reihe weiterer Kriterien: Autonomie, Sozialfähigkeit, Reaktionsfähigkeit, Selbständigkeit [vgl. Stockmann 98, S. 173; Schranner 98, S. 26].

Kommunikationsprotokolle des EIB: Agent Communication Language (ACL)

Die Kommunikation von Agenten in einem Agentensystem wird durch eine Agentenkommunikationssprache (Agent Communication Language, ACL) ermöglicht. Vergleichbar dem OSI-Schichtenmodell ist eine typische ACL in mehrere Schichten unterteilt [vgl. Nwana/ Wooldrige 97, S. 63].

Die Knowledge Query and Manipulation Language (KQML) realisiert ein Protokoll, welches eine High-Level-Kommunikation zwischen Agenten ermöglicht und dabei auf Transportmechanismen wie beispielsweise TCP/IP, HTTP oder SMTP aufbaut.

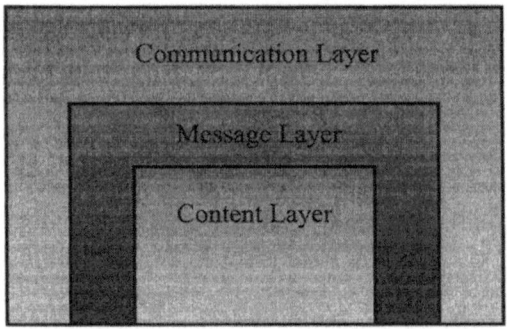

Abb. 5.5: KQML-Schichtenarchitektur [vgl. Nwana/ Wooldrige 97, S. 63]

Eingebettet in KQML übermittelt beispielsweise die Sprache KIF (Knowledge Interchange Format) Daten, Beschränkungen, Negationen, Disjunktionen, Regeln, quantifizierte Ausdrücke und Metadaten [vgl. Genesereth/Ketchpel 94]. KIF ist im Content Layer der Schichtenarchitektur anzusiedeln (vgl. Abb. 5.5). Im Message Layer wird die Art der übermittelten Botschaft festgelegt. In dieser Ebene wird außerdem die der Botschaft zugrundeliegende Ontologie[175] benannt, damit die Daten des Content Layer interpretiert werden können.

Sicherlich steht und fällt die Akzeptanz einer Information Workbench (egal wie groß der Umfang der zugreifbaren Datenquellen ist) mit der Einfachheit und

---

[175] Die Ontologie in diesem Sinne handelt vom organischen Aufbau der Welt als Gegenstand allgemeiner Klassifizierungen. Die Ontologie befaßt sich dazu mit der Konstruktion eines Stufen- oder Schichtenmodells, in das alle Erscheinungen der realen Welt nach objektiven Merkmalen eingeordnet sind [vgl. Brockhaus, S. 200]. Das Ziel ist ein standardisiertes Begriffssystem, das alle für eine bestimmte Domäne (z.B. Finanzdienstleistungssektor) wichtigen Begriffe und deren Beziehungen untereinander einheitlich festlegt und dadurch eine unmißverständliche Kommunikation in diesem Themenbereich ermöglicht [vgl. Wagner 97, S. 236].

gleichzeitiger Mächtigkeit der Benutzerschnittstelle[176]. Aus diesem Grunde sollte die Benutzerschnittstelle verschiedene Modi zur Kommunikation mit dem Benutzer anbieten (vor allem deshalb, weil auch die Benutzer aus allen organisatorischen Schichten der Unternehmung kommen): Diese sind z.B. der Einsteigermodus und der Profimodus.

In einem System von Agenten wird die Kommunikation zwischen den einzelnen Agenten über einen Vermittler, einen sogenannten Mediator oder auch Meta Agenten, abgewickelt. Ein solches föderales Agentensystem ist in der Lage, heterogene Agenten unter Zuhilfenahme einer ACL zu verknüpfen [vgl. Wagner 97, S. 241]. Offene, dynamisch erweiterbare Systeme sind ohne den Einsatz von Vermittlern nicht umsetzbar. Vermittler suchen im Agentensystem passende Partner und können auch Aufgaben ausüben, die über die reine Vermittlung hinausgehen, beispielsweise die Übersetzung zwischen verschiedenen ACL oder die Aufteilung einer Aufgabe auf mehrere Agenten.

5.2.1.3 Bestandteile und Aufbau des EIB

Der EIB ist idealerweise als heterogenes und föderales Agentensystem zu realisieren. Die Kommunikation der einzelnen spezialisierten Agenten wird durch die ACL sichergestellt. Die Organisation der Kommunikation erfolgt durch einen speziellen Vermittler, der Kommunikationsverbindungen zwischen von ihm ausgewählten, passenden Partnern herstellt [vgl. Schranner 98, S. 32ff].

Generelles Modell

Der von der nachfragenden Informationskomponente erfaßte Problemkontext muß vom EIB zumindest grob einer Ontologie zugeordnet werden. Danach werden Informationskomponenten zur Beschaffung der nachgefragten Information ausgewählt und die eigentliche Informationsbeschaffung angeregt.

Die Schaffung einer globalen maschinenverständlichen Ontologie im Sinne eines allumfassenden Weltverständnisses ist nicht durchführbar. Der Informationsnachfrager muß sich deshalb bei der Formulierung des Problemkontextes bezüglich des abgegrenzten Wissensgebietes (Wissensdomäne) mit dem EIB abstimmen [vgl. Degele 92].

---

[176] Auf diesen Punkt wurde in Kap. 4 eingegangen. Der Benutzer kann durch eine mächtige Planungssprache oder über eine einfach zu bedienende, graphische Repräsentation Zugang finden.

144

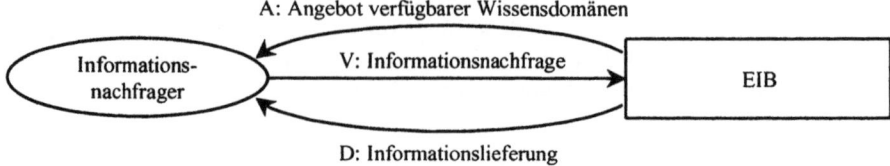

A: Angebot verfügbarer Wissensdomänen

Abb. 5.6: Abstimmungsprozeß zwischen Informationsnachfrager und EIB

Die eigentliche Leistungsübergabe ist die Durchführung der Informationslieferung. Sie wird durch die Informationsnachfrage, welcher eine Anfrage bezüglich der verfügbaren Wissensdomänen vorausgeht, vereinbart. In Abb. 5.6 werden die drei Transaktionen Anbahnung (A), Vereinbarung (V) und Durchführung (D) durch Pfeile dargestellt. In den folgenden Abbildungen wird unter Vernachlässigung der anderen beiden Transaktionen nur mehr die Leistungsübergabe (Durchführung) grafisch dargestellt.

Innerhalb des EIB ist der „Meta Agent" zuständig für die Abstimmung mit dem Informationsnachfrager. Auf Basis des ausgehandelten Problemkontextes wählt der Meta Agent die passenden Informationsressourcen aus. Die Informationsressourcen sind durch sogenannte Info Agenten gekapselt, denen der Meta Agent die weitere Aufgabe der Informationsnachfrage überträgt (vgl. Abb. 5.7). Der Meta Agent kann mehrere Info Agenten mit der Informationsbeschaffung beauftragen.

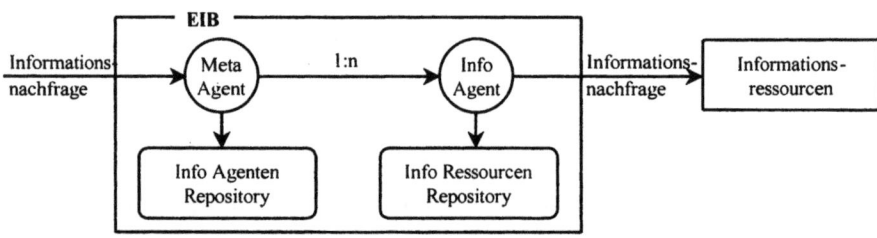

Abb. 5.7: Innensicht des EIB.

Info Agenten sind alleinverantwortlich für die Informationsbeschaffung innerhalb der Information Workbench des betrieblichen Mitarbeiters. Dazu nutzen sie die Informationsressourcen der Information Workbench. Die Informationsressourcen gliedern sich in die unternehmensinternen und die unternehmensexternen Informationsressourcen (vgl. Abschnitt 5.2.3 bzw. 5.2.1). Die DWH-Datenbasis kann als unternehmensinterne Informationsressource eingesetzt werden.

Auswahl der Info Agenten: Meta Agent und Info Agenten Repository

Die Auswahl der Info Agenten zur Informationsbeschaffung erfolgt anhand deren spezifischen Fähigkeiten. Im Info Agenten-Repository sind die dem Meta Agenten zur Verfügung stehenden Info Agenten gemäß ihren fachlichen und system-technischen Fähigkeiten aufgelistet[177].

Die fachlichen Eigenschaften eines Info Agenten beschreiben die vom Agenten beherrschte Wissensdomäne. Ein Info Agent kann nur Informationen zu dem von ihm genau spezifizierten Wissensgebiet liefern. Dazu greift er auf ihm bekannte Informationsressourcen zu.

Die systemtechnischen Eigenschaften beschreiben abseits der fachlichen Eigen-schaften die sonstigen Eigenheiten eines Info Agenten. Der semantische Gehalt und der Typ der vom Agenten gelieferten Daten gehören ebenso dazu wie bei-spielsweise die durchschnittliche Antwortzeit des Agenten. Zusätzlich wird jeder Info Agent mit einem Ranking bewertet[178]. Die systemtechnischen Eigenschaften können Einfluß auf die Auswahl eines Info Agenten besitzen, wenn der Informa-tionsnachfrager Einschränkungen[179] vornimmt.

Eine Informationsnachfrage wird vom Meta Agenten unter Zuhilfenahme der Re-pository-Datenbank und unter Berücksichtigung der dort angegebenen fachlichen und systemtechnischen Eigenschaften an einen oder mehrere Info Agenten wei-tergereicht.

Das Info Agenten-Repository wird bei der Einrichtung der Information Work-bench mit einem Initialinhalt versehen, der sich jedoch im Zeitablauf und unter Einwirkung des Informationsnachfragers ändern kann.

Aufgaben des Meta Agenten

Der Meta Agent übernimmt innerhalb des als heterogenen Agentensystems reali-sierten EIB die Rolle des Vermittlers[180]. Er empfängt Informationsnachfragen und vermittelt sie an einen oder mehrere Info Agenten. Zur Kommunikation mit den Info Agenten und dem Repository bedient er sich einer ACL.

Der Meta Agent ist in der Lage, die empfangenen Informationsnachfragen zu in-terpretieren. Die Interpretation wandelt die Original-Nachfrage in eine Menge von

---

[177] Unter dem Begriff des Repositories wird hier allgemein ein vorgangsübergreifender Datenspeicher verstanden.

[178] Dieser Punkt wird später näher erläutert.

[179] Der Informationsnachfrager möchte evtl. die Einhaltung einer maximalen Antwortzeit o.ä. festlegen.

[180] Der Meta Agent kann zusätzlich als Mediator bezeichnet werden, da er es ermöglicht, Informationsnachfragen an die verschiedenen Info Agenten im Netz weiterzugeben und auf diese Weise die Informationsquellen im Netz zu integrieren [vgl. Wagner 97, S. 241].

Anfragen um[181]. Diese lassem sich aus den im Info Agenten-Repository bekannten Wissensdomänen beantworten. Die Interpretation wird nach dem folgenden Schema vorgenommen [vgl. Thomsen 97, S. 478]:

1. **Auflösen von Akronymen**

   Im ersten Schritt wird versucht, evtl. vorkommende Akronyme[182] aufzulösen. Dieser Vorgang wird durch eine Datenbank unterstützt. Beispiel: Das Akronym „BMW" wird aufgelöst in den Begriff „Bayerische Motorenwerke".

2. **Auflösen von Homonymen**

   Mehrdeutige Begriffe (Homonyme) sind aufzulösen und dabei evtl. zu hinterfragen. Beispiel: Der Begriff „Devise" hat mehrere Bedeutungen. So steht die „Devise" zum einen für einen Leitspruch oder aber für eine Währung. Auf Wunsch kann die korrekte Bedeutung beim Informationsnachfrager hinterfragt werden.

3. **Erzeugen von Synonymen**

   Ein Synonym kann durch einen gleichbedeutenden Begriff ersetzt werden. Beispielsweise ist der Begriff „Metzger" sinnverwandt mit dem Begriff „Fleischer". Zur Bildung von Synonymen werden Thesauren herangezogen[183], die mit ontologischen Graphen arbeiten.

   Die Erzeugung von gleichbedeutenden Begriffen ist wesentlich, um die Informationsnachfrage den verschiedenen Wissensdomänen zuordnen zu können[184]. Ein Thesaurus sollte vom Anwender um eigendefinierte Synonyme ergänzt werden können.

4. **Übersetzen in andere Sprachen**

   Mit Hilfe eines Wörterbuches werden die einzelnen Begriffe übersetzt in andere Sprachen. Auf diese Weise können anderssprachige Informa-

---

[181] Die innovative Internetsuchmaschine EXCITE (http://www.excite.de) analysiert die eingegebenen Suchbegriffe und erweitert sie auf Wunsch um kontextbezogene Verbesserungsvorschläge [vgl. Kurzidim 97]. Die Suchanfrage nach „Wertpapier" führte zu den Vorschlägen „Aktien", „Rendite", „Derivate" und „Sammler" (Stand: August 1998).

[182] Ein Akronym ist eine Wortbildung aus Anfangsbuchstaben oder -silben.

[183] Das Textverarbeitungsprogramm Microsoft Word 95 besitzt beispielsweise einen eingebauten Thesaurus, der auf Wunsch Synonyme zu einem Wort vorschlägt. Für Kreditinstitute ist der Einsatz des Thesaurus des Informationsrings der Kreditwirtschaft (IK-Ring) interessant.

[184] Die BMW-Bank läßt beispielsweise bei einer Kreditanfrage die umgangssprachlich formulierten Kundenberufe in die offiziellen Systematiken der Bundesbank oder BfA „übersetzen". Ein im Behördenwortschatz nicht existenter „Schreiner" wird automatisch in die Branche „holzverarbeitendes Gewerbe" eingeordnet [vgl. Haupt 97, S. 67f].

tionsressourcen ebenfalls herangezogen werden. Der deutsche Begriff „Aktie" wird beispielsweise in das englische „share" übersetzt. Oft jedoch besitzen die Übersetzungen verschiedene Bedeutungen und müssen weiter eingegrenzt werden.

Das Produkt jedes Interpretationsschrittes geht als Input in den nachfolgenden Schritt ein. Die bei der Auflösung von Homonymen oder bei der Übersetzung von Begriffen möglicherweise auftretenden Unstimmigkeiten ergeben sich aufgrund eines unzureichend detaillierten Problemkontextes. Diese Unstimmigkeiten könnten im Prinzip vom Rechner aufgelöst werden. Voraussetzung dafür ist jedoch ein grundlegendes „Verständnis" des Problemkontextes innerhalb der Wissensdomäne. Ein solches Verstehen setzt ein umfassendes „Weltwissen" (also eine globale Ontologie) voraus und kann von heutigen Rechnersystemen nicht gewährleistet werden[185]. Aus diesem Grunde ist bei Unstimmigkeiten eine Rückfrage beim Informationsnachfrager oft unerläßlich.

Zugriff auf Informationsressourcen durch Info Agenten

Der Info Agent nimmt die vom Meta Agenten erweiterte Informationsnachfrage entgegen und startet den Vorgang der eigentlichen Informationsrecherche. Die grundlegenden Arten der dabei in Anspruch genommenen Informationsressourcen lassen sich nach dem Schema in Abb. 5.8 gliedern.

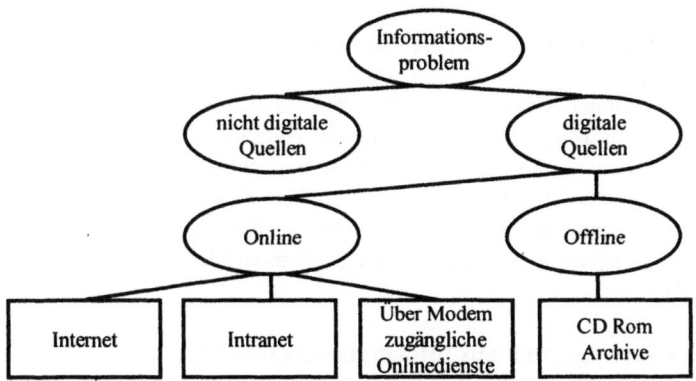

Abb. 5.8: Informationsressourcen

Informationsagenten können konzern- oder filialeigene Intranets oder auch Lotus Notes-Datenbanken durchsuchen. Sie sind zusätzlich in der Lage, auf unternehmensexterne Informationsdienstleister wie beispielsweise Dow Jones News/ Re-

---

[185] Das Projekt CYC versucht seit 1984, ein solches umfassendes Weltwissen in einer Wissensdatenbank zu speichern. Millionen von per Hand kodierten und automatisch generierten Axiomen sollen Maschinen eine Art „gesunden Menschenverstand" beibringen und sie ihre Umwelt besser verstehen lernen.

trieval, Reuters, Yahoo Business Reports oder andere Informationsdienstleister per Internet oder Online-Zugang zuzugreifen. Suchziele können dabei Branchendaten, Unternehmensdaten, Wertpapiere oder Angaben zu Personen sein.

Ein Info Agent kann zur Recherche lokale Rechnerleistung nutzen oder auf einen zentralen Dienst zurückgreifen. Des weiteren kann ein Info Agent mobil oder stationär betrieben werden. Die gängigsten Lösungen werden im folgenden aufgezeigt [vgl. Schranner 98, S. 44 u. S. 75]:

- **Lokal stationierte Info Agenten**

  Der Info Agent nutzt die lokalen Rechnerressourcen des Benutzer-Rechners um im Netzwerk Recherchen durchzuführen. Ein lokal stationärer Agent ist direkter Bestandteil der Anwendungssysteme der Information Workbench und ist vergleichbar mit einer lokal installierten Internet- oder Intranetsuchmaschine[186].

- **Entfernt stationierte Info Agenten**

  Der Info Agent wird über das Netzwerk angesprochen und nimmt zur Informationsrecherche die Ressourcen eines Servers innerhalb oder außerhalb des Intranets in Anspruch. Ein Beispiel für einen entfernt stationierten Info Agenten ist der klassische Internet- oder Intranetsuchdienst.

- **Mobile Info Agenten**

  Mobile Agenten können sich in Computernetzen flexibel bewegen und entfernte Ressourcen[187] auf speziellen Servern in Anspruch nehmen. Dabei können sie auch die Grenzen des Intranet verlassen. Durch den Einsatz mobiler Agenten kann die Netzwerklast erheblich reduziert werden, da nur Rechercheergebnisse zurücktransferiert werden. Mobile Agenten werden zumindest in der nahen Zukunft aus Sicherheitsgründen wohl nur in Intranets eingesetzt werden, wo man ihnen innerhalb eines sicheren Ausführungsortes „vertrauen" kann [vgl. Schranner 98, S. 21].

Zugriff der Info Agenten auf Informationsressourcen

Nach der Art den Zusammenarbeit von Info Agenten und Informationsressourcen sind verschiedene Info Agenten zu unterscheiden[188].

---

[186] Suchmaschinen in diesem Sinne sind nichts anderes als „Programme zum Auffinden von Zeichenketten" in den Texten des Internet oder des Intranet [vgl. Schallhorn 98].

[187] „Entfernte Ressourcen" sind Informationsressourcen, die sich außerhalb des Startrechners des mobilen Agenten befinden.

[188] Die Ausführungen sind bewußt kurz gehalten. Mehr zu den verschiedenen Typen von Info Agenten und deren Zusammenarbeit mit konkreten Informationsressourcen findet sich später im Abschnitt 5.2.3.

Einfache Info Agenten reichen die Informationsnachfrage sofort nach Erhalt an eine oder mehrere die Informationsrecherche durchführende Informationsressourcen weiter. Die Zuständigkeit eines Info Agenten für eine Informationsressource ist dabei fest verdrahtet. Veränderungen des Parametersatzes werden nicht vorgenommen. Ein solcher Info Agent führt keine eigentlichen Recherchefunktionen aus, sondern kapselt die recherchierende Instanz der Informationsressource. Dies kann in vielen Fällen sinnvoll sein, z.b. um bestehende Recherchedienste agentenfähig zu machen.

Besteht die einzige Funktion des Info Agenten in der Kapselung der Informationsressource, wird die Informationsnachfrage direkt weitergereicht beispielsweise an eine Intranetsuchmaschine oder an eine Internet-Multisuchmaschine[189]. Der Info Agent kann über die reine Kapselung hinaus auch noch als Protokollumsetzer fungieren. Ein Beispiel wäre der Zugriff auf CD Rom-Datenbanken oder auf proprietäre kommerzielle Online-Datenbanken, die per Modem oder Terminalemulation anzusprechen sind[190] (vgl. Abb. 5.8).

Komplexe Info Agenten sind zusätzlich in der Lage, eigene Recherchefunktionen durchzuführen. Der Einsatz dieser Systeme eignet sich für spezielle, eng umrissene Wissensdomänen. Das Info Ressourcen Repository gibt speziellen Info Agenten die Möglichkeit, ihr fachspezifisches „Wissen" über interessante Sites im Internet/Intranet vorgangsübergreifend in einer Datenbank abzulegen[191]. Die Informationsressourcen sind solchen Info Agenten also nicht fest zugeordnet, sondern können sich ändern. Ebenso wie das oben beschriebene Info Agenten Repository wird das Info Ressourcen Repository bei der Einrichtung der Information Workbench mit einigen Informationsressourcen zu initialisieren sein.

Ein **hochkomplexer Info Agent** kann zur Durchführung einer Recherche weitere - auch unternehmensexterne - Info Agenten beauftragen[192] [vgl. Schranner 98, S. 75ff].

---

[189] Zu den Suchmaschinen s.a. [Schranner 98, S. 60].

[190] Das Bezahlen der Datenabfrage bei kommerziellen Online-Diensten kann ebenfalls vom Agenten übernommen werden. „Software agents are software objects with attitude, the will to travel and a credit card" [Sharpe 97]. Die damit einhergehenden Sicherheitsprobleme (ein Info Agent soll schließlich während seiner Recherchen nicht „ausgeraubt" werden) sollen an dieser Stelle kurz Erwähnung finden, sind jedoch nicht Gegenstand dieser Arbeit [vgl. Schranner 98, S. 25].

[191] Kurzidim bezeichnet die klassischen Internet-Suchmaschinen als „Suchmaschinen 1. Ordnung", Multisuchmaschinen werden als „Suchmaschinen 2. Ordnung" eingestuft. Info Agenten, welche eigenständig themenorientierte Verzeichnisse anlegen und pflegen, werden als „Suchmaschinen 3. Ordnung" bezeichnet [vgl. Kurzidim 98, S. 48].

[192] Die Fa. Comshare bietet mit ihrem Werkzeug „Detect & Alert" verschiedene Agenten an, die individuell für verschiedene Benutzer Informationsquellen auf Auffälligkeiten untersuchen. Ein Agent beispielsweise überwacht den Nachrichtenkanal Dow Jones News.

Kontrolle der Info Agenten Repositories

Während sich der Meta Agent dadurch auszeichnet, daß er in der Information Workbench speziell für den Einsatz innerhalb der Unternehmung geschaffen wurde, kann sich ein Info Agent sowohl unter unternehmensinterner als auch unternehmensexterner Kontrolle befinden. Ein Info Agenten Repository kann sich grundsätzlich auch außerhalb des Intranets befinden und einer unternehmensexternen Kontrolle unterliegen. Die in einem solchen Repository aufgeführten Info Agenten werden typischerweise auf unternehmensexterne Informationsressourcen verweisen.

Die einfache Gestaltung des Info Agenten Repositories erlaubt dem Meta Agenten die zusätzliche Nutzung von unternehmensexternen Repositories. Ein spezialisiertes unternehmensexternes Repository kann seine Dienste kommerziell anbieten und auf diese Weise eine größere Aktualität und eine größere Anzahl von Info Agenten und damit einhergehend auch „besseres" Datenmaterial bieten.

Bezüglich der Lokation und der Kontrolle eines Info Agenten Repository ergeben sich die folgenden vier Möglichkeiten, von denen nur die ersten drei sinnvoll erscheinen:

- **Unternehmensexternes Repository, unternehmensinterne Kontrolle**

  Spezielles, durch Dienstleister angebotenes und nicht für jeden zugängliches individuelles Repository.

- **Unternehmensexternes Repository, unternehmensexterne Kontrolle**

  Für jeden zugängliches Internet-Repository. Kommerziell oder unentgeltlich nutzbar.

- **Unternehmensinternes Repository, unternehmensinterne Kontrolle**

  Typische Intranet-Anwendung. Optimiert für den unternehmensinternen Einsatz.

- **Unternehmensinternes Repository, unternehmensexterne Kontrolle**

  Die unternehmensexterne Kontrolle über wichtige unternehmensinterne Informationsressourcen ist **nicht** sinnvoll.

Ein unternehmensinternes Info Agenten Repository kann sich in der Kontrolle eines zentralen Informationsmanagements oder eines einzelnen Mitarbeiters befin-

---

Ein anderer Agent ist in der Lage, über Zugriff auf den Reuters-Informationsdienst Aktienkurse zeitecht zu erfassen und bei Bedarf Aktionen zu veranlassen. Ein weiterer Agent sucht innerhalb einer Lotus Notes-Datenbank nach bestimmten Schlüsselwörtern. Diese Agenten nutzen jeweils andere Informationsdienste und fungieren zusätzlich als Protokollumsetzer [vgl. Comshare 97].

den. Interessant ist auch die Möglichkeit, Repositories bei bestimmten fachlichen Fragestellungen der Kontrolle einer Mitarbeitergruppe zu überlassen[193].

Das EIB-Gesamtsystem

Die Abb. 5.9 stellt den Zugriff der EIB-Bestandteile auf die Informationsressourcen dar und erweitert die Abb. 5.7. Der Zugriff der Info Agenten auf weitere Info Agenten und Informationsressourcen wird durch den Einsatz von Pfeilen dargestellt. Informationsressourcen und Repositories können sich im Intranet oder außerhalb der Unternehmung im Internet befinden[194].

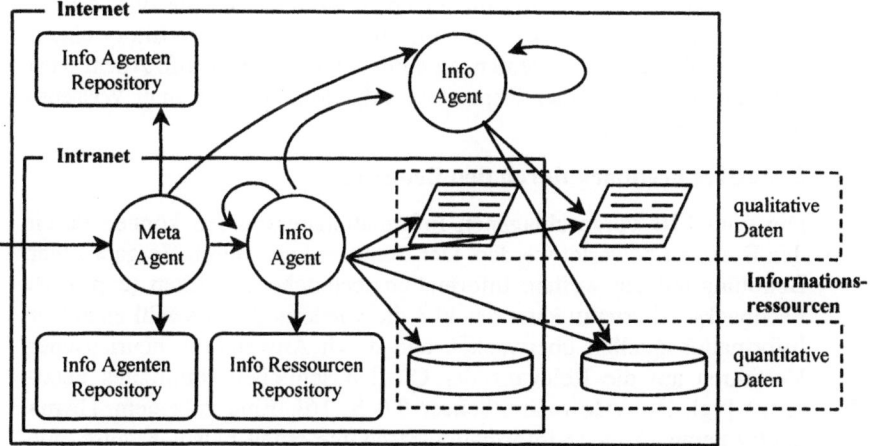

Abb. 5.9: Zugriff der EIB-Bestandteile auf die Informationsressourcen des Internet und des Intranet

Das von den verschiedenen Info Agenten zurückgelieferte Datenmaterial wird vom Meta Agenten auf Doppelnennungen untersucht. Die an den Meta Agenten gelieferten Informationsquellen können mit Hilfe eines Relevance-Ranking bewertet und sortiert werden [vgl. Teuteberg 97, S. 379].

---

[193] Ein solcher Ansatz verbessert die Kommunikation zwischen den Mitarbeitern und hält firmenspezifisches Wissen und Erfahrungswerte in einem Medium, von dem auch Neuzugänger profitieren können.

[194] Die Pfeile bilden die Informationsnachfragen ab. Die jeweils gegenläufigen Antworten sind in der Grafik nicht dargestellt.

Lernen des EIB: Einsatz eines Evaluations-Agenten

Das Agentensystemverhalten ist ständig an den Informationsbedarf des Informationsnachfragers anzupassen, damit die Informationsversorgung nicht „aus dem Ruder läuft". Erst dadurch kann ein EIB in einem Unternehmens-Intranet im Laufe der Zeit und mit zunehmender Anzahl der Benutzer bessere Informationsressourcen recherchieren[195]. Die Anpassungsfähigkeit eines EIB kann grundsätzlich durch die folgenden Funktionen sichergestellt werden:

- **Proaktives Einwirken des Benutzers**

  Das Info Agenten Repository und das Info Ressourcen Repository können jederzeit direkt von einem einzelnen Benutzer, einer Benutzergruppe oder einer zentralen Instanz angepaßt werden. Beispielsweise können neue Informationsressourcen im Info Ressourcen Repository einem verantwortlichen Info Agenten zugeordnet werden. Der Info Agent wird dann in das Info Agenten Repository aufgenommen und einer Wissensdomäne zugeordnet.

- **Reaktives Feedback durch den Benutzer**

  Die vom EIB vorgeschlagenen Informationsressourcen können durch den Benutzer bewertet werden. Der Benutzer kann durch Vergabe einer Benotung auf die weitere Informationsrecherche einwirken (explizites Feedback). Alternativ kann der EIB die wiederholte Auswahl einzelner Informationsquellen überwachen und durch Anwendung heuristischer Verfahren auf die Relevanz der Quellen schließen (implizites Feedback) [vgl. Bold/Hoffmann/Scheer 97, S. 16]. Eine zu einem Thema häufig herangezogene Informationsressource erhält beispielsweise eine "gute" Note. Durch den Einsatz von Methoden der künstlichen Intelligenz können die Informationswünsche des Benutzers oftmals „beobachtet" und „verstanden" werden [vgl. Teuteberg 97, S. 381; Schranner 98, S. 79ff u. S. 85].

Im Zeitablauf werden die Repositories anwachsen und die Informationsnachfragen besser befriedigen können. Ein Evaluations Agent wertet die Feedbacks des Benutzers aus und steht dem Benutzer auch interaktiv zur Verfügung[196]. Die Benotungen der Info Agenten und Informationsressourcen gehen direkt in das Info Agenten- und das Info Ressourcen-Repository ein. Unglaubwürdige und veraltete Informationsressourcen werden vom Benutzer im Zeitablauf ignoriert und ver-

---

[195] Bei dieser Annahme wird vorausgesetzt, daß sich gewisse inhaltliche Muster in der Informationsnachfrage über mehrere Benutzer und einen zumindest mittelfristigen Zeitraum finden lassen. Völlig unzusammenhängende Informationsnachfragen von Benutzern heterogener Wissensdomänen erschweren ein solches Verhalten.

[196] Der Benutzer kann die Ergebnisse des Evaluations Agenten in Textform ansehen und verändern.

schwinden automatisch nach einiger Zeit aus dem Repository, soweit sie nicht schon vorher durch Einwirken des Benutzers explizit entfernt wurden [vgl. Zapke 98, S. 50; Schranner 98, S. 79ff].

Bewertung des Agentensystems anhand des Klassifikationschemas

Die Informationsversorgung des Benutzers kann durch den Einsatz eines Agentensystems sehr effizient und effektiv gewährleistet werden. Der Informationsnachfrager muß im Idealfall nur noch erklären **was** er sucht. Die Werkzeuge begeben sich autonom auf die Suche. Nach der Agentenklassifikation von IBM kann ein intelligenter Agent Präferenzen erkennen, Schlußfolgerungen ziehen, planen und innerhalb eines gewissen Rahmens lernen. Diese Eigenschaften treffen auf den als Agentensystem realisierten EIB zu. Der gesamte EIB wird im Agentenklassifikationsschema von IBM als recht intelligent eingeordnet, während die einzelnen Agenten-Komponenten nur als mehr oder weniger intelligent anzusehen sind (vgl. Abb. 5.10).

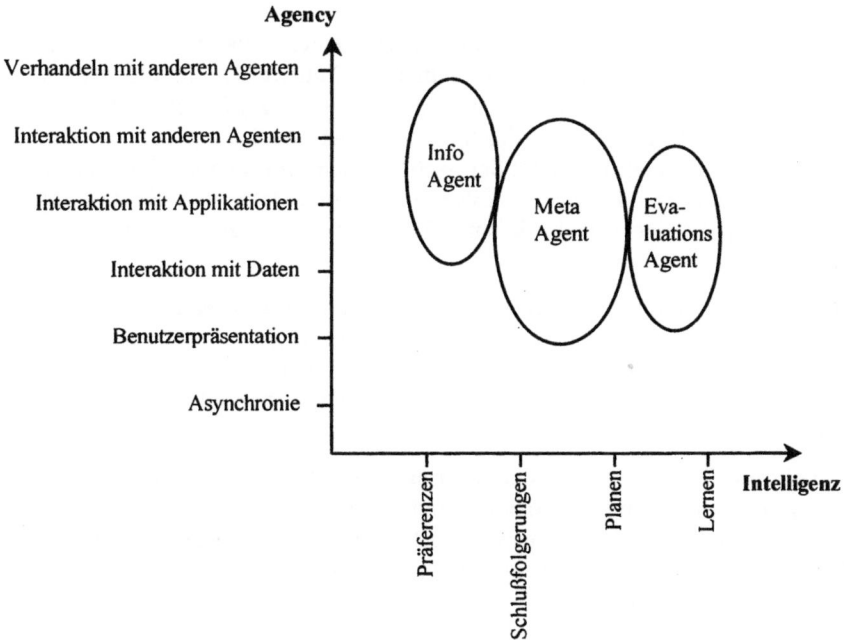

Abb. 5.10: Einordnung der EIB-Agenten in das IBM-Klassifikationsschema

Der Meta Agent interagiert mit Agenten und mit Applikationen und kann auf Wunsch auch mit dem Benutzer in Kontakt treten. Er verfügt über keinerlei Lernfähigkeit. Info Agenten können untereinander sowie mit anderen Applikationen interagieren. Wie bereits oben skizziert, können Info Agenten - beispielsweise zur Durchführung einer Informationsnachfrage bei einem kommerziellen Informationsanbieter - durchaus über Verhandlungsfähigkeiten verfügen [vgl. Schranner 98, S. 17].

Der Evaluations Agent interagiert mit Applikationen und mit Daten. Er kann aufgrund von Anwenderpräferenzen Informationsressourcen evaluieren und so die tatsächlichen Bedürfnisse des Anwenders „erlernen".

5.2.2 Data Warehousing-Werkzeuge als nachfragende Informationskomponenten

Die Erreichbarkeit von Daten kann durch den Einsatz eines EIB erheblich verbessert werden. Die in Abschnitt 5.1.1 genannten Beispiele der Unterstützung von Reportsystemen, OLAP- und Data Mining-Systemen durch einen EIB werden im folgenden durch Betrachtung der Schnittstellen detailliert.

5.2.2.1 *Wichtige Funktionen der nachfragenden Informationskomponenten*

Informationsnachfragende Informationskomponenten müssen zur Zusammenarbeit mit dem EIB eine Reihe von Funktionen aufweisen. In den Abschnitten 5.2.1.1 und 5.2.1.3 wurden die wichtigsten Funktionen zur Kommunikation mit dem EIB bereits eingeführt. Dieser Abschnitt bietet eine Auflistung der dort angesprochenen Funktionen aus der Sicht der nachfragenden Informationskomponenten[197]. Diese Referenz wird in den folgenden Abschnitten zur Skizzierung der Zusammenarbeit der verschiedenen DWH-Werkzeuge mit dem EIB herangezogen.

Die wichtige Funktion der **Erfassung des Problemkontextes** innerhalb der nachfragenden Informationskomponente geht der eigentlichen Informationsnachfrage immer voraus. Die Beschreibung des Problemkontextes beinhaltet die Umschreibung des aktuellen Zustandes des DWH-Werkzeuges in möglichst wenigen Stichworten.

Parallel zum Problemkontext der Informationsnachfrage wird auch das **Format der nachgefragten Daten** (Lokation und semantischer Gehalt von Daten) näher spezifiziert und unter Zuhilfenahme von Metadaten umschrieben. Das Format der qualitativen Datenlieferung ist beispielsweise durch Angabe einer Druckformatvorlage zu spezifizieren.

Die Informationsnachfrage wird durch die **Weitergabe des Problemkontextes** an den EIB eingeleitet. Hierbei wird festgelegt, in welcher Form die Ergebnisse der Recherche vom EIB hinterlegt werden sollen (beispielsweise sichtbar auf einer Web-Seite oder unsichtbar).

---

[197] Die hier aufgeführte Auflistung der Funktionen zur Kommunikation zwischen nachfragender Informationskomponente und dem EIB beschränkt sich auf die wesentlichen Funktionen.

Zur Abstimmung mit seinem Repository wird der EIB im Bedarfsfall die von ihm erfaßte Domäne des Problemkontextes mit dem Benutzer abstimmen wollen. Die nachfragende Informationskomponente bietet dazu eine **interaktive Benutzerschnittstelle** an, die auch zur Auflösung von Unklarheiten bezüglich Homonymen und bei Übersetzungen[198] zur Verfügung steht und auch vom EIB angesprochen werden kann.

Ergebnisse oder Teile des Ergebnisses der Datenrecherche des EIB werden durch eine **Importfunktion** in das DWH-Werkzeug importiert.

Die im DWH-Werkzeug erstellten Tabellen und Grafiken werden durch eine **Exportfunktion** dem EIB zur dortigen Reporterstellung zugreifbar gemacht.

An dieser Stelle soll noch einmal deutlich darauf hingewiesen werden, daß die Data Warehousing-Werkzeuge als nachfragende Informationskomponenten - wie gehabt - ihre originären Datenanfragen auch wirklich noch direkt an das DWH stellen. Der Umweg der Informationsnachfrage über den EIB wird nur gegangen, wenn im Kontext des Data Warehousing andere Informationsressourcen „angezapft" werden sollen.

Die aufgeführten Funktionen werden in den folgenden Abschnitten für die verschiedenen Data Warehousing-Dienste dargestellt.

5.2.2.2   OLAP- und Ad hoc-Abfragewerkzeuge

Die visuell und interaktiv geführte Beschaffung und Darstellung von Daten läßt sich ab einem gewissen Punkt durch das OLAP-Werkzeug allein nicht mehr weiter unterstützen. Wurde dieser problematische Punkt erreicht, so muß bezüglich der Beschaffung weiterer Informationen auf ein anderes Medium gewechselt werden. Dies kann der Informationsnachfrager durch Kontaktaufnahme mit einem Kollegen oder durch Abfrage einer spezialisierten Datenbank realisieren. Ein integrierter Ansatz ermöglicht jedoch aus dem Problemkontext heraus Zugriff auf die sonstigen erforderlichen Daten, die sich nicht aus der DWH-Datenbank extrahieren lassen[199].

---

[198] Übersetzungen erfordern oftmals ein semantisches Verständnis des der Übersetzung zugrundeliegenden Problemkontextes. Maschinelle Übersetzer können in der Regel nicht die Semantik eines Textes verstehen.

[199] Das in Abschnitt 4.2.3 aufgeführte Klassifikationsschema beschreibt zusätzliche Datenarten, die typischerweise nicht von DWH-Systemen unterstützt werden.

156

Beispiel 5.6

Die Abb. 5.11 zeigt beispielhaft den Umsatzeinbruch der Produktsparte „Kreditgewährung" in einem abgegrenzten Zeitbereich[200]. Kann der Zeitreihenverlauf mit dem Wissen des OLAP-Anwenders nicht aufgeklärt werden, kann die integrierte IS-Architektur einer Information Workbench Unterstützung bei der Informationssuche bieten.

Der Informationsnachfrager wird vom Informationsnachfragewerkzeug (dem JumpOne-OLAP-Werkzeug) bei der Formulierung des Problemkontextes unterstützt. Der Umsatzeinbruch wird vom Anwender bezüglich der Zeit- und der Produktachse in der Grafik markiert.

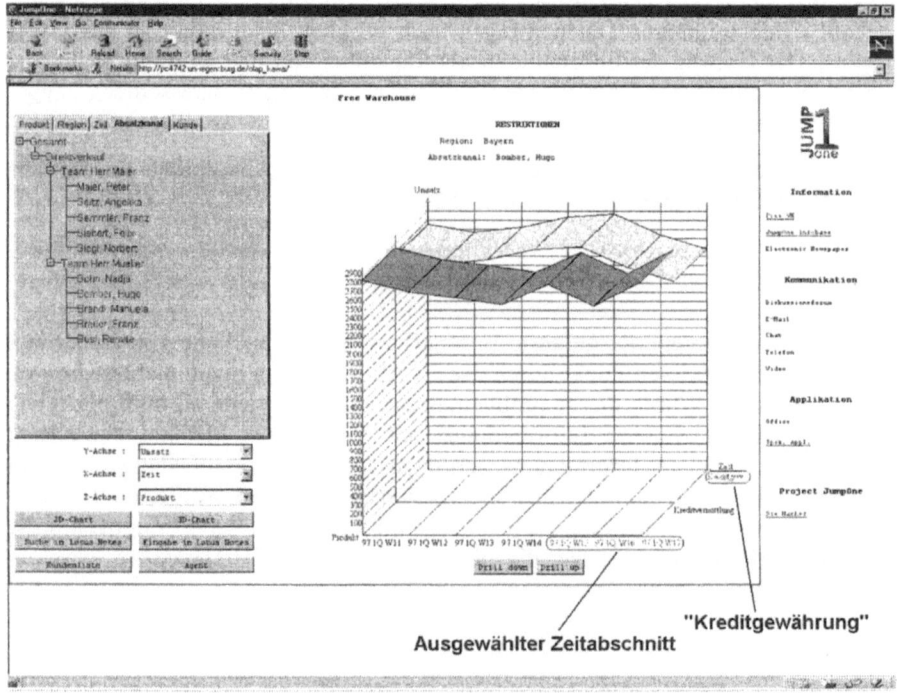

Abb. 5.11: Beispielhafte Darstellung eines Problemkontextes im OLAP-Werkzeug JumpOne

---

[200] Grundlage der Abbildung ist das Beispiel 5.5 aus Abschnitt 5.2.1.1. Die Zeitreihe der Produktsparte „Kreditgewährung" befindet sich in dieser Bildschirmkopie des JumpOne-Client hinter der Produktsparte „Kreditvermittlung".

Die Angaben des Anwenders werden vom JumpOne-System zur Formulierung eines problemeingrenzenden Parametersatzes herangezogen (vgl.
Tab. 5.2).

Merkmal	Attributtyp	Ausprägung
Dimension	Region	Bayern
Dimension	Absatzkanal	Bomber, Hugo
Dimension	Zeit	97.1Q.W15, 97.1Q.W16, 97.1Q.W17
Dimension	Produkt	Kreditgewährung
Metrik	Umsatz-Verlaufsfunktion	-15%

Tab. 5.2:Umsetzung eines OLAP-Problemkontextes als Parametersatz

Der Parametersatz kann zur weiteren Informationsnachfrage an den EIB übergeben werden. Aufbauend auf dem Beispiel 5.1 wird nachfolgend die Verknüpfung
des OLAP-Zugriffes auf quantitative DWH-Daten mit der Recherche des EIB
nach unternehmensinternen oder unternehmensexternen qualitativen Daten beschrieben[201]. Die Ausführungen zum OLAP gelten analog auch für ad hoc-Abfragewerkzeuge.

Erfassung des Problemkontextes

Der aktuelle Zustand des OLAP-Werkzeuges wird dem Benutzer als grafische
oder tabellarische Visualisierung der zur Verfügung stehenden Dimensionen und
deren Einschränkungen dargestellt. Die o.a. Abbildung basiert auf einer DWH-
Datenbank mit vier Dimensionen und ergibt sich aus deren konkreten Einschrän-
kungen. Die X- und die Z-Achse der dreidimensionalen Zeitreihendarstellung in
Abb. 5.11 zeigen in ihren Ausprägungen deutlich die Einschränkungen der beiden
zugrundeliegenden Dimensionen auf. Die Y-Achse dient der Darstellung des
Umsatzes. Die Einschränkungen der beiden wieteren Dimensionen Regionen und
Absatzkanal sind aus der dreidimensionalen Darstellung nicht ersichtlich und in
Textform oberhalb der Grafik dargestellt.

---

[201] Das Beispiel 5.1 auf Seite 125 beschreibt den Zugriff auf ein unternehmensinternes Dokument aus dem Kontext des OLAP heraus. Der Einsatz des EIB ermöglichte auf diese
Weise die Verknüpfung zweier Informationssysteme mit unterschiedlichen Schwerpunk-
ten.

Das OLAP-Werkzeug bildet den Problemkontext in den Parametersatz durch Übernahme der Dimensionseinschränkungen und durch die zusätzliche Aufnahme der zugrundeliegenden Metrik (hier „Umsatz") ab.

Die Einschränkungen wurden durch den Benutzer weiter konkretisiert: Im Jump-One-Client wurde die betreffende Produktsparte und der interessante Zeitpunkt markiert (vgl. Abb. 5.11). Ein ausführliches Beispiel mit Einbeziehung des Kontext-Interface des JumpOne-Systems wird in Abschnitt 5.2.6 erläutert.

Format der nachgefragten Daten

Die DWH-Datenbank einer Unternehmung verweist ausschließlich auf unternehmensinterne quantitative Daten. Die integrierte Verknüpfung zu unternehmensexternen oder qualitativen Datenbeständen aus dem Kontext des DWH-Werkzeuges heraus steht im Vordergrund des Ansatzes der Information Workbench.

Weitere Informationen zum beschriebenen Beispiel-Problemkontext (Umsatzeinbruch in einer bestimmten Produktgruppe) lassen sich eventuell auch außerhalb der Unternehmung oder in Dokumenten finden.

Weitergabe des Problemkontextes

Der in Form eines Parametersatzes formulierte Problemkontext wird zusammen mit der Formatangabe an den EIB übergeben.

Interaktive Benutzerschnittstelle

Nachdem der EIB den Parametersatz unter Zuhilfenahme des Info Agenten Repositories einer Ontologie zugeordnet hat, kann er sich diese Wahl durch den Aufruf der interaktiven Benutzerschnittstelle der nachfragenden Informationskomponente vom Benutzer bestätigen lassen.

Ein wenig spezifizierter Parametersatz kann durch die Vorschläge des EIB (Einsatz eines Thesaurus, Übersetzungen einzelner Parameter usw.) genauer spezifiziert werden und damit auch genauere Recherchen ermöglichen. Die Vorschläge des EIB werden dem Benutzer ebenfalls über die Benutzerschnittstelle vermittelt.

Importfunktion

Die Ergebnisse der EIB-Recherchen (quantitative und qualitative Daten) werden auf einer eigens erstellten Web-Seite in einem separaten Frame des Browsers präsentiert. Ausgehend von dieser Seite kann der Benutzer die Rechercheergebnisse per Hyperlink verfolgen. Dieser Vorgang kann in Analogie zum OLAP-Sprachgebrauch als Drill Everywhere oder als Hyperdrill bezeichnet werden. Die als Hyperlink ausgeführten Verbindungen können auf Quellen außerhalb des DWH verweisen. Auf diese Weise kann während einer OLAP-Sitzung in das Internet oder in CDROM-Datenbankarchive verzweigt werden.

Das OLAP-Werkzeug kann ausgewählte quantitative Daten (beispielsweise Zeitreihen) zur weiteren Verarbeitung und Darstellung importieren. Auf Basis der im Format angegebenen Metadaten kann der EIB die quantitativen Daten für die Übergabe an die Informationskomponente formatieren.

Das OLAP-Werkzeug kann über den EIB als Medium zur grafischen Ausgabe quantitativer Daten vom Reportsystem und auch vom Data Mining-Werkzeug genutzt werden.

Exportfunktion

Zur Reporterstellung im EIB können Grafiken oder Tabellen des OLAP-Werkzeuges exportiert werden[202].

5.2.2.3 Status- und Reportwerkzeuge

Automatisch generierte Reports basieren häufig auf Unternehmenskennzahlen. Die Hierarchie dieser auf Grundlage der DWH-Datenbasis generierten Kennzahlen ist dabei in den Metadaten des DWH-Systems hinterlegt (beispielsweise als Kennzahlenpyramide). Das Status- oder Reportwerkzeug bietet dem Benutzer Zugriff auf diese erläuternden Informationen zur Entstehung und Bedeutung der einzelnen Kennzahlen.

Oft bieten sogenannte Ampelfunktionen in einem MIS vor allem den oberen Führungsetagen und auch dem Controlling einen schnellen Überblick über die wichtigsten Unternehmenskennzahlen (vgl. Abschnitt 4.1.1). Im Falle des Über- oder Unterschreitens von vorgegebenen Schwellwerten springt die grafisch visualisierte „Ampel" in einen gelben oder roten Zustand über und weist so auf einen außergewöhnlichen Vorfall hin. Die Ampelfunktion hat sich im Einsatz bewährt.

Nachdem der betriebliche Entscheider durch die Ampelfunktion auf einen außergewöhnlichen Vorfall hingewiesen wurde, beginnt der Vorgang der eigentlichen Informationsrecherche. Der EIB kann die im Zuge dieser Recherche benötigten Informationen beschaffen. Dazu gehören nicht nur erläuternde Zahlenreihen, sondern auch Informationen zur Entstehung einer Kennzahl in Form von Dokumenten.

---

[202] Das Java Development Kit ermöglicht ab der Version 1.2 die Nutzung der üblichen Desktop-Dienste wie beispielsweise Drag & Drop und die „Zwischenablage" zum einfachen Datenaustausch zwischen verschiedenen JAVA-Applets innerhalb eines Browsers und auch zwischen Browser und Desktop. Die Verwendung dieser standardisierten Dienste erleichtert die Entwicklung Browser-gestützter Intranet-Anwendungen und wird sich in diesem Bereich mit Sicherheit auf breiter Ebene durchsetzen.

Erfassung des Problemkontextes

Zur Erfassung und Beschreibung des Problemkontextes werden Metadaten herangezogen und dem EIB als Informationsnachfrage übermittelt. Die Metadatenabbildung der Kennzahlenpyramide stellt die der Nachfrage zugrundeliegende Ontologie dar. Der EIB kann bei der Interpretation der Informationsnachfrage diese Daten heranziehen und auf diese Weise den Parametersatz erweitern.

Format der nachgefragten Daten

Aus dem Kontext eines Status- oder Reportsystems heraus werden typischerweise Dokumente zur Unterstützung der Beschreibung von Kennzahlen abgefragt. Da Kennzahlen jedoch oft miteinander und immer über einen längeren Zeitraum verglichen werden müssen, ist die zusätzliche Nachfrage nach quantitativen Daten wesentlich. Ist das Reportsystem nicht in der Lage, die angeforderten Zahlenreihen grafisch darzustellen, so kann diese Funktion auch vom OLAP-Werkzeug übernommen werden, das dazu die Daten vom EIB zur Verfügung gestellt bekommt.

Die Nachfrage nach quantitativen und qualitativen Daten zur Erforschung von Kennzahlenvorfällen beschränkt sich in der Regel auf Daten der Unternehmensdatenbasis. Regelmäßig publizierte Berichte können mit Hilfe des EIB-Einsatzes um Daten über beispielsweise den Markt und die Konkurrenten angereichert werden.

Weitergabe des Problemkontextes

Der vom Status- und Reportsystem erzeugte und eventuell durch den Benutzer ergänzte Parametersatz wird an den EIB übertragen.

Interaktive Benutzerschnittstelle

Der EIB besitzt per Metadaten Zugriff auf die Kennzahlendefinitionen und kann dem Informationsnachfrager „ähnliche" Kennzahlen vorschlagen oder ihn auf vergleichbare außergewöhnliche Vorfälle im Problemkontext hinweisen.

Importfunktion

Status- und Reportsysteme sollten grundsätzlich erweiterbar sein. Idealerweise kann ein Benutzer individuelle Kennzahlen und Abfragen definieren. Per OLAP oder Data Mining kann der Benutzer beispielsweise bedeutsame Datenrelationen aufspüren und deren Beschreibung dem Reportsystem mittels einer Importfunktion zur weiteren „Beobachtung" übertragen.

Exportfunktion

Ein Status- oder Reportsystem kann zur Reporterstellung im EIB mit dem Export von beispielsweise Abbildungen der Kennzahlendefinitionen (z.B. in Form von Kennzahlenpyramiden) beitragen.

5.2.2.4 Data Mining

Data Mining-Vorhaben werden klassischerweise in Form von Projekten durchgeführt. Die dabei benötigten fundierte betriebswirtschaftlich-fachlichen, systemtechnischen bzw. mathematisch-statistischen Kenntnisse werden dabei in der Regel von Mitarbeitern der Fachabteilung und der EDV-Abteilung bzw. oftmals von unternehmensexternen Beratern eingebracht.

Ein projektorientiertes Vorgehen beim Data Mining hat seine Berechtigung bei der Verarbeitung einer großen Menge von Daten, beispielsweise im Zuge der Klassifizierung oder Segmentierung von Kunden.

Nach Abschluß des Data Mining-Prozesses[203] sind durch den Benutzer die trivialen Aussagen aus der generierten Hypothesenmenge zu entfernen und komplexe Verschachtelungen von Aussagen aufzulösen.

Erfassung des Problemkontextes

Die verbleibenden nichttrivialen Hypothesen sind auf ihre Glaubwürdigkeit zu evaluieren.

Beispiel 5.7: Beispiel einer generierten nichttrivialen Hypothese

35 Prozent der Kunden zwischen 25 und 35 Jahren, die mehr als DM 6500.- brutto verdienen, haben einen Bausparvertrag abgeschlossen.

Die Evaluation der Hypothesen nimmt der Anwender beispielsweise mit Hilfe von OLAP-Werkzeugen vor. Jede einzelne Hypothese beschreibt einen Sachverhalt, der als Parametersatz formuliert werden kann.

Format der nachgefragten Daten

Die zur Erklärung einer Hypothese herangezogenen Dokumente können von inner- und außerhalb der Unternehmung stammen.

---

[203] Der Data Mining-Prozeß wurde bereits ausführlich in Abschnitt 4.1.3 erläutert.

Die zur Überprüfung der Hypothesen angeforderten quantitativen Daten können - ähnlich wie oben bei der Formatdefinition der Status- und Reportsysteme beschrieben - vom Data Mining-Werkzeug oder auch vom OLAP-Werkzeug untersucht werden.

Weitergabe des Problemkontextes

Die Beschreibung des Problemkontextes wird in der Regel zu detailliert ausfallen und nochmals vom Benutzer zu überarbeiten sein, bevor sie an den EIB weitergegeben wird.

Der Parametersatz wird vom Data Mining-Werkzeug generiert. Der EIB und der Benutzer haben die Möglichkeit, den Parametersatz weiter zu überarbeiten. Beispiel 5.7 wird mit Hilfe von Kategorisierungen beschrieben (vgl. Tab. 5.3).

Merkmal	Attributtyp	Ausprägung
Dimension	Produkt	Bausparvertrag
Dimension	Kunde	Kundenalter = Typ 3
Dimension	Kunde	Bruttoverdienst = Typ 4
Metrik	Anteilsfunktion	bezogen auf Gesamtkunden

Tab. 5.3: Umsetzung einer Data Mining-Hypothese als Parametersatz

Interaktive Benutzerschnittstelle

Der einer Hypothese bzw. der Data Mining-Untersuchung zugrundeliegende Problemkontext kann vom Anwender manuell nachkorrigiert werden, bevor der EIB die Informationsnachfrage an die Info Agenten weitergibt.

Importfunktion

Vor dem Start der Data Mining-Verfahren müssen innerhalb eines relevanten Ausschnittes des Datenbestandes die interessanten abhängigen Variablen und die Schlüssel der Datensätze festgelegt werden. Diese Definition kann auch von außerhalb des Data Mining-Werkzeuges - beispielsweise mit Hilfe von OLAP-Werkzeugen - erfolgen und importiert werden.

Exportfunktion

Die vom Data Mining-Werkzeug aufgestellten Hypothesen sind an den EIB zu übergeben und können dort als Report aufbereitet über das Unternehmensintranet den Mitarbeitern zugänglich gemacht werden.

5.2.3 Internet- und Intranet-Informationsressourcen

Standen in den bisherigen Ausführungen die nachfragenden Informationskomponenten im Vordergrund, konzentrieren sich die nachfolgenden Ausführungen auf die liefernden Informationsressourcen.

Die Informationsressourcen werden durch die Info Agenten gekapselt, welche die Informationsnachfragen vom Meta Agenten entgegennehmen. Alle vom Meta Agenten ausgewählten und in einer Wissensdomäne liegenden Info Agenten erhalten dieselbe, in ein ACL-Protokoll eingebettete, Informationsnachfrage als Parametersatz. Der Info Agent übernimmt mit seiner lokalen Intelligenz (soweit vorhanden) die Interpretation der Informationsnachfrage und ist für die Recherche verantwortlich. Zur Vermeidung von Fehlinterpretationen wird dem Informationsnachfrager die Möglichkeit gegeben, vor dem Start der Recherche das Interpretationsergebnis des Info Agenten zu revidieren.

Die Kommunikation zwischen Info Agenten und ihren zugeordneten Informationsressourcen folgt einem einheitlichen Schema. Die grundlegenden Methoden und Eigenschaften der Info Agenten können in Form einer objektorientierten generischen Klasse gekapselt werden. Sämtliche Info Agenten beerben diese generische Klasse um diese zur Kommunikation erforderlichen grundlegenden Fähigkeiten[204].

In Abschnitt 5.2.1.3 wurden bereits grob verschiedene Typen von Info Agenten abgegrenzt. In Anlehnung an Stockmann[205] werden im folgenden die verschiedenen Typen von Info Agenten aufgeführt und gegeneinander durch Betrachtung des Kriteriums Agency abgestuft. Ein Info Agent mit einer hohen Typennummer stellt in seiner Funktionalität eine Obermenge eines geringer eingestuften Info Agenten dar und besitzt dessen Eigenschaften und Methoden.

Info Agent Typ 1

In seiner einfachsten Form kapselt der Info Agent des Typs 1 die ihm zur Verfügung stehende Informationsressource. Die Inhalte der vom Meta Agenten empfangenen Informationsnachfragen werden ohne Änderung an die Rechercheinstanz der Informationsressource weitergegeben.

---

[204] Eine ähnliche Kapselung wurde bereits für das Kontext-Interface der Informationskomponenten beschrieben (vgl. Abschnitt 5.2.1.1).

[205] Stockmann zeigt, daß „die Anforderungen an die Architektur eines elektronischen Agenten mit abnehmendem Strukturiertheitsgrad der Marktinformation wächst" [Stockmann 98, S. 173f]. Je strukturierter die Information ist bzw. je abgeschlossener die Informationsressource des Agenten definiert ist, desto weniger „Intelligenz" benötigt der Agent zur Informationsrecherche. Die nachfolgend aufgeführte Typisierung der Info Agenten orientiert sich an dieser Aussage.

Der Info Agent vom Typ 1 implementiert sämtliche Methoden der generischen Klasse:

- Annahme einer ACL-Nachricht

- Extrahieren des Parametersatzes aus der ACL-Nachricht

- Extrahieren der Ontologie aus dem Parametersatz

- Extrahieren der Suchparameter aus dem Parametersatz

- Extrahieren von Formatangaben aus dem Parametersatz

- Absetzen von Recherchen

- Empfangen von Rechercheergebnissen

- Zusammenfassung der Rechercheergebnisse

- Rückgabe der Rechercheergebnisse per ACL-Nachricht

Info Agent Typ 2

Der etwas weiter entwickelte Info Agent vom Typ 2 übernimmt zusätzlich die Funktion eines Protokollumsetzers. Ein Info Agent vom Typ 2 wird eingesetzt zur Kapselung einer Informationsressource, die über die übliche WWW-Schnittstelle einer Internet-Suchmaschine nicht angesprochen werden kann, beispielsweise einer Online-Datenbank mit einem proprietären Kommunikationsprotokoll per Modemverbindung. Diese Art von Info Agent besitzt „Kenntnisse" über die Möglichkeiten des Verbindungsaufbaus und der laufenden Kommunikation mit der Informationsressource und erweitert die Fähigkeiten des Typ-1-Agenten.

Info Agent Typ 3

Der Info Agent vom Typ 3 fungiert als eigenständiger Rechercheur. Er führt eigene Recherchen durch und greift dabei auf Inhalte seiner Informationsressourcen zu. Diese Ausprägung des Info Agenten ist dort im Einsatz, wo die Informationsressource keine Recherchefunktionaliät besitzt oder diese unzureichend implementiert ist. Die vom Info Agenten erworbenen Informationen über die ergiebigsten Informationsressourcen können im Info Ressourcen Repository abgelegt werden. Der Info Agent vom Typ 3 erweitert die Fähigkeiten des Typ-2-Agenten um Methoden zur Verwaltung von mehreren Informationsressourcen und zur Recherche auf den Informationsressourcen.

Info Agent Typ 4

Der Typ-4-Info Agent kann auch andere Info Agenten mit der Recherche beauftragen. Zusätzlich besitzt der Info Agent des Typs 4 Methoden zur Implementierung von Verhandlungsstrategien mit anderen Info Agenten. Mit der Vereinheitlichung von ACL ist damit zu rechnen, daß in Zukunft auf vielen kommerziellen Recherche-Webservern Agenten installiert sind, die dem suchenden Typ-4-Info Agenten als Ansprechpartner dienen können[206]. Diese entfernt stationierten Agenten kennen sich auf „ihren" Servern am besten aus und sind hervorragend in der Lage, schnell und zielbezogen Rechercheergebnisse anbieten zu können.

Ein Info Agent hält stets einen engen Kontakt zu der von ihm vertretenen Informationsressource[207]. Auf diese Weise kann er gleich nach Empfang der Informationsnachfrage beurteilen, ob die ihm zugeordnete Informationsressource zur Beantwortung geeignet ist oder nicht.

Die aufgeführten verschiedenen Info Agenten können in das Klassifikationsschema von IBM eingeordnet werden (vgl. Abb. 5.12). Die Info Agenten der Typen 1 bis 3 sind vor allem der Ausprägung „Interaktion mit Applikationen" und teilweise auch „Interaktion mit Daten" zuzuordnen. Ein Info Agent des Typs 4 ist der Ausprägung „Interaktion mit anderen Agenten" und teilweise auch der Ausprägung „Verhandeln mit anderen Agenten" zuzuordnen.

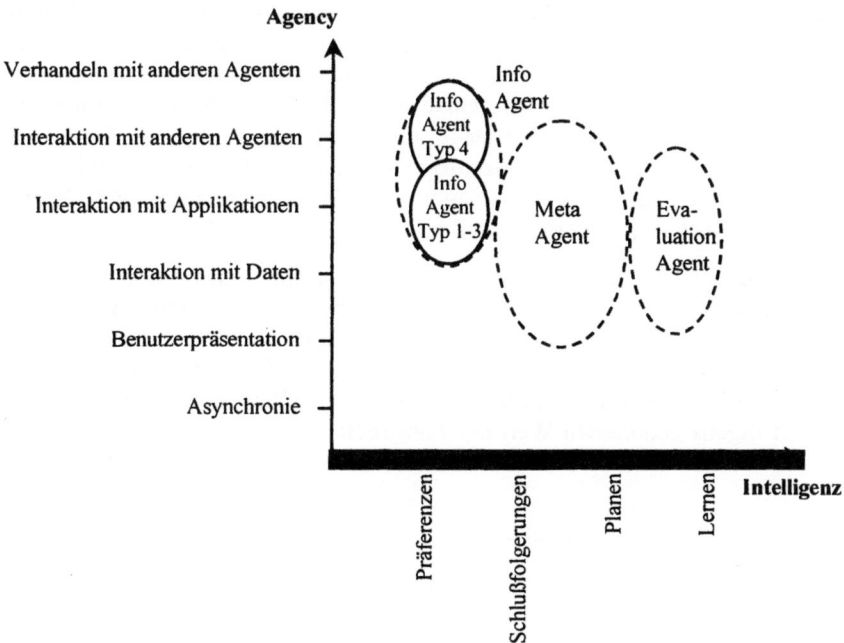

Abb. 5.12: Einordnung der Info Agenten-Typen in das IBM-Klassifikationsschema

---

[206] Die Liste der Web-Server mit Agentenunterstützung kann vom Typ 4-Agenten im Info Ressourcen Repository abgelegt werden.

[207] Erst dem Info Agent ab der dritten Stufe stehen bei Bedarf mehrere Informationsressourcen zur Verfügung.

Die folgenden Abschnitte beschreiben die bedeutendsten Informationsressourcen des Internet und des Intranet[208]. Suchmaschinen, News-Server und Push-Services sind sowohl im Internet als auch im Intranet nutzbar. Alle anderen aufgeführten Informationsressourcen finden sich entweder im Internet oder im Intranet[209].

Im Vordergrund der Betrachtung der verschiedenen Ressourcen steht die Kapselung des Zugriffes durch Info Agenten.

5.2.3.1 Suchmaschinen

Suchmaschinen durchsuchen und indizieren in regelmäßigen Abständen das Internet und werden auch im Intranet eingesetzt. Wesentliche Inhalte des jeweiligen Netzes werden in umfangreichen Index-Datenbanken abgelegt. Diese kann der Informationsnachfrager zu späteren Zeitpunkten in seine Informationsrecherche einbeziehen.

Internet-Suchmaschinen sind oft die einzige Möglichkeit, die Informationsrecherche im Internet zu starten. Das Internet hat im Gegensatz zum unternehmensinternen Intranet keine - wie auch immer geartete - hierarchische Gesamtstruktur (und damit auch keinen definierten Einstiegspunkt) [vgl. Hoppe/Kracke 98, S. 400]. Suchmaschinen lassen sich gemäß ihres internen Aufbaus und ihrer Funktionsweise nach verschiedenen Kategorien ordnen [vgl. Schranner 98, S. 60ff]. Verschiedene Suchmaschinen konzentrieren sich auf bestimmte Web-Inhalte oder beschränken ihre Suche auf Web-Seiten einer bestimmten Sprache[210]. Suchmaschinen sind auch in Intranets sinnvoll einsetzbar.

Eine sogenannte Multi-Suchmaschine nimmt Informationsnachfragen entgegen und beauftragt eine Reihe von Suchmaschinen mit der Durchführung der eigentlichen Recherche. Die Ergebnisse der verschiedenen Suchmaschinen werden auf Redundanzen überprüft und einer Relevanz-Gewichtung unterzogen [vgl. Teuteberg 97, S. 381]. Die Ergebnisse einer Recherche werden dem Nachfrager auf einer eigens generierten Web-Seite angeboten. Der Benutzer formuliert seine

---

[208] Eine umfangreiche Auflistung konkreter wirtschaftsrelevanter Datenquellen des Internet findet sich bei [Uhr/Kosilek 99].

[209] Schranner bietet eine Auflistung der Unterschiede zwischen Internet und Internet [vgl. Schranner 98, S. 52ff].

[210] Die Suchmaschine Paperball [http://www.paperball.de] der Electronic Media Services (EMS) des Verlagshauses Gruner und Jahr durchsucht und indiziert die Inhalte von über 40 deutschen Tageszeitungen und ermöglicht so eine tagesaktuelle Recherche. Die Suchmaschinen Paperboy [http://www. paperboy.de] und Newscan-Online [http://www.new scan-online.de] verfolgen einen ähnlichen Ansatz.

Die Suchmaschine Altavista [http://www.altavista.digital.com] sucht auf Wunsch nur nach Web-Seiten einer bestimmten Sprache.

Informationsnachfrage in Form einer Abfragesprache auf Basis der booleschen Algebra [vgl. König et al. 99, S. 147f].

Suchmaschinen und Multisuchmaschinen stellen sehr effiziente Instrumente zur Informationsrecherche im Internet und im Intranet dar. Die Mächtigkeit der Abfragesprache sichert die universelle Einsetzbarkeit auch für den Einsatz in der Information Workbench.

Die Kapselung einer (Multi-) Suchmaschine erfolgt im einfachsten Fall durch einen Info Agenten vom Typ 1. Die Aufgabe des Suchmaschinen-Info Agenten erschöpft sich in der Weitergabe des aus der ACL-Nachricht extrahierten Parametersatzes an die Suchmaschine und der Rückmeldung des Ergebnisses als Hyperlink. Die Funktionalität einer Suchmaschine kann auch in einem Info Agenten vom Typ 3 gekapselt werden. Ein solcher Info Agent sucht als eigenständiger Rechercheur in den ihm zur Verfügung stehenden Datenquellen.

In Abschnitt 5.2.6 wird die Kapselung von Suchmaschinen durch Softwareagenten am Beispiel des JumpOne-Systems ausführlich beschrieben.

5.2.3.2 Einsatz von Lotus Notes-Datenbanken

Das System Notes der Firma Lotus ermöglicht den Aufbau eines strukturierten und datenbankbasierten Intranets zu Verwaltung von Dokumenten jeglicher Art. Das Lotus Notes-System stellt für Benutzer und Anwendungssysteme eine Reihe von Recherchefunktionen für den Zugriff auf die in der strukturierten Datenbank abgelegten Dokumente zur Verfügung[211]. Die jüngsten Versionen von Lotus Notes unterstützen die Präsentation der generierten Rechercheergebnisse per Web-Seite.

Über die Knöpfe „Suche in Lotus Notes" und „Eingabe in Lotus Notes" im Arbeitsbereich des JumpOne-Client besitzt der Anwender eine direkte Zugriffsmöglichkeit auf die Notes-gestützte Dokumentendatenbank[212]. Zum aktuellen Problemkontext kann dort ein Kommentar eingegeben werden. Die Suchfunktion ermittelt anhand der Suchbegriffe des Problemkontextes weitere relevante Dokumente.

---

[211] Die Lotus Notes-Standardsuchfunktionen der Volltextindizierung von Notes-Dokumenten sind durch eigene Suchmasken und Suchdatenbanken wesentlich erweiterbar [vgl. Fischer 98, S. 103ff].

[212] Über diesen Zugang kann der Anwender direkt auf Inhalte der Lotus Notes-Datenbank lesend und schreibend zugreifen. Der Zugriff auf die Notes-Datenbank wird dabei nicht durch Agenten gekapselt. Das nachfolgend beschriebene Beispiel dient ausschließlich der Veranschaulichung möglicher Notes-Inhalte.

168

Fortsetzung von Beispiel 4.5 aus Abschnitt 4.1.2.4:

Der Filialleiter konnte mit Hilfe der JumpOne-OLAP-Funktionen die Umsatzzahlen seiner Mitarbeiter sehr rasch und detailliert analysieren. Offen blieb allerdings die Frage, warum der Mitarbeiter „Maier Peter" in den letzten drei Wochen des Monats Januar 1997 überhaupt keinen Umsatz tätigte. In der Notes-Datenbank befindet sich ein Memo zu diesem Thema.

Ein Druck auf den Knopf „Suche in Lotus Notes" bringt - unter anderem - das gewünschte Ergebnis und stellt die Ausgabe des Notes-Servers im unteren Teil des Client-Fensters dar (vgl. Abb. 5.13). Voraussetzung hierfür ist die Eingrenzung des Problemkontextes durch den Benutzer in der OLAP-Grafik[213].

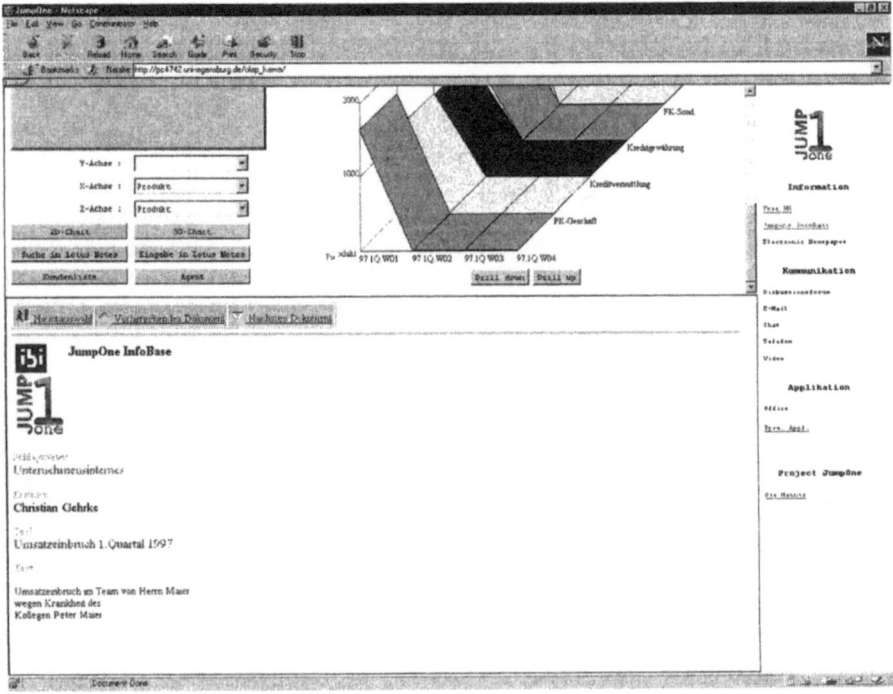

Abb. 5.13: Notes-Dokument zum aktuellen Problemkontext

Die Notes-Suchfunktionen sind vergleichbar mit den Funktionen einer nichtstrukturierten Intranet-Suchmaschine und können durch den Einsatz eines Info Agen-

---

[213] Die grafische Eingrenzung des Problemkontextes wurde in Abschnitt 5.2.2.2 beschrieben.

ten des Typs 1 ausreichend gekapselt werden[214]. Ein Notes-Info Agent gibt den der ACL-Nachricht entnommenen Parametersatz an die Notes-Recherchefunktionen weiter und übermittelt den Hyperlink auf die Rechercheergebnisse zurück an den Meta Agenten.

5.2.3.3 Informationsressource Elektronic Document Management System

Elektronische Dokumenten Management-Systeme (EDM-Systeme) sind spezialisiert auf die Ablage und das Wiederfinden von Dokumenten unterschiedlichen Typs und unterschiedlicher Herkunft. Faksimile, Formulare, Dokumente aus der Textverarbeitung oder Tabellenkalkulation, Präsentationen, Images (beispielsweise gescannte Papierdokumente), Grafiken, Illustrationen, Sprach- und Videoclips können vom Benutzer über moderne EDM-Systemen aus einer Applikation heraus gesucht und abgefragt werden [vgl. Malkow 97; Christ 96].

Die Suche und der schnelle Zugriff nach den in einer Bank täglich anfallenden großen Mengen von Dokumenten ist nur durch den Einsatz von EDM-Systemen möglich[215]. Die von den EDM-Systemen angebotenen Suchdienste umfassen in der Regel sowohl eine Volltext- als auch eine Schlagwort-Recherche, so daß sich der Informationsnachfrager, selbst wenn er nur eine vage Idee vom Inhalt des Dokuments hat, schnell und umfassend informieren kann. Moderne EDM-Systeme besitzen eine Schnittstelle zum Intranet, so daß der Anwender seine Recherchen per WWW-Browser durchführen kann[216].

Die in einer Unternehmung anfallenden Dokumente lassen sich unterteilen in drei Arten [vgl. Kalakota/Whinston 96, S. 454]:

- **Ad Hoc Dokumente**

  Betriebliche Entscheider produzieren Briefe, Memos, Reports und Anweisungen in schriftlicher Form, die sich in Inhalt und Form stark voneinander unterscheiden und nicht in einen Rahmen pressen lassen. Der Inhalt dieser Dokumente steht im Vordergrund.

---

[214] Der Zugriff auf eine durch Softwareagenten gekapselte Notes-Datenbank innerhalb des Jumpone-Systems wird in Abschnitt 5.2.6 beschrieben.

[215] Die bei der Bankers Trust Co. New York, der siebtgrößten Bank in den USA, täglich anfallenden Tausende von Dokumenten werden von einem EDM-System verwaltet, deren Einführung sich nach 9 Monaten amortisiert hat [vgl. Malkow 97]. Die bei der Bank of Boston (unter den Top-15-US-Banken) jedes Jahr anfallende Menge von 1 Million Dokumente wird zusammen mit den 80000 Kundenakten der 35 weltweiten Niederlassungen von einem EDM-System verwaltet, auf das 1000 Kreditsachbearbeiter Zugriff besitzen [vgl. Pfeiffer 97].

[216] Das EDM-System der Kreissparkasse Hannover basiert auf einer Intranet-Lösung und ermöglichte 1998 rund 1400 Anwendern den Zugang zu Dokumenten [vgl. o.V. 98c, S. 85].

- **Prozesspezifische Dokumente**

  In der operativen Ebene des Unternehmensgeschäftes fallen die meisten Dokumente an. Diese Dokumente lassen sich hinsichtlich Inhalt und Form leicht typisieren.

- **Wissensorientierte Dokumente**

  Technische Dokumentationen, Kataloge und Produktinformationen unterliegen einer zentralen Kontrolle und haben im betrieblichen Gebrauch eher den Charakter von Nachschlagewerken.

Für den Zugriff aus der Information Workbench sind Ad Hoc Dokumente und wissensorientierte Dokumente am wichtigsten, da sie dem betrieblichen Entscheider auf einer aggregierten Ebene Sachverhalte erläutern und unterstützend wirken können.

Die vom EDM-System angebotenen Programmierschnittstellen sind per Info Agenten vom Typ 2 zu kapseln. Der Info Agent kann die dem Rechercheauftrag zugrundeliegende Ontologie mit der Schlagwort-Hierarchie des EDM-Systems abstimmen. Viele EDM-Systeme unterstützen die Suche in der verschlagworteten Dokumentenbasis durch einen EDM-Thesaurus, der bei der Generierung von „passenden" Synonymen behilflich ist. Parallel dazu kann sich der Info Agent der EDM-Volltextrecherche bedienen[217].

5.2.3.4 Informationsressource CD-Rom

Die CD-Rom ist ein preisgünstiges Medium zur Speicherung von großen Datenmengen. Der Zugriff (wahlfrei und auch sequentiell) auf die Daten der CD-Rom ist sehr schnell, das Medium sehr robust. Die CD-Rom wird aufgrund dieser Voraussetzungen häufig als Offline-Medium zur Datenrecherche eingesetzt[218] (vgl. Abb. 5.8).

CD-Rom-Inhalte sind quantitative oder qualitative Daten, die eine gewisse Zeitdauer ihre Gültigkeit behalten. Als Vertreter der quantitativen Daten stehen beispielsweise per CD-Rom-Abonnement Daten des statistischen Bundesamtes, der statistischen Landesämter, der Industrie- und Handelskammern u.a. zur Verfügung. Qualitative Daten sind oft in Form von Artikeln, Berichten, Fachaufsätzen

---

[217] Die handelsüblichen Dokumentenverwaltungssysteme unterstützen den Standard ODMA (Open Desktop Management API) zum Austausch von Dokumenten mit den handelsüblichen Office-Programmen. Über die standardisierte ODMA-Schnittstelle können die Recherchefunktionen angestoßen werden [vgl. Fischer 98, S. 106]. ODMA ab der Version 2.0 bietet einen Zugriff per HTTP und ermöglicht Abfragen aus dem Internet und dem Intranet.

[218] Weltweit existieren nach Schätzungen des Berufsverbandes Deutsche Gesellschaft für Dokumentation ca. 6000 auf CD-Rom publizierte Datenbanken (Stand: Ende 1996) [vgl. Ballauf 96].

u.ä. auf CD-Roms von Verlagen (beispielsweise Handelsblatt), Wirtschaftsverbänden und kommerziellen Informationsdienstleistern (beispielsweise Reuters) vertreten [vgl. Heinrich/Roithmayr 95, S. 591ff].

Die Daten sind auf den verschiedenen CD-Roms in jeweils unterschiedlichen Formaten abgelegt und mittels eines in der Regel proprietären Abfragesystems zugreifbar. Die Abfragefunktionen eines solchen Systems sind entweder durch einen Info Agenten vom Typ 2 zu kapseln oder durch einen Info Agenten vom Typ 3 in eigener Regie zu realisieren. Der Info Agent läuft auf der Maschine, die den physischen Lesezugriff auf die CD-Rom durchführt (also entweder auf dem lokalen PC oder auf einem CD-Rom-Server).

5.2.3.5   Nutzung kommerzieller Online-Datenbanken

Im Mittelpunkt der bisherigen Betrachtungen standen unternehmensinterne Informationsressourcen. Der Zugriff auf kommerzielle, unternehmensexterne Datenbanken ist zur professionellen Informationsbeschaffung aus einer Information Workbench heraus unerläßlich. Hochaktuelle Daten von Nachrichten- und Wirtschaftsdiensten sind dem Informationsnachfrager über Online-Datenbanken zugänglich [vgl. Kerscher 98, S. 127ff; Grebe 98, S. 33ff].

Der Begriff der „Online"-Datenbanken ergibt sich aus dem Zugriff auf diese unternehmensexternen Informationsdatenbanken per Modem. Während einer solchen „Sitzung" besteht eine exklusive leitungsorientierte Verbindung zur entfernten Datenbank. Abfragen an eine Online-Datenbank werden in der Regel im Dialog zwischen Anwender und System formuliert [vgl. Mertens et al. 91, S. 68].

Der Zugang zu kommerziellen unternehmensexternen Datenbanken wird im Zuge der weltweiten Vernetzung zunehmend dem Internet geöffnet [vgl. Gluchowski 97, S. 49]. Der Datenbankzugang per Modem wird in der Zukunft eine immer geringere Rolle spielen.

Kommerzielle Informationsanbieter bieten oft Zugang zu mehreren speziellen Datenbanken[219]. Weltweit existieren rund 10.000 dieser professionellen Datenbanken [vgl. Brauer 98, S. 52]. Jeder kommerzielle Informationsanbieter bietet

---

[219] Die vier Anbieter FIZ-Technik, Genios (Verlagsgruppe Handelsblatt), Dialog und Data-Star (beide zum Medienkonzern Knight-Ridder gehörend) verfügen zusammen schon über mehr als 1500 Datenbanken. FIZ-Technik speichert über 24 Millionen Fachartikel aus 1200 internationalen technisch-wissenschaftlichen Publikationen. Genios konzentriert sich mit seinem Angebot von Marktinformationen und Marktanalysen überwiegend auf den deutschen Bereich und bietet zusätzlich bis zu 15 Jahre zurückreichende Pressearchive etwa von Handelsblatt, Wirtschaftswoche, Spiegel, Zeit, verschiedenen Regionalzeitungen sowie spezialisierten Fachsammlungen und weiteres mehr. Dialog und Data-Star bieten neben Wirtschafts- und Firmenprofilen und naturwissenschaftlichen Inhalten auch Informationen zu Patenten, Warenzeichen sowie Zugriff auf zahlreiche nationale und internationale Zeitschriften, Magazine und Fachpublikationen.

über eine eigene Abfragesprache eine proprietäre Schnittstelle zu den Informationsinhalten[220]. Der menschliche Informationsnachfrager hat sich nach den Besonderheiten der Datenbank-Abfragesprache auszurichten. Im besonderen wird er die Besonderheiten der Abfragesprache erlernen müssen. Dies führt zu einer Einschränkung der wechselnden und parallelen Nutzung mehrerer Online-Datenbanken.

Kommerzielle Informationsdienstleister bieten die folgenden Typen von Datenbanken an [vgl. Brauer 98, S. 55; Mertens et al. 91, S. 69]:

- **Referenz-Datenbanken**

  Dieser Datenbanktyp beinhaltet Literaturhinweise unter Angabe von Schlagworten und Angaben wie Autor, Titel, Sachgebiet.

- **Numerische und Fakten-Datenbanken**

  Technische und Wirtschafts-Kennzahlen aber auch Zeitreihen zu Branchen und Regionen sind der Inhalt dieser Art von Datenbank.

- **Volltext-Datenbanken**

  Volltext-Datenbanken beinhalten in der Regel den vollständigen Text der Literatur.

- **Nachweise-Datenbanken**

  Diese Art von Datenbank bietet Informationen zu Produkten und Firmen und beinhaltet eine umfangreiche Sammlung von Konferenzterminen, Messen und ähnlichen Veranstaltungen.

Durch den Einsatz von Info Agenten kann die Informationsrecherche in Online-Datenbanken betrieben werden, ohne daß der Informationsnachfrager die verschiedenen Retrievalsprachen lernen muß.

Die Informationsnachfrage eines Info Agenten bei einer Online-Datenbank bedarf der Abstimmung bezüglich des Parametersatzes. Online-Datenbanken bieten standardmäßig umfangreiche Thesauren an, die zur Abstimmung der Informationsnachfrage mit den Schlagwörtern der Datenbank herangezogen werden können. Ein Info Agent, der den Zugriff auf eine Online-Datenbank kapselt, gehört zum Typ 2 und fungiert primär als Protokollumsetzer. Für jede Retrievalsprache ist dazu ein eigener Info Agent mit einer passenden Schnittstelle zu entwerfen. Der Info Agent wird auf dem lokalen Rechner ausgeführt.

Der Online-Datenbank gegenüber tritt der Info Agent als ein sogenannter Offline-Reader auf, der im Rahmen des Abfrageprotokolls seine Informationsnachfrage absetzt und die Rechercheergebnisse anschließend in Empfang nimmt. Auf diese

---

[220] Die Dokumenten-Recherche in Online-Datenbanken erfolgt anhand von Deskriptoren und deren Verknüpfungen durch boolesche Operatoren [vgl. König et al. 99, S. 147f].

Weise können die variablen Kosten der Verbindungszeit zur Datenbank gering gehalten werden.

5.2.3.6 Nutzung von Newsgroups als Informationsressource

Newsgroups sind hierarchisch angeordnete, fachlich genau spezifizierte Kontakt- und Diskussionsforen. Jede Newsgroup besitzt innerhalb der News-Hierarchie eine aussagekräftige Bezeichnung[221]. Als Drehscheibe für hochaktuelle Meinungen und Tips bieten sie Informationen zu allen denkbaren Themengebieten [vgl. Hoppe/Kracke 98, S. 392; Schranner 98, S. 52].

Newsgroups werden auf speziellen News-Servern im Internet oder im Intranet vorgehalten. Internet-Newsgroups sind teilweise moderiert und ansonsten für jeden Internetnutzer frei zugänglich.

Der Zugang zu einem News-Server kann durch einen Info Agenten gekapselt werden. Ein Info Agent vom Typ 3 führt die News-Recherchen selbständig durch. Auf dem Markt verfügbare sogenannte Filteragenten [vgl. Schranner 98, S. 41] können durch einen Info Agenten vom Typ 4 mit der News-Recherche beauftragt werden[222].

5.2.3.7 Informationsressource DWH-Datenbasis

Bisher standen die dokumentenbasierten (qualitativen) Informationsressourcen im Vordergrund der Betrachtung. Die DWH-Datenbasis ist als Lieferant quantitativer Daten in der Information Workbench jedoch ebenfalls von großer Bedeutung. Dieser Abschnitt beschreibt den Zugriff eines Info Agenten auf die Informationsressource DWH-Datenbasis[223].

Der direkte Zugriff auf die DWH-Datenbank führt zu einem Info Agenten vom Typ 3 (eigenständiger Rechercheur). Das ist nicht sinnvoll, da die Optimierung der Anfragen und die eigentlichen Zugriffe auf die Datenbank in einer mehrschichtigen DWH-Architektur bereits vom OLAP-Server übernommen werden können, der diese Fähigkeiten den Applikationen der Benutzerschnittstelle zur Verfügung stellt.

---

[221] Newsgruppen, die sich mit der Wertpapieranlage resp. mit Aktien beschäftigen heißen „misc.invest. funds" bzw. „misc.invest.stocks" und stehen jedem Teilnehmer offen [vgl. Kerscher 98, S. 141].

[222] Der News-Agent AT1 durchsucht regelmäßig Newsgroups des Internets. Der Parametersatz kann aus Sätzen in natürlicher Sprache und Verknüpfungen durch Boolsche Algebra bestehen [vgl. www.at1.com].

[223] Ein Szenario zur Nutzung eines intelligenten Agenten zur Informationsrecherche in einer DWH-Datenbank wird grob von [Bold/Hoffmann/Scheer 97, S. 16] umrissen.

Die Kapselung des OLAP-Servers durch einen Info Agenten vom Typ 1 oder 2 stellt eine sinnvolle Lösung innerhalb einer mehrschichtigen Softwarearchitektur dar. Durch den Zugriff auf die Metadaten des DWH ist der Info Agent in der Lage, die Ontologie des vom Meta Agenten übermittelten Parametersatzes anzugleichen. Der OLAP-Server liefert auf Grundlage der abgeglichenen Parameter die geforderten quantitativen Daten.

Ein umfangreiches und sehr detailliertes Metadaten-Repository der DWH-Datenbank ist unbedingte Voraussetzung für das Funktionieren des Info Agenten. Der Info Agent wird auf dem lokalen Rechner ausgeführt. Dies ermöglicht Rückfragen an den Informationsnachfrager.

Die Kapselung des OLAP-Servers durch den Info Agenten ermöglicht sehr genaue Informationsnachfragen auf Grundlage einer einfachen und allgemeinen Schnittstelle. Auf diese Weise ist es möglich, den Zugriff auch auf Inhalte unternehmensexterner DWH-Datenbanken direkt in die DWH-Werkzeuge zu integrieren. Reports können beispielsweise durch aktuelle Brancheninformationen angereichert werden. OLAP-Werkzeuge können Vergleichsfunktionen auf Daten aus dem unternehmensinternen DWH und auf von Info Agenten beschafften unternehmensexternen Daten durchführen[224].

Der Zugriff auf die unternehmensexternen DWH-Datenbanken über Standard-Netzwerkprotokolle wird von einem Info Agenten des Typs 2 übernommen. Die Daten des beschreibenden Parametersatzes sind nicht sehr umfangreich. In der Regel sind die vom OLAP-Server zurückgelieferten Daten ebenfalls nicht sehr umfangreich (beispielsweise Zeitreihen). Auf diese Weise kann die Kommunikation zwischen Info Agent und OLAP-Server auch über teure oder langsame Verbindungen durchgeführt werden.

5.2.3.8 Push-Dienste des Internet und Intranet

In den bisherigen Ausführungen zu den Internet- und Intranet-Informationsressourcen stand bezüglich des Kriteriums der „Lieferung von Daten" des dreidimensionalen Klassifikationsschemas die synchrone Datenlieferung im Vordergrund.

Push-Dienste ermöglichen es Informationsnachfragern, interessante Informationskanäle des Internet und - soweit vorhanden - des Intranet auszuwählen. Im Anschluß an das „Informations-Abonnement" verteilt das Push-System in regelmäßigen Abständen beispielsweise per elektronischer Post ausgewählte Informationen an die registrierten Benutzer [vgl. Horstmann/Timm 98, S. 242ff]. Im Vordergrund steht hierbei die asynchrone Datenlieferung.

---

[224] OLAP-Werkzeuge greifen über den OLAP-Server auf die Inhalte des DWH zu. Der Einsatz von Info Agenten im oben beschriebenen Szenario ermöglicht nicht die Integration von unternehmensexternen DWH-Daten in die typischen OLAP-Funktionen. Vollständige OLAP-Funktionalität auf unternehmensexterne Daten wird erst durch die Einbindung dieser Daten in die unternehmensinterne DWH-Datenbank möglich.

Ausgelöst durch bestimmte Ereignisse (Unterschreiten eines Aktienkurses; Eintreffen von Nachrichten zu einem ganz speziellen Themengebiet) oder durch einen Zeitplan (beispielsweise jeden Montag morgen) versendet der unternehmensinterne Push-Dienst[225] Informationen aus dem Intranet und Internet an die verschiedenen Themen-Abonnenten[226]. Die Push-Nachrichten werden dabei über alle gängigen Kommunikationsmedien übertragen, die zumindest eine unidirektionale Übertragung von Zeichen zulassen[227].

Im Internet existiert eine Vielzahl von Push-Diensten, die ihre umfassenden Informationsdienste durch Werbung finanzieren[228]. Diese Systeme bieten im allgemeinen fachspezifische Push-Informationen zu verschiedenen Themengebieten an, die der Internet-Nutzer abonnieren kann. Der Internet-Nachrichtenanbieter PointCast bietet seit Mitte 1998 einen für Banken kostenlosen Push-Nachrichtenkanal an, der sich ausschließlich über begleitende Werbung finanziert[229].

Das Abonnieren eines Push-Dienstes des Internet und Intranet kann durch einen Info Agenten gekapselt werden. Der Info Agent wird dazu in einem Info Ressourcen Repository die verschiedenen zur Verfügung stehenden Push-Dienste gemäß ihren Wissensdomänen aufgeführt haben (vgl. Abschnitt 5.2.1.3). Anhand der Ontologie des Problemkontextes wird ein fachlich passender Dienst ausgewählt. Der Parametersatz wird zur Auswahl der Themengebiete herangezogen, der Anwender kann durch Nachfragen des Systems auf die Auswahl einwirken [vgl. Zapke 98, S. 50]. Im Einzelfall sind beim Abonnement noch zusätzliche Angaben zur Art der Push-Auslösung (Auslösung durch Alarmsituation oder durch zeitliches Ereignis) vorzunehmen.

---

[225] Push-Services - vielfach auch als Offline Delivery Agent bezeichnet - funktionieren nach dem Publish- & Subscribe Model [vgl. o.V. 98d]. Sie erstellen offline ein personalisiertes Informationsbündel im gewünschten Format und übermitteln es dem Benutzer auf dem gewünschten Kommunikationsweg [vgl. Schranner 98, S. 39].

[226] Die Deutsche Lufthansa AG setzt Push-Technologie für ihr unternehmensinternes Mitarbeiterinformationssystem auf der Basis von Intranet-Technik ein [vgl. Kurzidim 98].

[227] Als Empfänger von Push-Nachrichten kommen Fax, E-Mail, Handy-SMS und Pager in Frage [vgl. Stein 98, S. 65].

[228] Die meisten dieser kostenlosen Push-Dienste werden von Verlagen initiiert. Ein typisches Beispiel für einen kostenlosen Push-Service ist der „Informationsagent" der Zeitschrift „Bild der Wissenschaft", der per Internet (http://www.bdw.de) abonniert werden kann.

[229] Der Push-Service „Banking Insider" ist in Zusammenarbeit mit KPMG Peat Marwick entstanden [vgl. o.V. 98d; o.V. 97k].

Der Push-Dienst wird zur Informationssammlung ebenfalls Info Agenten der oben beschriebenen Art einsetzen können[230]. Liegt in der Unternehmung eine bewußte Informationskultur vor, so kann ein Push-Dienst auch zur asynchronen Verbreitung von Informationen der betrieblichen Mitarbeiter genutzt werden. Die Mitarbeiter können ihre Beiträge hierzu per elektronischer Post an verschiedene Informationskanäle senden.

Der nachfragende Info Agent vom Typ 4 wird mit dem Abonnement-Dienst des Push-Services interagieren und die Themengebiete aushandeln.

5.2.4 Bewertung der Erreichbarkeit von Daten

Voraussetzung für einen funktionsfähigen EIB ist der Zugriff auf verschiedene fachspezifische Info Agenten, welche die Adressen und Zugriffsparameter ihrer Informationsressourcen in Info Ressourcen-Repositories ablegen. Auf Basis der im Info Agenten Repository aufgeführten Zuordnungen der Info Agenten zu den verschiedenen Wissensdomänen spezifiziert der Meta Agent die Informationsnachfrage im Dialog mit dem Informationsnachfrager.

Der oben beschriebene Vorgang der durch den EIB unterstützten Informationsnachfrage aus den Data Warehousing-Werkzeugen heraus ist wichtigster Bestandteil der Entscheiderunterstützung in der Information Workbench.

Das Klassifikationsschema zur Erreichbarkeit von Daten aus Kapitel 4.2.3 wird in diesem Abschnitt zur Bewertung der oben besprochenen Informationslieferanten[231] herangezogen. Die Abb. 5.14 bildet die drei Kriterien **Lokation von Daten**, **Lieferung von Daten** und semantischer **Gehalt von Daten** in einem Mengendiagramm ab.

---

[230] Der Nachrichtendienst Newscan-Online durchsucht täglich mehrere hundert vorwiegend deutschsprachige Internet-Quellen und filtert die gefundenen Informationen in über 150 Branchenkategorien (http:// www.newscan-online.de).

[231] Zu den Informationslieferanten gehören die durch Info Agenten gekapselten und durch den EIB zugänglich gemachten Informationsressourcen und die klassischen Data Warehousing-Werkzeuge.

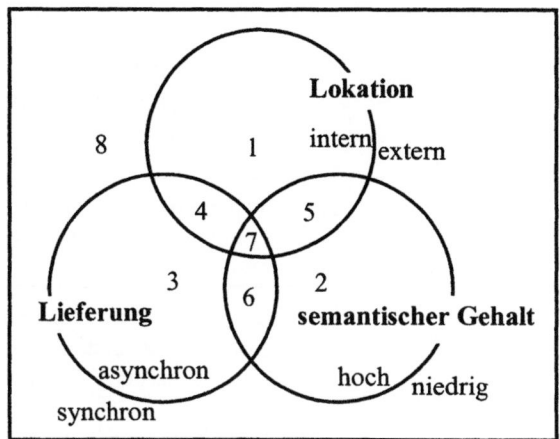

Abb. 5.14: Klassifikationsschema zur Erreichbarkeit von Daten

Innerhalb des Kreises „Lokation" werden die Informationslieferanten abgetragen, die Zugriff auf unternehmensinterne Daten haben. Außerhalb des Kreises befindliche Informationslieferanten besitzen ausschließlich Zugriff auf unternehmensexterne Daten.

Innerhalb des Kreises „Lieferung" befinden sich nur Informationslieferanten zur asynchronen Informationslieferung. Die außerhalb des Kreises befindlichen Informationslieferanten bieten dem Benutzer synchrone Informationsübermittlung.

In den Kreis „semantischer Gehalt" gehören Informationslieferanten, die Daten mit hohem semantischen Gehalt zur Verfügung stellen. Außerhalb des Kreises befindliche Informationslieferanten stellen Daten mit niedrigem semantischem Gehalt (strukturierte, quantitative Daten) zur Verfügung. Die Produktmenge über die drei Mengen ergibt die schon aus Abb. 4.10 bekannten acht verschiedenen Quadranten. Die Tab. 5.4 beinhaltet die Zuordnungen der verschiedenen Informationslieferanten zu den acht Quadranten[232].

---

[232] In den Abschnitten 4.1.1 bis 4.1.3 wurden die verschiedenen Data Warehousing-Werkzeuge beschrieben. Im Abschnitt 5.2.3 wurde auf die Informationsressourcen der Information Workbench eingegangen.

Quadrant	Klassische Data Warehousing-Werkzeuge	Durch EIB zugängliche Informationsressourcen
1	OLAP	DWH-Datenbasis per Info Agent, Lotus Notes-Datenbank, EDM-Systeme, Suchmaschinen
2		Kommerzielle Online-Datenbanken, CD-Rom, Lotus Notes-Datenbank, EDM-Systeme, Suchmaschinen, Newsgroups
3		Push-Dienste
4	Abfrage- und Reportsysteme	Push-Dienste
5	Data Mining	Lotus Notes-Datenbank, EDM-Systeme, Suchmaschinen
6		Push-Dienste
7		Push-Dienste
8		DWH-Datenbasis per Info Agent, Kommerzielle Online-Datenbanken, CD-Rom

Tab. 5.4: Zuordnungen der Informationslieferanten in das Klassifikationsschema zur Erreichbarkeit von Daten

Die Tabelle bietet einen Überblick über die Erweiterung der Daten-Erreichbarkeit durch die über den EIB in der Information Workbench zugänglich gewordenen Informationsressourcen.

Erreichbarkeit von Daten durch Einsatz der klassischen Data Warehousing-Tools

Tab. 5.4 läßt sich entnehmen, daß der Einsatz der klassischen Data Warehousing-Werkzeuge zur Informationsversorgung des betrieblichen Entscheiders nicht ausreicht, da sich jedes dieser Werkzeuge auf jeweils einen einzigen Quadranten konzentriert. Die Versorgung mit aktuellen, betrieblich relevanten (vor allem unternehmensexternen) Informationen muß durch die Nutzung zusätzlicher Informationsressourcen sichergestellt werden.

Manuelle Recherchen des Informationsnachfragers

Sämtliche oben beschriebenen Informationsressourcen stehen dem Informationsnachfrager parallel zur Nutzung der Data Warehousing-Werkzeuge durch manuelle Recherche zur Verfügung. Beispielsweise werden kommerzielle Online-
Datenbanken zur Abfrage quantitativer und qualitativer unternehmensexterner
Daten (2. resp. 8. Quadrant) eingesetzt.

Direkte manuelle Recherche im Internet und Intranet ist ebenfalls möglich. Durch
manuelle Recherche im Internet (2. Quadrant) beschafft sich der Informationsnachfrager beispielsweise qualitative Daten. Unternehmensinterne qualitative
Daten sind durch das Intranet zugänglich (5. Quadrant, beide Beispiele in der
Tabelle nicht aufgeführt[233]). Die Händische Webrecherche des Informations-
nachfragers startet sowohl im Internet als auch im Intranet meist mittels einer
Suchhilfe (Bookmarks, allg. hierarchischer Verzeichnisse, Themenkataloge,
Suchmaschinen/ Multisuchmaschinen, Besprechungsdienste, personalisierte Such-
hilfen). Im Internet werden am häufigsten Verzeichnisse (beispielsweise
Yahoo![234]) und Suchmaschinen (beispielsweise Alta Vista, Lycos[235]) eingesetzt[236].

**Erweiterung der Erreichbarkeit von Daten durch Integration der Informa-
tionsressourcen in den EIB**

In Tab. 5.4 ist deutlich eine umfangreiche Abdeckung aller Quadranten durch die
Informationsressourcen des EIB erkennbar. Der asynchronen Lieferung von Daten
sind ausschließlich die Push-Dienste zugeordnet, denen damit eine besondere Bedeutung zukommt. Die Quadranten der synchronen Lieferung von Daten werden
durch die restlichen Informationsressourcen sehr umfassend abgedeckt. Vor allem
die unternehmensexternen Daten und auch die durch die Data Warehousing-
Werkzeuge stark vernachlässigten qualitativen Daten werden durch die in den
EIB integrierten Informationsressourcen zugreifbar gemacht.

Die Integration der Informationsressourcen im EIB erweitert die Datenerreichbarkeit und macht die Informationsnachfrage für den Nicht-DV-Experten möglich.
Die Architektur der Information Workbench befreit den Informationsnachfrager
von unnötigem Ballast, wie z.B. die einzelnen Informationsressourcen zu verwalten und sich in deren Eigenheiten einzuarbeiten. Diese Arbeit wird vom Rechner
übernommen. Der Benutzer spezifiziert im Dialog mit dem EIB - zuerst mit dem

---

[233] Die manuelle Recherche im Internet bzw. im Intranet bezieht sich auf die Informationsbeschaffung außerhalb des EIB und auch außerhalb der klassischen DWH-Dienste und ist
aus diesem Grund in der Tabelle nicht aufgeführt.

[234] Vgl. http://www.yahoo.de

[235] vgl. http://www.digital.alta-vista.com bzw. http://www.lycos.de

[236] Schranner bietet einen Überblick über die typischen Suchhilfen [vgl. Schranner 98, S.
58ff].

Meta Agenten, im Zuge der weiteren Recherche dann mit den Info Agenten - den Problemkontext.

5.2.5 Neue Anbieter im Informationsgeschäft: Der Information Broker als unternehmensexterner kommerzieller Dienstanbieter

Der maschinelle EIB wird ohne das Einwirken eines Menschen den Problemkontext des Informationsnachfragers sehr häufig mißdeuten. Der unternehmensinterne EIB wird ohne menschliche Unterstützung in vielen Fällen keine passenden Informationsressourcen auffinden und anbieten können.

Der Aufwand zum Aufbau eines EIB-Systems und zur Erstellung und Pflege des Info Agenten- und des Info Ressourcen-Repositories ist nicht unerheblich. Viele Unternehmen werden den Aufwand zum Aufbau einer solch komplexen Information Workbench scheuen. Es ist deshalb zu erwarten, daß der Bedarf nach professionellen Information Brokern - vor allem für den Zugriff auf unternehmensexterne Daten - in nächster Zukunft stark zunehmen wird [vgl. Ballauf 96]. Die Dienste des Information Brokers stehen dem Informationsnachfrager als kommerzielle Leistung zur Verfügung. Der Information Broker bedient sich zur Informationsbeschaffung der oben aufgeführten Informationsressourcen, die er manuell oder unter Zuhilfenahme von Info Agenten abfragt.

Aus Gründen der Geschwindigkeit und der Standardisierung bietet sich eine einheitliche Schnittstelle vom Informationsnachfrager zum Information Broker an. Mit zunehmendem Bedarf nach Informationsdienstleistungen und der Tendenz zum Outsourcing werden elektronische Schnittstellen zum Information Broker angeboten werden. Für die informationsnachfragenden Unternehmen mit Zugang zum öffentlichen Datennetz besteht kein Unterschied mehr zwischen dem Zugriff auf einen unternehmensinternen EIB oder dem Zukauf einer unternehmensexternen EIB-Dienstleistung bei einem professionellen Information Broker[237]. Der Zugang zum Information Broker wird auf der Seite des Informationsnachfragers durch einen EIB-Adaptor vorgenommen, welcher die Informationsnachfragen über das Netz an einen oder mehrere Spezialisten weiterleitet. Kommerzielle Information Broker können ihre Dienstleistung über das Internet anbieten und dadurch global agieren.

Die Dienstleistung des Information Brokers wird sich von den herkömmlichen kommerziellen Online-Datenbanken durch einen größeren Bezug zum Problemkontext unterscheiden. Seriöse professionelle Information Broker spezialisieren

---

[237] Der Service IBI-Online ist ein Informationsdienst des Institutes für Bankinformatik und Bankstrategie an der Universität Regensburg und bietet Zugriff auf ausgewählte Informationen zum Thema Bankinformatik auf der Basis von ausgewählten Zeitschriftenartikeln oder von eigenen Berichten. Auf den Service kann per proprietärem Lotus-Notes Client oder per Internet-Browser mit der gleichen Funktionalität zugegriffen werden [http://www.ibi.de].

sich in der Regel auf wenige Fachgebiete [vgl. Ballauf 96, S. 61]. Während eine Online-Datenbank nur den Zugang zu umfangreichen Datenbeständen mit umfassenden Recherchemöglichkeiten bieten kann, ist der Information Broker in der Lage, sich in die Informationsproblematik des nachfragenden Unternehmens hineinzuarbeiten und kann auf diese Weise für seine Kunden Mehrwert generieren.

Ein Verständnis für den jeweiligen Problemkontext des Informationsnachfragers wird auf der Seite des Information Brokers durch den Dialog des Nachfragers mit den Agentensystemen erworben werden können. Vielfach jedoch ist zusätzlich die Einschaltung des Menschen als Moderator für spezielle Themengebiete notwendig.

Die Unterstützung durch Agententechnologie ermöglicht es dem Information Broker, neue hochwertige Dienste im Markt zu etablieren. Denkbar ist die Einrichtung von inhaltlich stark fokussierten Informations-Push-Diensten für kommerzielle Informations-Abonnenten.

Die Struktur des EIB-Systems erlaubt es professionellen Information Brokern, sich untereinander zu vernetzen, so daß fachlich kompetente Informationen virtuell über einen Ansprechpartner beschafft werden können. Ein kommerzieller unternehmensexterner Information Broker-Service kann auf die oben beschriebene Weise als Informationsressource in den EIB eingebunden werden.

5.2.6   Einsatz des EIB im JumpOne-System

Dieser Abschnitt beschreibt am Beispiel des JumpOne-Systems den durch Softwareagenten gekapselten Zugriff einer Informationsnachfragekomponente auf die Quelldaten der Informationsressourcen „Internet" und „Intranet"

Die Informationsnachfrage des Benutzers wird durch eine Auswahl von Parametern aus der OLAP-Grafik in der rechten Hälfte der JumpOne-Arbeitsfläche beschrieben[238]. Mit Hilfe der Maus kann der Anwender die beschreibenden Parameter an den Dimensionsachsen der OLAP-Grafik auswählen. Durch Drücken des Knopfes „Agent" im unteren Teil des JumpOne-Arbeitsbereiches wird das Kontext-Interface in Form einer Dialogbox aktiviert. In diesem Fenster kann der Benutzer mit dem Knopf „Take" eine Auswahl verschiedener beschreibender Parameter aus dem OLAP-System übernehmen. Ein Wechsel zwischen Kontext-Interface und OLAP-System ist zur weiteren Auswahl von Parametern jederzeit möglich. Die Abb. 5.15 zeigt beispielhaft die Dialogbox des Kontext-Interface nach der Übernahme der OLAP-Kontextparameter aus dem

---

[238] Aufbau und Definition des Parametersatzes wird in Abschnitt 5.2.2.2 ausführlich dargestellt.

182

Beispiel 5.6 in Abschnitt 5.2.2.2.

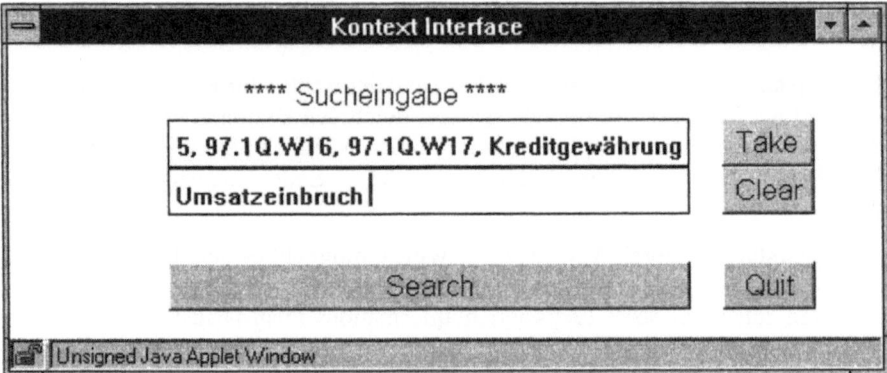

Abb. 5.15: Das JumpOne Kontext-Interface

Die beschreibenden Parameter können im Kontext-Interface vom Benutzer durch direkte Eingabe in das Textfeld ergänzt werden (vgl. Abschnitt 5.2.1.1). In der Abbildung hat der Benutzer bereits eine Änderung des Parametersatzes vorgenommen[239]. Das Drücken des „Search"-Knopfes in der Dialogbox veranlaßt die Weitergabe des Parametersatzes an den EIB, der den Vorgang der weiteren Informationsnachfrage kontrolliert.

EIB-gesteuerte Informationsnachfrage

Der Parametersatz wird vom Meta Agenten des EIB aufgenommen und interpretiert[240]. Im Anschluß daran übermittelt der Meta Agent die Informationsnachfrage an verschiedene Info Agenten, die zur Beantwortung der Informationsnachfrage geeignet erscheinen. Die Info Agenten des JumpOne-Systems geben die Ergebnisse ihrer Recherche in Form von Hyperlinks auf Web-Seiten zurück.

---

[239] Der Benutzer hat den beschreibenden Parameter „Umsatzeinbruch" hinzugefügt. Idealerweise werden die vom Benutzer auszuwählenden Parameter einer Thesaurus-Auswahlliste entnommen.

[240] Die Aufgaben des Meta Agenten werden in Abschnitt 5.2.1.3 ausführlich erläutert. Die Interpretation des Parametersatzes durch den Meta Agenten umfaßt die Auflösung von Akronymen und Homonymen, die Erzeugung von Synonymen und die Übersetzung in andere Sprachen. Der interpretierte Parametersatz ist Grundlage der weiteren Informationsnachfrage bei den Info Agenten [vgl. Schranner 98, S. 92ff].

Die dem Meta Agenten des JumpOne-Systems zu Verfügung stehenden Info Agenten sind in drei Rubriken unterteilt:

- **Repository-Agenten**

  Diese Agentenart nutzt ein eigenes Repository zur Auswahl geeigneter Informationsressourcen[241].

  Im einfachsten Fall wird dem Benutzer in Abhängigkeit von der Informationsnachfrage eine Auswahl von möglicherweise relevanten Ressourcen des Intra- oder Internet angeboten. Der Repository-Agent liefert beispielsweise Hyperlinks auf Web-Seiten, die Auflistungen von aktuellen Daten (z.B. aktuelle Börseninformationen oder Devisenkurse) beinhalten.

  Stehen die Daten verteilt über eine Hierarchie von Web-Seiten zur Verfügung, sucht der Repository-Info Agent ausgehend von einer initialen Startseite nach relevanten Daten[242].

  Repository-Agenten sind vom Info Agenten-Typ 3, da sie eigenständig recherchieren und die zur Verfügung stehenden Infomationsressourcen anhand der Informationsnachfrage auswählen (vgl. Abschnitt 5.2.3). Die durch die Agenten recherchierten Web-Seiten werden hinsichtlich ihrer Relevanz mit einer Gewichtung versehen und sortiert[243].

- **Intranet-Agenten**

  Der Intranet-Info Agent besitzt Zugriff auf die Inhalte des unternehmensinternen Intranet, welches mittels eines klassischen HTTP-basierten Web-Systems oder mit einem Lotus Notes-Server realisiert ist.

  Das JumpOne-System besitzt Zugriff auf einen Notes Intranet-Server. Die Informationsnachfrage des Meta Agenten wird direkt an die Suchinstanz des Notes-Servers weitergeleitet. Der Intranet-Info Agent ist demnach vom Typ 1. Suchfunktionen auf die Notes-Intranetdatenbank werden vom Notes-System zur Verfügung gestellt und durch den Intranet-Agenten gekapselt. Ein klassisches HTTP-basiertes Intranet wird

---

[241] Die Nutzung des Info Ressourcen Repository zur Auswahl geeigneter Informationsressourcen wird in Abschnitt 5.2.1.3 beschrieben.

[242] Der Repository-Info Agent übernimmt in diesem Fall die Funktion einer Suchmaschine. Im JumpOne-System ist dieser in der Programmiersprache Java realisierte Dienst Bestandteil des Applikationsservers. Schranner gibt eine ausführliche Beschreibung des Suchvorgehens [vgl. Schranner 98, S. 55ff].

[243] Bei der Interpretation des Parametersatzes kann ein Gewichtungsvektor angelegt werden. Der Vektor beschreibt für jede Interpretation des Parametersatzes die „Entfernung vom Original-Parametersatz" und wird bei der Relevanzbewertung der Suchergebnisse herangezogen.

mit Hilfe einer serverbasierten Suchmaschine durchsucht. Die Informationsnachfrage des Meta Agenten wird dabei von einem Intranet-Info Agenten des Typs 1 direkt an die Suchmaschine des Intranet-Web-Servers weitergeleitet.

- **Internet-Agenten**

  Internet-Info Agenten sind vom Typ 1. Die vom Meta Agenten empfangene Informationsnachfrage wird direkt an eine oder mehrere serverbasierte Suchmaschinen des Internet weitergeleitet.

In der Abb. 5.16 sind die drei Rubriken von Info Agenten im unteren Teil der JumpOne-Arbeitsfläche dargestellt.

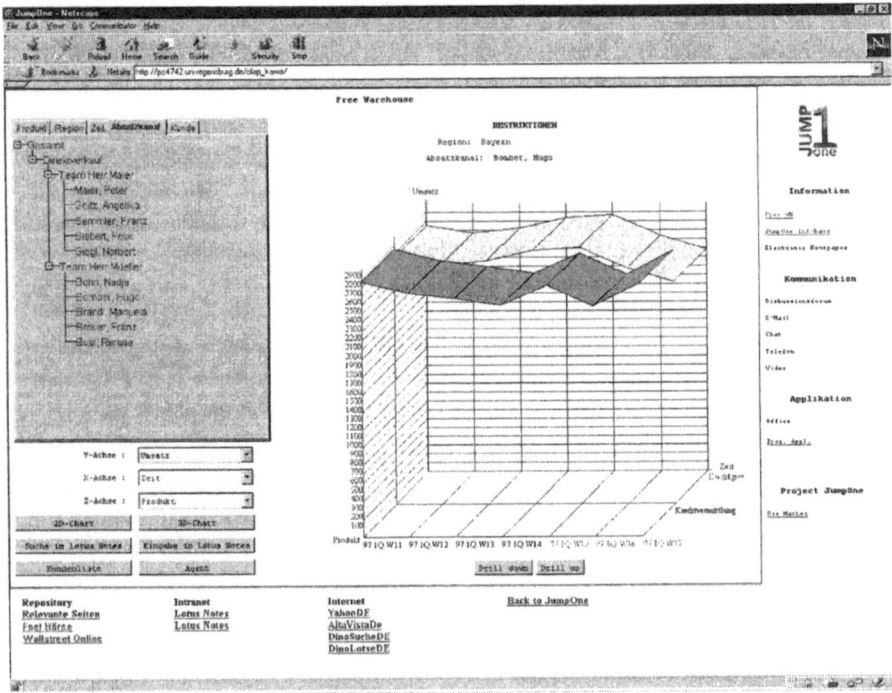

Abb. 5.16: Info Agenten im JumpOne-System

Rechercheergebnisse des Repository-Info Agenten

Unter der JumpOne-Rubrik „Repository" befinden sich die Rechercheergebnisse der vom Meta Agenten im Kontext der Informationsnachfrage ausgewählten Repository-Info Agenten. Der Hyperlink „relevante Seiten" führt zu einer von Repository-Info Agenten erstellten Web-Seite mit einer Auswahl von Hyperlinks zu verschiedenen Informationsressourcen des Intra- bzw. Internet. Die Ressourcen dieser Web-Seite sind jeweils mit einer Relevanz-Gewichtung versehen (vgl. Abb. 5.17). Die Relevanz der einzelnen Informationsressourcen wird jeweils anhand der Anzahl der aufgefundenen Suchbegriffe bestimmt.

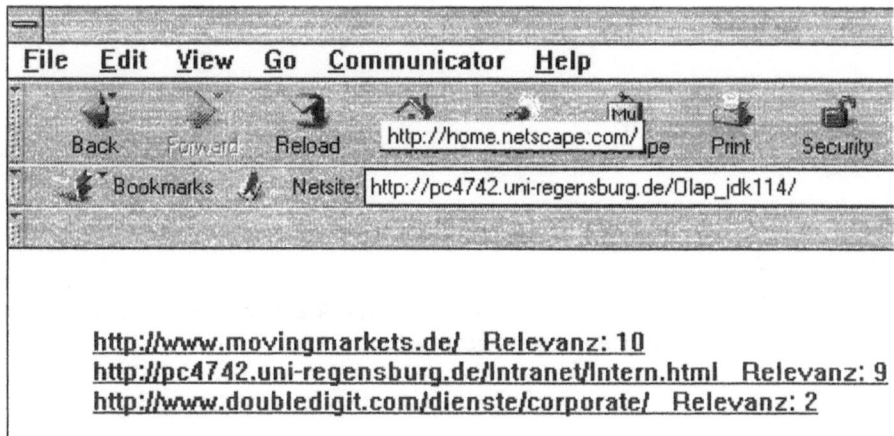

Abb. 5.17: Gesammelte Informationsressourcen des Repository-Info Agenten mit Relevanzbewertung

Die anderen Hyperlinks in der Rubrik „Repository" verweisen direkt auf verschiedene Web-Seiten, die möglicherweise relevante Inhalte anbieten. Die in Form von Web-Seiten abgelegten Rechercheergebnisse können vom Informationsnachfrager direkt im WWW-Browser betrachtet werden.

Rechercheergebnisse des Intranet- und Internet-Info Agenten

In der JumpOne-Rubrik „Intranet" finden sich beispielhaft Hyperlinks auf Suchmaschinen für zwei verschiedene Lotus Notes-Datenbanken. Ein Hyperlink führt jeweils zu einer vom Notes-System generierten Web-Seite mit den Notes-Rechercheergebnissen.

Der in der Web-Seite zusätzlich enthaltene WWW-Zugang zu einem Notes-System ermöglicht es dem Benutzer, weitere direkte Anfragen an die Notes-Datenbank zu stellen, ohne den „Umweg"[244] über das Kontext-Interface nehmen zu müssen (vgl. Abb. 5.18).

---

[244] Der direkte WWW-Zugriff auf eine Notes-Datenbank wird in Abschnitt 5.2.3.2 behandelt und an einem Beispiel dargestellt.

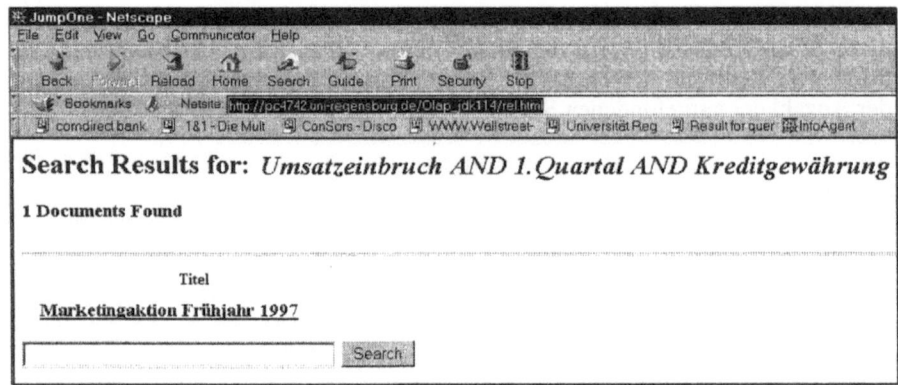

Abb. 5.18: Webzugang zum Lotus Notes-System

In der Abb. 5.18 ist ein Interpretationsergebnis des Meta Agenten aufgeführt: Die Zeitangaben der OLAP-Kontextparameter aus dem

Beispiel 5.6 wurden vom Meta Agenten umformuliert zu „1. Quartal"[245].

Die Hyperlinks der JumpOne-Rubrik „Internet" führen direkt zu den Suchergebnissen der durch die Internet-Info Agenten gekapselten Internet-Suchmaschinen.

5.3 Integrierte Kommunikationsdienste: Der Ansatz der Communication Workbench

Die bisherige Betrachtung der User Workbench konzentrierte sich auf die Information Workbench, also der Beschreibung eines arbeitsplatzzentrierten Informationssystems für einen einzelnen Mitarbeiter. In der betrieblichen Realität läuft ein Großteil der Informationsversorgung allerdings nicht per Mensch-Maschine-Kommunikation ab. Wird der menschliche Informationslieferant in die Informationsbeschaffung miteinbezogen, so erlangt der Kommunikationsaspekt eine wichtige Position. Der Mitarbeiter pflegt zu den Kolleginnen und Kollegen seines Unternehmens vielfältige Kommunikationsbeziehungen[246].

Die Communication Workbench beschreibt die Einbindung einer groben Sammlung von Kommunikationsmedien in die Information Workbench (vgl. Abb. 5.19).

---

[245] Diese Entfernung vom Original schlägt sich nieder in einer verminderten Gewichtung der Relevanz der gefundenen Informationsressource.

[246] Im ISOM-Information Shop der Bayer AG besteht eine enge Verzahnung zwischen Informationssystem und Kommunikationsunterstützung [vgl. Kaiser 96, S. 31].

Im folgenden werden konkrete Vorschläge der Zusammenarbeit von Information und Communication Workbench beschrieben. Im Rahmen der Erläuterungen zur Communication Workbench soll allerdings weder auf entscheiderunterstützende Systeme für Gruppen noch auf Workflowansätze eingegangen werden.

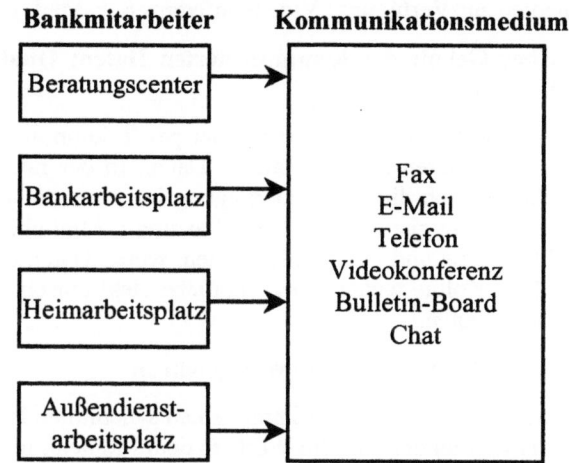

Abb. 5.19: Kommunikationsmedien eines Bankarbeitsplatzes
[nach Kerscher 98, S.145]

Das Klassifikationsschema zur Beschreibung der Erreichbarkeit von Daten aus Abschnitt 4.2.3 wird an dieser Stelle um die Dimension **Kommunikationspartner** mit den beiden Ausprägungen **menschlicher oder maschineller Ursprung** erweitert.

Ziel der Kommunikation zwischen Menschen ist der Austausch von Informationen. Ohne Kommunikation resultiert keine Information und ohne Information existiert keine Kommunikation [vgl. Heinrich/Roithmayr 95, S. 258]. Um Informationen zu einem Problem zu erhalten, wird der Informationsnachfrager dem potentiellen Informationslieferanten den Problemkontext beschreiben.

Aus dem Klassifikationsschema werden die folgenden Kriterien der Kommunikation zwischen zwei menschlichen Kommunikationpartnern abgeleitet:

- **Lokation des Informationslieferanten: Lokal oder räumlich entfernt**

  Findet die Kommunikation innerhalb eines Raumes statt, können neben der Sprache noch weitere Kommunikationsmedien zum Einsatz kommen und die Weitergabe der Problembeschreibung an den Kommunikationspartner unterstützen: Zeichnungen, Mimik, Gestik u.a.[247]

Ist der Kommunikationspartner räumlich entfernt, so stehen neben dem klassischen Telefon im modernen Büro eine Reihe weitere Kommunikationsmedien zur Verfügung: Videokonferenzen, E-Mail, Fax.

- **Semantischer Gehalt der kommunizierten Daten: Qualitativ oder quantitativ**

  Die in einem persönlichen Gespräch oder per Telefon ausgetauschten Informationen basieren auf qualitativen Daten. In der räumlichen Distanz beschränkt sich die Videoübertragung im wesentlichen ebenfalls auf die Übertragung qualitativer Daten. Fax und E-Mail übermitteln sowohl qualitative als und quantitative Daten, wobei Daten einer E-Mail beim Empfänger ohne weitere Medienbrüche elektronisch weiterverarbeitet werden können.

- **Lieferung der Daten: Synchron vs. asynchron**

  Das persönliche Gespräch bietet immer einen synchronen Informationsfluß, d.h. der Empfänger hört die Worte in dem Moment, in dem sie gesprochen werden und kann sie sofort interpretieren. Gleiches gilt für das Telefongespräch und die Videokonferenz. Erst die E-Mail und das Fax ermöglichen einen asynchronen Datenfluß.

Durch den Einsatz computergestützter Systeme kann die Mensch-zu-Mensch-Kommunikation wesentlich unterstützt werden. Wichtig ist dabei das Zusammenwachsen der EIS-Systeme und der Systeme zur Bürokommunikation [vgl. Seitz/Seidl 93, S. 143; Gluchowski/Gabriel/Chamoni 97, S. 104f]. Die Übermittlung einer Problembeschreibung zum Kommunikationspartner kann durch die Zusammenarbeit von Informationssystem und Kommunikationssystem vereinfacht bzw. erweitert werden.

Die Communication Workbench beinhaltet verschiedene Kommunikationskomponenten, die eng mit der Information Workbench zusammenarbeiten. Sowohl die Information Workbench als auch die Communication Workbench sind im Idealfall als Objekte auf dem Desktop des Anwenders zu plazieren. Inhalte von Komponenten der Information Workbench können per Drag & Drop in die Communication Workbench übernommen werden. Die im Communication Workbench-Objekt des Empfängers ankommenden Daten werden dort vom Benutzer ebenfalls per Drag & Drop an die passenden Bestandteile der Information Workbench weitergeleitet.

---

[247] Die sogenannte „Erinnerungsquote (über den Inhalt von Gesprächen)" steigt von 20 Prozent bei ausschließlicher Nutzung von Sprachdiensten auf rund 90 Prozent bei Nutzung von Videokonferenzsystemen, wo Hören, Sehen und Handeln übertragen werden können [vgl. Stockmann 98, S. 180f; Grebe 98, S. 36; Schneider 94, S. 115; vgl. Kleinherne 96].

Die Kommunikationskomponenten der Communication Workbench beinhalten Methoden zum Versand und zur Entgegennahme von Daten und können von einer objektorientierten generischen Klasse abgeleitet werden. Die zwischen Information- und Communication Workbench zu übertragenden Daten lassen sich grundsätzlich in zwei Kategorien aufteilen. Zum einen werden komplette Dateninhalte (beispielsweise Dokumente, Grafiken, Inhalte von Web-Seiten u.a.) übertragen. Zum anderen werden Referenzen auf bestehende Dateninhalte im Internet oder Intranet per Hyperlink-Referenz (in Form einer HTTP-Adresse) übertragen.

5.3.1 E-Mail-Dienste

Die Dienste der elektronischen Post unterstützen die Übertragung einer Problembeschreibung zum Kommunikationspartner. Eine E-Mail kann weit mehr als nur textuelle Nachrichten beinhalten. An eine E-Mail angehängte Daten[248] beliebigen Formats können beim Empfänger separiert werden. Auf diese Weise kann eine Mail gleichzeitig qualitative Daten (Textdokumente, Audio- und Videodateien usw.) und quantitative Daten (beispielsweise Zeitreihen) übertragen. Eine E-Mail wird beim Empfänger gespeichert und kann zu jedem beliebigen Zeitpunkt gelesen werden. Synchronität ist in der Regel nicht gegeben [vgl. Hoppe/Kracke 98, S. 391].

Moderne E-Mail-Systeme bieten weit mehr als nur die reine Übertragung von Daten. Über Schnittstellen zu Audiosystemen des lokalen Rechners können vom E-Mail-Dienst Sprachnachrichten aufgezeichnet und versendet werden [vgl. Kerscher 98, S. 139f]. Das E-Mail-System übernimmt auf dieses Weise die Funktionalität eines Anrufbeantwortersystems.

Mittels der Exportfunktion der Informationskomponenten der Information Workbench oder des EIB können beliebige quantitative und qualitative Daten in das Mailsystem der Communication Workbench übertragen und an eine Mail angehängt werden. Das Format der angehängten Daten wird in Form einer Metadatenbeschreibung mit übertragen[249]. Auf diese Weise kann der E-Mail-Dienst in der Communication Workbench des Empfängers die passenden Anwendungssysteme zuordnen.

5.3.2 Chat-Integration

Chat-Systeme ermöglichen die synchrone Kommunikation in Diskussionsforen und stellen damit die textbasierte Variante eines Konferenzsystems dar [vgl. Kerscher 98, S. 141].

---

[248] Die an eine Mail angehängten Daten werden als Mail-Attachment bezeichnet.

[249] Dabei kann auf Standardformate wie beispielsweise MIME (Multipurpose Internet Mail Extensions) zurückgegriffen werden.

Internet Relay Chat-Systeme (IRC) ermöglichen die Kommunikation in Echtzeit zwischen den beteiligten Kommunikationspartnern. Der Einsatz von Chat-Systemen zur Bildung von Online-Diskussionforen im Unternehmensnetz eines Finanzdienstleisters wird sich - von Ausnahmefällen abgesehen - eher nicht lohnen. Die am Chat beteiligten Kommunikationspartner im Unternehmen müßten die Life-Diskussionen online aufmerksam verfolgen, um nichts zu verpassen.

Interessant ist der Einsatz von Chat-Diskussionsforen als Mehrwertdienst für die Kunden eines Finanzdienstleisters. Zu den Themen Geldanlage und Wertpapiere beispielsweise bieten eine Reihe von Banken unmoderierte Chat-Diskussionsforen an [vgl. Kerscher 98, S. 141].

Chat-Systeme sind rein textbasiert und können daher weder multimediale noch sonstige komplexe Daten wie beispielsweise Dokumente oder Grafiken übertragen. In Textform können allerdings Adressen von Internet- oder Intranet-Seiten per HTTP übermittelt werden. Auf diese Weise kann im Rahmen von unternehmensinternen online-Diskussionsforen auf bestehende Ressourcen hingewiesen werden. Denkbar ist bei zukünftigen Chat-Systemen die Integration einer Drag & Drop-Funktionalität, mit deren Hilfe Internet-Ressourcen (URL) als Ergänzung eines Diskussionsbeitrages in ein Chat-System übernommen werden können.

5.3.3   Einsatz von Bulletin Board-Systemen

Im Gegensatz zu den Chat-Systemen unterstützen Bulletin Bord-Systeme die asynchrone Kommunikation zwischen den Kommunikationsteilnehmern [vgl. Kerscher 98, S. 141]. Die in Abschnitt 5.2.3.6 genannten Internet-Newsgroups stellen Bulletin Boards dar, deren Dienste auch zur unternehmensinternen, asynchronen Kommunikation zwischen den Mitarbeitern eingesetzt werden können.

Ein unternehmensinternes Bulletin-Board[250] mit mehreren Diskussionsforen kann innerhalb eines Unternehmens die Basis eines fachbezogenen und zielgerichteten Informationsaustausches zwischen den Mitarbeitern darstellen.

Die Diskussionsbeiträge werden von den Teilnehmern per Mail gezielt in Diskussionsforen eingestellt und stehen sofort allen Nutzern zur Verfügung. Die einfache Handhabung des Systems und die Möglichkeit der Einarbeitung von Hyperlinks (Verweise auf WWW-Seiten im Internet oder Intranet direkt aus einem Diskussionsbeitrag heraus) bilden die Grundlage für eine gute Akzeptanz.

Ebenso wie ein Chat-System lebt ein Bulletin-Board vom Lesen, Schreiben und Organisieren von Diskussionsbeiträgen. Im Gegensatz zum Chat-System muß der Benutzer beim elektronischen Schwarzen Brett nicht ständig online sein.

Die Diskussionsforen der Bulletin-Boards sind textbasiert und können daher - ebenso wie die Chat-Systeme - keine komplexen Daten darstellen. Ein Diskussi-

---

[250] Ein Bulletin-Board in diesem Sinne ist die elektronische Version eines „Schwarzen Bretts".

onsbeitrag kann allerdings durch den Verweis auf Internet-Ressourcen (in Form von URL), die beispielsweise auf weiterführende, multimediale Inhalte hinweisen, unterstützt werden.

Ähnlich wie bei den Chat-Systemen können vielleicht schon bald zukünftige Bulletin Board-Systeme Diskussionsbeiträge um URL-Referenzen direkt aus dem WWW-Browser heraus per Drag & Drop-Funktion ergänzen.

5.3.4 Videokonferenzsysteme

Durch den Einsatz von Videokonferenzsystemen können zwischen zwei oder mehreren Personen Sprache und Videosequenzen ausgetauscht werden. Moderne Videokonferenzsysteme stellen zusätzlich die Funktionen der gemeinsamen Dokumentbearbeitung (Joint Editing) und Nutzung von Anwendungssystemen (Application Sharing) zur Verfügung [vgl. Pesch 97; Grebe 98, S. 35f]. Oft ermöglichen diese Systeme über zusätzliche Kameras die Einblendung von Schriftstücken oder Bildschirminhalten.

Schon seit 1994 sind Videokonferenzsysteme vor allem bei großen Banken und Sparkassenorganisationen im Rahmen von Inhouse-Pilotprojekten oder operativ im Einsatz [vgl. Kleinherne 96].

Ein Videokonferenzsystem ist grundsätzlich in der Lage, zusätzlich zu den Videosequenzen der Kommunikationspartner alle Inhalte zu übertragen, die auch auf einem Computermonitor sichtbar sind. Dazu gehören Dokumente, Inhalte von Web-Seiten und mehr. Einige Videokonferenzsysteme unterstützen bereits jetzt oder in naher Zukunft die Frame-in-Frame-Technik (Anzeige des Bildes einer zusätzlichen Quelle innerhalb des eigentlichen Übertragungsbildes) bzw. die Overlay-Technik (Vermischen von Bildsignalen mehrerer Quellen).

Daten aus der Information Workbench können per Drag & Drop-Funktionalität in eine Videokonferenz eingeblendet werden (idealerweise durch Einsatz von Frame-in-Frame- bzw. durch Overlay-Technik).

5.4 Einbindung von operativen Systemen: Der Ansatz der Application-Workbench

Informationen sind die Grundlage der immateriellen Bankprodukte. Die zur Produktion eingesetzten operativen Anwendungssysteme eines Finanzdienstleisters bieten Zugriff auf aktuelle Datenbestände, die parallel zu einem DWH-System zur Informationsversorgung des betrieblichen Mitarbeiters eingesetzt werden[251].

---

[251] Abschnitt 2.3.2 geht ausführlich auf Unterschiede in der Informationsversorgung aus operativen Anwendungssystemen bzw. einem Data Warehouse ein.

Ausgewählte Anwendungssysteme der operativen Ebene sind in einer Application Workbench zusammenzufassen. Ebenso wie die Information Workbench und die Communication Workbench dient die Application Workbench ausschließlich als „Sammelbecken" für Komponenten. Wohldefinierte Schnittstellen innerhalb der Application Workbench ermöglichen den Datenaustausch zwischen den einzelnen Anwendungssystemen und damit auch zwischen der Application Workbench und den anderen Workbenches. Von den Anwendungssystemen der Application Workbench gelieferte Daten können beispielsweise mit Hilfe der Systeme der Communication Workbench verteilt werden. Ebenso können Daten aus der Application Workbench in der Information Workbench mit den dort zur Verfügung stehenden Daten zur Generierung von Reports herangezogen werden. Ausführliche, planerische Daten aus der Information Workbench, beispielsweise nach einem Planungslauf unter Einsatz eines Simulationssystems, können als Planwertvorgaben in die Systeme der Application Workbench überspielt werden.

Ebenfalls in der Application Workbench angesiedelt sind typische Office-Anwendungssysteme. Mit Hilfe des EIB in der Information Workbench generierte Reports können unter Zuhilfenahme von Office-Bestandteilen der Application Workbench in Berichte einfließen. Ausgewählte Kundenadressen aus den diversen Kommunikationskomponenten der Communication Workbench (beispielsweise von Kollegen) und aus der Information Workbench (beispielsweise durch intelligente Recherche im Intranet oder der DWH-Datenbasis) können an eine Serienbrieffunktion des Office-Anwendungspaketes übergeben werden.

Schnittstellenfunktionalität der Application Workbench

Die Systemkomponenten der Information- und der Communication Workbench sind stark in die jeweilige Workbench integriert. Dies ist möglich, da diese Komponenten in der Regel entweder jüngere Eigenentwicklungen sind oder bereits offene Schnittstellen aufweisen, durch welche die einzelnen Komponenten mit Hilfe von eigenentwickelten generischen Klassen als Kommunikationsschichten gekapselt werden können (vgl. Abschnitt 5.2.1.1).

Die jüngeren in der Application Workbench anzutreffenden Office-Anwendungssysteme besitzen Schnittstellen, die einen unproblematischen Datenaustausch auf der Basis weitverbreiteter Protokolle zulassen[252].

Der Großteil der Anwendungssysteme der Application Workbench stellt demgegenüber eine gewachsene Sammlung von Programmen aus allen „Epochen" der

---

[252] Die auf den Microsoft Windows-Betriebssystemen (Win 95, Win NT, Win 98) basierenden Office-Anwendungssysteme stellen Kommunikationsmöglichkeiten per ODBC, OLE und DCOM (vgl. Glossar) zur Verfügung. Das im Bankbereich weitverbreitete Betriebssystem OS/2 der IBM bietet funktionsähnliche Protokolle, gleiches gilt für die wichtigsten UNIX-Dialekte. Die auf der Programmiersprache JAVA basierenden plattformunabhängigen Office-Anwendungssysteme bieten ähnliche Kommunikationsmöglichkeiten durch Einsatz von JDBC und CORBA.

Systementwicklung mit unterschiedlichen Schnittstellen dar. Bei einem Finanzdienstleister typischerweise anzutreffen sind Großrechnerprogramme unter dem Betriebssystem MVS ebenso wie Windows-Applikationen und UNIX-Applikationen unter dem grafischen Frontend X-Window. Aufgabe der Application Workbench ist es, Kommunikationsmöglichkeiten zwischen diesen verschiedenen Systemplattformen bereitzustellen.

Prinzipiell könnten die operativen Anwendungssysteme mit auf standardisierten Kommunikationsprotokollen basierenden Schnittstellen ausgestattet werden. In der Praxis verbietet sich ein solches Vorgehen durch die große Anzahl an Altsystemen bei einem Finanzdienstleister. Die Application Workbench stellt im Gegensatz zur Information- resp. Communication Workbench aus diesem Grunde kein kapselndes Framework zur Verfügung. Die Systemkomponenten werden nicht integriert, sondern vielmehr durch einfache Schnittstellen zum Datenaustausch „eingebunden".

Internet-Technologie als Plattform der Application Workbench

Die HTTP-Dienste des WWW mit der Seitenbeschreibungssprache HTML und der Möglichkeit, Programme im Browser ablaufen zu lassen, stellen technologisch eine mögliche Plattform für die Application Workbench dar[253]. Im Browser des Anwenders übernehmen spezielle Programme die textuelle oder grafische Ausgabe der operativen Anwendungssysteme[254]. Auf diese Weise wird durch den Browser die Präsentationsebene einer dreischichtigen Softwarearchitektur realisiert.

Für den Benutzer präsentieren sich die folgenden Plattformen im WWW-Browser:

- **Microsoft ActiveX-Anwendungen**

  ActiveX-Anwendungen basieren auf der Microsoft DCOM-Technologie. Unterstützt werden Windows- und UNIX Betriebssysteme. Auf dem Benutzerrechner werden die Präsentationsebene und Teile der Applikationsebene realisiert.

- **JAVA-Applets**

  JAVA-Applets sind direkt im JAVA-fähigen Browser ablauffähig, die für alle bekannten Desktop-Betriebssysteme zur Verfügung stehen. Auf dem Benutzerrechner werden wie bei der Microsoft ActiveX-An-

---

[253] Auf den Microsoft Windows-Betriebssystemen ermöglicht das ActiveX-Protokoll die Ausführung von auf DCOM basierenden Anwendungssystemen. Unabhängigkeit vom zugrundeliegenden Betriebssystem wird durch den Einsatz von JAVA ermöglicht. In der Programmiersprache JAVA realisierte Anwendungssysteme werden im Browser als sogenannte Applets ausgeführt.

[254] Diese Programme (Emulatoren) emulieren das Ausgabeterminal beispielsweise eines UNIX-Rechners, eines MVS-Systems oder einer AS/400 im Browser-Fenster. Schepp bietet eine eine Übersicht der am Markt erhältlichen Emulatoren [vgl. Schepp 98].

194

wendung die Präsentationsebene und Teile der Applikationsebene realisiert.

- **Host-Applikationen (MVS-, UNIX- oder AS/400-Systeme)**

  Diese Systeme werden im einfachsten Fall durch einen als Applet oder ActiveX-Komponente im Browser ablaufenden Emulator zugänglich [vgl. o.V. 98e]. Auf dem Benutzerrechner wird dabei nur die Präsentationsebene in Anspruch genommen und ein Thin Client realisiert.

  Aufwendiger als die einfache 1:1-Emulation eines Host-Terminals gestaltet sich das sogenannte Host-Publishing, bei dem die Präsentationsebene eines Host-Programmes in HTML-Darstellung umgewandelt wird. Dem Benutzer werden übliche Web-Seiten präsentiert, welche die zugrundeliegenden Host-Anwendungen vollständig verbergen [vgl. o.V. 98e].

Über die üblichen Mechanismen des WWW-Browsers zum Datenaustausch[255] kann der Benutzer Inhalte der textuellen oder grafischen Ausgabe der Anwendungssysteme mit anderen Programmen austauschen.

Die Nutzung des WWW-Browsers ermöglicht eine vollkommene Abstraktion von der Lokation des eigentlichen Anwendungssystems. Die Emulatoren nehmen Kontakt zu jedem beliebigen per WWW zu erreichenden Host auf. In Form von ActiveX oder als JAVA-Applet realisierte Anwendungssysteme werden vom Host geladen und halten per DCOM oder CORBA-Protokoll Kontakt zum weiterhin auf dem Host ablaufenden Hauptbestandteil der Anwendungsschicht. Unternehmensexterne ActiveX oder JAVA-Anwendungssysteme können ohne Unterschied zu den internen Applikationen genutzt werden[256].

---

[255] Unter Microsoft Windows auch als „Zwischenablage" bekannt.

[256] Die Mastercard International Inc. bietet 22000 Finanzinstituten per Internet Zugang zu einem Kunden-DWH-System. Dort können die Institute OLAP-Abfrage starten und Trends und Transaktionen analysieren. Die Mastercard DWH-DB ist der größte zivile Datenspeicher der Welt [vgl. Below 98, S. 37].

6 Zusammenfassung und Ausblick

Den Mitarbeitern eines Finanzdienstleisters stehen zur Informationsbeschaffung verschiedene Datenquellen offen. Eine der wichtigsten ist das Data Warehouse (DWH). Es dient der Aufnahme von quantitativen, unternehmensinternen Daten.

Zur Beurteilung der verschiedenen Typen von Datenquellen wurde ein Klassifikationsschema entwickelt. Das Klassifikationsschema beurteilt die Erreichbarkeit von Daten und verdeutlicht den Einsatzbereich klassischer DWH-Werkzeuge. Der Informationsbedarf eines Bankmitarbeiters wird mit Hilfe der klassischen DWH-Dienste niemals vollständig befriedigt werden können. Die Erschließung neuer Märkte und die Entwicklung von Produktinnovationen verlangt nach zusätzlichem Datenmaterial, das sich klassischerweise außerhalb des DWH befindet [vgl. Arnold 97, S. 40]. Der Mitarbeiter mit Entscheidungsbefugnis wird sich zur Informationsbeschaffung deshalb weiterer Datenquellen verschiedenen Typs bedienen.

Ziel der Arbeit war die Entwicklung einer Informationssystemarchitektur, die es dem Informationsnachfrager ermöglicht, aus der Anwendung der DWH-Werkzeuge heraus auf weitere Datenquellen zugreifen zu können. Kernbestandteil der entwickelten Informationssystemarchitektur ist der elektronische Informations Broker (EIB), der als Mediator die Datenbeschaffung aus den verschiedenen Datenquellen koordiniert[257]. Der Mediator übermittelt die im Kontext der DWH-Werkzeuge spezifizierte Datennachfrage an geeignete Softwareagenten, die für die weitere Datenbeschaffung verantwortlich zeichnen.

Die Kommunikation zwischen dem nachfragenden DWH-Werkzeug und dem Mediator basiert auf einem festdefinierten Sprachschatz mit wohldefinierter Ordnung, einer sogenannten Ontologie. Der EIB übermittelt die individuell angepaßte Datennachfrage an ausgewählte Agenten, die sich in eigener Verantwortung auf die Suche nach Daten machen. Im Zentrum der offenen Informationssystemarchitektur fungiert der EIB als Kommunikationsdrehscheibe (vgl. Abb. 6.1).

---

[257] Der Informationssystemarchitektur des JumpOne-Prototypen liegt eine dreischichtige Softwarearchitektur mit einer Trennung zwischen den drei Ebenen Präsentations-, Applikations- und Datenbankschicht zugrunde (vgl. Abb. 6.1).

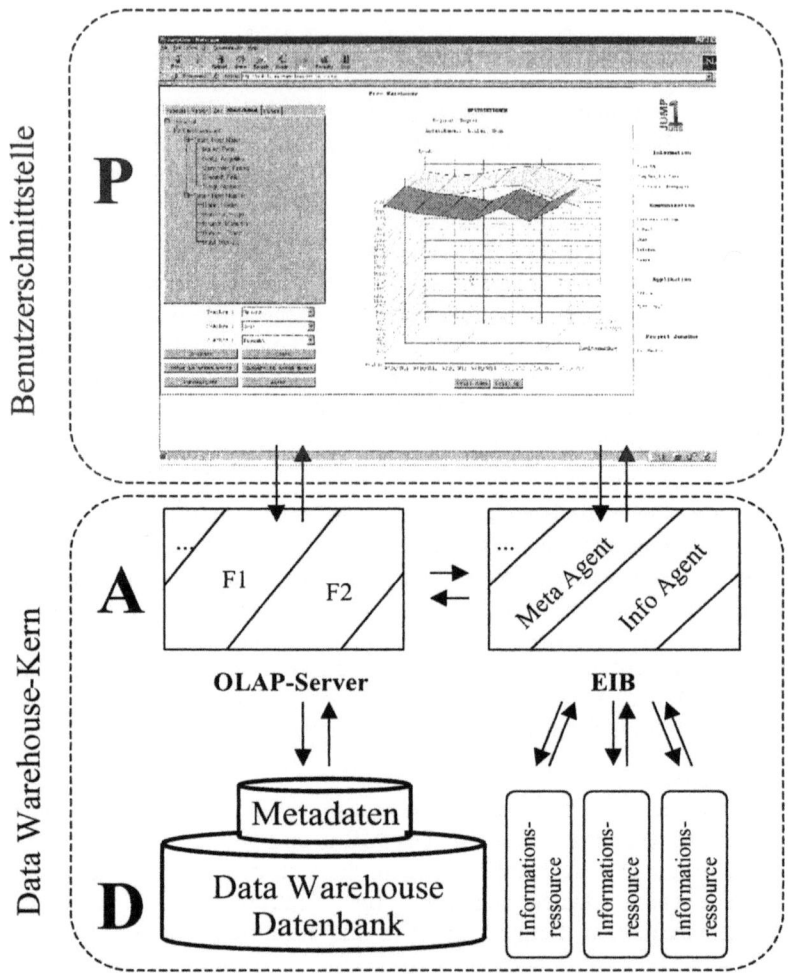

Abb. 6.1: Einflechtung von Informationsressourcen von außerhalb des Data Warehouse in die Systeme der Benutzerschnittstelle durch Einsatz des EIB

Das Modell einer Ontologie-basierten Kommunikation zwischen verschiedenen Teilinformationssystemen ist - mit vertretbarem Aufwand - nur unter zwei Bedingungen sinnvoll umsetzbar:

- **Die nachfragenden Informationskomponenten sind DWH-Dienste und besitzen Zugriff auf die Metadatenbank des DWH**

  Die Definition eines festdefinierten Sprachschatzes wurde bereits bei der Entwicklung eines DWH vorgenommen. DWH-Werkzeuge haben Zugriff auf die DWH-Metadatenbank, in der eine wohldefinierte Ontologie hinterlegt ist. Der EIB benötigt Zugriff auf die Metadatendefinitionen und ist sinnvollerweise als zusätzlicher DWH-Dienst in das DWH-System aufzunehmen.

Für Nicht-DWH-Dienste wäre ein umfassender, unternehmensweiter Sprachschatz zu definieren. Ein solches Vorhaben wird aus Gründen des Aufwandes als nicht durchführbar eingeschätzt.

- **Der Zugriff auf die datenliefernden Informationsressourcen kann durch Softwareagenten gekapselt werden**

   Die datenliefernden Informationsressourcen in der EIB-basierten Informationssystemarchitektur sind durch Softwareagenten zu kapseln. Dazu sind die Informationsressourcen mit einer Zwischenschicht zu umgeben, welche die Kommunikation mit dem EIB realisiert.

   Agenten besitzen detaillierte Kenntnisse über die Fähigkeiten „ihrer" Informationsressourcen und deren zur Verfügung stehende Schnittstellen. Durch die Agenten-Kapselung können Informationsressourcen unterschiedlichster Art ohne wesentliche Änderungen interner Programmbestandteile in eine offene Informationssystemarchitektur eingebunden werden.

Der Einsatz des EIB ermöglicht den Zugriff auf eine Vielzahl von Datenquellen aus dem Data Warehousing heraus. Die Einordnung dieser Zugriffsmöglichkeiten in das Klassifikationsschema zeigt eine wesentliche Erhöhung der Erreichbarkeit von Daten für den Informationsnachfrager.

Die Informationsgewinnung im Dialog mit menschlichen Kommunikationspartnern bzw. mit operativen Anwendungssystemen am Bankarbeitsplatz führt zur Abgrenzung der Communication- bzw. Application Workbench und erweitert ebenfalls die Datenerreichbarkeit. Communication und Application Workbench bilden zusammen mit der oben beschriebenen EIB-basierten Information Workbench die arbeitsplatzzentrierte User Workbench des Bankmitarbeiters (vgl. Abb. 6.2).

198

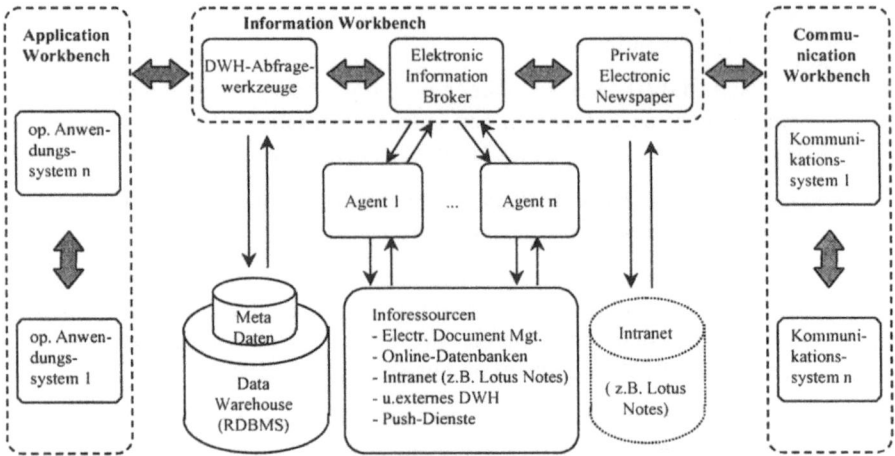

Abb. 6.2: Zusammenfassende Darstellung der User Workbench

Die Erreichbarkeit von Daten wird für den Informationsnachfrager durch die Schaffung der physischen Zugriffsmöglichkeit auf die Informationssysteme der Information Workbench, der operativen Anwendungssysteme der Application Workbench und die Kommunikationssysteme der Communication Workbench erhöht. Der Zugriff auf diese Daten aus dem Kontext des Data Warehousing allerdings integriert die verschiedenen Datenquellen und macht sie für den Bankmitarbeiter sinnvoll nutzbar. Dies führt zu einer weiteren Erhöhung der Erreichbarkeit von Daten.

Fazit und Ausblick

Die zunehmend in Bewegung geratene Umwelt eines Finanzdienstleisters muß durch einen umfassenden und flexiblen Informationspool abbildbar sein. DWH-basierte Informationssysteme sind ein erster Schritt in diese Richtung. Der integrierende Zugriff des elektronischen Information Broker als Informations-Mediator erweitert diesen Ansatz um den Zugriff auf verschiedene weitere Datenquellen.

Der Aufbau und die Pflege des DWH-Systems und der EIB-basierten Informationssystemarchitektur ist durch die zentrale IT-Abteilung durchzuführen. Zusätzlich benötigte Datenquellen werden von den dezentralen Fachabteilungen über die standardisierten Agentenschnittstellen nach eigenem Ermessen eingebunden.

Professionelle kommerzielle Information Broker werden zukünftig ihre Informationsbeschaffungsdienste per elektronischem Zugang anbieten. Durch den Einsatz des EIB als Kommunikationsdrehscheibe können diese Dienstleistungen über eine standardisierte Schnittstelle eingebunden werden.

Mit Hilfe der Dienste des EIB können den Kunden eines Finanzdienstleisters personalisierte Informationen zu ausgewählten Themen und Fragestellungen zur Verfügung gestellt werden. Die Informationsauswahl hat sich dabei aus den oben genannten Gründen auf einen in den DWH-Metadaten abgelegten Sprachschatz zu beschränken.

Durch den Einsatz eines EIB wird der Zugriff auf unternehmensexterne DWH-Systeme möglich. Per elektronischem Online-Zugang können beispielsweise Berichte durch detaillierte Branchendaten, statistische Daten und Wirtschaftsinformationen ausgebaut werden.

Abkürzungsverzeichnis

Abb.	Abbildung
bspw.	Beispielsweise
d.h.	das heißt
DV	Datenverarbeitung
EIB	Electronic Information Broker
evtl.	Eventuell
i.d.R.	in der Regel
IS	Informationssystem
Kap.	Kapitel
o.a.	oben angesprochen
o.ä.	oder ähnliches
o.e.	oben erwähnt
o.V.	ohne Verfasser
OMG	Object Management Group
ooDBMS	Objektorientiertes Datenbankmanagementsystem
resp.	respektive
s.o.	siehe oben
sog.	sogenannt
u.	und
u.ä.	und ähnlichem
WWW	World Wide Web
z.B.	zum Beispiel

Glossar

3-Schichten-Modell   Modell, welches zwischen verschiedenen Komponentenebenen eines SW-Systems unterscheidet: Präsentations-, Anwendungs- und Datenhaltungsebene. Die Komponenten können dabei auf verschiedenen Systemen implementiert werden und so eine →Client-Server-Architektur realisieren.

Active-X   Internet-fähige Komponentenarchitektur der Fa. Microsoft. Die einzelnen Komponenten kommunizieren per →DCOM-Protokoll.

API (Application Programming Interface)   Definierte Anwendungsschnittstelle auf eine Softwarebibliothek.

Back-Office   Back-Office-Systeme stellen die Server-Bestandteile von Client/Server-Anwendungssystemen dar (→Front-Office).

Auch: Interner Verwaltungs- und Dienstleistungsteil einer Organisation.

Benutzeroberfläche   GUI (Graphical User Interface)

Business Process Engineering (BPE)   Überdenken und Neugestalten von Geschäftsprozessen

C++   Objektorientierte Programmiersprache der vierten Generation

(Daten-)Caching   Speichern von Ergebnissen einer aufwendigen Datenabfrage oder -berechnung für spätere direkte Zugriffe.

CD-ROM   Optisches Speichermedium (650 Mbyte); kann nur einmal beschrieben werden.

(Internet-)Chat   Elektronisches Diskussionsforum im Internet, bei dem die Teilnehmer „live" ein gemeinsames Gespräch in schriftlicher Form führen.

Common Object Request Broker Architecture (CORBA)	Definiert den unabhängigen Middleware Standard der Object Management Group (OMG) für die verteilte Objektkommunikation in einem heterogenen Systemumfeld.
Data Mart	Ein fachspezifisches, lösungsbezogenes →Data Warehouse. Ein DM kann Daten repliziert aus einem Unternehmens-DWH und zusätzlich auch lokale Daten enthalten.
Data Warehouse (DWH)	Eine fachbezogene Datenbankarchitektur, speziell zur Entscheiderunterstützung entworfen.
Data Warehousing	Das Arbeiten mit einem Data Warehouse wird gemeinhin als Data Warehousing bezeichnet. Auf dem Data Warehouse operieren die folgenden Dienste: Data Mining, OLAP und Abfrage- /Reportsysteme.
Datenbankmechanismen	Transaktionsmanagement, Concurrency Control, Backup und Recovery.
DBMS	Datenbankmanagementsystem: Datenbankmaschine, welche die typischen Datenbankmechanismen zur Verfügung stellt. Je nach dem zugrundeliegenden Datenmodell spricht man von relationalen (rDBMS), hierarchischen (hDBMS), multidimensionalen (mDBMS), objektorientierten (oDBMS oder ooDBMS) und objektrelationalen (orDBMS) DBMS.
Decision Support System (DSS)	Ein DSS ist ein nicht-operatives Informationssystem (deutsch: EUS, Entscheidungsunterstützungssystem) und stellt Daten, Methoden und Modelle zur Verfügung. DSS unterstützen Entscheider beim Lösen von Problemen in schlecht strukturierten Entscheidungssituationen, indem sie komplexe Analysen für die Entscheidungsunterstützung - teilweise auf der Basis von wissensbasierten Systemen - ermöglichen.
Distributed Component Object Model (DCOM)	Offenes Protokoll zur Realisierung verteilter Software, basiert auf COM der Fa. Microsoft. Unterstützte Plattformen: Windows-Betriebssysteme und die gängigsten UNIX-Dialekte.
Drag & Drop (-Funktionalität)	Den Vorgang des Kopierens von Daten kann der Anwender über eine grafische Benutzeroberfläche durch „Aufnehmen" und „Ablegen" eines Datenobjektes mit Hilfe einer Mouse vornehmen.

Drill-Down   →OLAP

Drill-Up   →OLAP

EIS   Executive Information System (deutsch: FIS, Führungs-
                          informationssystem). Im Kontext dieser Arbeit auch En-
                          terprise- oder Everybodys Information System.

Electronic Informa-   Die Elektronische Variante eines menschlichen Informa-
tion Broker (EIB)   tion Brokers, der als professioneller Informationsbeschaf-
                          fer für betriebswirtschaftliche Fragestellungen im Markt
                          auftritt.

ERP-Systeme   Enterprise Ressource Planning-Systeme

EUS   Entscheidungsunterstützungssystem, →DSS

Extranet   Beruht auf den Internet-Diensten und ist auf einen be-
                          stimmten abgegrenzten Benutzerkreis beschränkt, bei-
                          spielsweise die Verbindung eines Herstellers mit seinen
                          Zulieferern. Das →Internet wird dabei als Transportme-
                          dium genutzt.

Frontend   Programm, welches einem Benutzer aus einer Fachabtei-
                          lung zur Verfügung steht und zum Zugriff auf Daten oder
                          Funktionen, welche auf einem →Server realisiert sind,
                          dient (beispielsweise ein →OLAP-Werkzeug).

Front-Office   Die Systeme des Front-Office bieten Anwendern Zugriff
                          auf die Server-Bestandteile von Client/Server-Anwen-
                          dungssystemen (→Back-Office).

Geschäftsprozeß   Folge von untereinander in Beziehung stehenden Aktivi-
                          täten, die der Erfüllung der Unternehmensziele dienen
                          und in quantitativer und qualitativer Hinsicht mit konkre-
                          ten Werten bewertet werden können.

Hypertext Markup   Seitenauszeichnungssprache für Hypertexte, die sich im
Language (HTML)   Internet als Standard etabliert hat.

Hypertext Transfer   Protokoll zur Anforderung und Übertragung von Daten
Protocol (HTTP)   (→WWW) über das Internet.

Internet Öffentliches, für jeden zugängliches Netzwerk mit den Diensten E-Mail, →World Wide Web usw.

Intranet Unternehmensinternes, auf den gleichen technischen Standards und Diensten wie das →Internet beruhendes Netzwerk. Unternehmensfremde haben auf das Intranet, welches mehrere Standorte eines Unternehmens umfassen kann, keinen Zugriff (Intranet = Internet im Unternehmen).

JAVA Objektorientierte Programmiersprache. Aus dem JAVA-Quellcode wird ein Bytecode erzeugt, der auf der Zielplattform interpretiert wird. Nach dem allgemeinen Verständnis wird unter dem Begriff JAVA auch die mitgelieferte umfangreiche Klassenbibliothek subsummiert.

Java Development Kit (JDK) Von der Fa. Sun kostenlos zur Verfügung gestelltes JAVA-Entwicklungssystem (→JAVA). Umfaßt diverse Entwicklungswerkzeuge und die JAVA-Klassenbibliothek.

Java Virtual Machine (JVM) Umgebung, in der Java Applets im javafähigen Browser ausgeführt werden. Das Sicherheitsmodell einer JAVA Virtual Machine schützt dabei den Client-Rechner vor Attacken von außen.

JAVA-Applet In JAVA realisiertes Programm, das von einem WWW-Server geladen wird und in der → Java Virtual Machine des Internet-Browsers läuft.

JDBC Eine analog der →ODBC -Schnittstelle konzipierte system- und datenbankunabhängige Schnittstelle zum einheitlichen Zugriff auf relationale Datenbanken über JAVA.

Look & Feel, einheitliches Beschreibung des einheitlichen Aussehens und einer intuitiv ähnlichen Bedienung von Software.

Mainframe Hostbasierter Großrechner

mDBMS →DBMS

Mediator Ein Mediator (engl. Mittler o. Vermittler) integriert verschiedene Datenbanken und andere Informationsquellen in einem übergeordneten Informationssystem.

Metadaten	Metadaten als sog. „Daten über Daten" beschreiben die im Datenbankschema vorhandenen Daten. Auf der Basis der Metadaten können die OLAP-Frontends durch die im DWH vorhandenen Datenbestände navigieren.
Middleware	Eine Middleware (engl. Zwischenschicht) bietet einer höher liegenden Schicht per wohldefiniertem Protokoll ihre Dienste an und greift zur Realisierung ihrerseits wiederum als Dienstnutzer auf eine tiefere Schicht zu.
Mirror (Datenbank-)	Anbieten einer (völlig eigenständigen) zweiten Datenbank parallel zu einer laufenden Datenbank (sogenanntes Spiegeln) zur Erhöhung der Verfügbarkeit des Systems.
MOLAP	Multidimensionales →OLAP
(Internet-)News	Die Newsdienste des Internet sammeln themenbezogene Meinungen, Anfragen, Antworten usw.
Objektrelational	Ein objektrelationales DBMS (auch: erweitert-relationales DBMS) erweitert das relationale Modell um objektorientierte Eigenschaften.
ODBC (Open Database Connectivity)	Standard- →API der SQL-Access-Group für Zugriffe auf →rDBMS
OLAP	Online Analytical Processing ist ein von Codd geprägter Begriff und beinhaltet multidimensionale Geschäftsanalysen. Zum Einsatz kommen Werkzeuge zum Sichten, Speichern und Verarbeiten von DSS- und EIS-Informationen.
	Typische Operationen sind Dice (Rotation eines Datenwürfels), Slice (Isolierung einzelner Schichten), Pivoting (Rotation einer zweidimensionalen Kreuztabellendarstellung durch Vertauschen von Zeilen- und Spaltendimension), Drill-Down („Aufbohren" der aggregierten Werte zu einem feineren Detaillierungsgrad innerhalb der Attributhierarchie einer Dimension) und Drill-Up (Aggregation der Daten auf die nächsthöhere Hierarchieebene = Drill-Up), →OLTP.
OLTP	Online Transactional Processing, →OLAP

PDES	Production Data Extract System
Push-Service	Dienst, der eingetragenen Benutzern Informationen - beispielsweise in Form von E-Mails - zukommen läßt.
RDBMS	→DBMS
Remote Method Invocation (RMI)	JAVA-Standard für die verteilte Objektkommunikation im homogenen JAVA-Umfeld.
Repository	Engl. für Verwahrungsort. Allgemeine Bezeichnung für eine spezielle Datenbasis, beispielsweise zur Speicherung von Metadaten.
ROLAP	Relationales OLAP (→OLAP)
Skalierbarkeit	Die Fähigkeit eines Systems (Bsp.: →DBMS), sich den wechselnden Benutzeranforderungen, insbesondere aus Gründen der Leistungsfähigkeit, anpassen lassen zu können.
Simple Mail Transfer Protocol (SMTP)	Standardisiertes Mailprotokoll des Internet
Software-Komponente	Programm-Modul, auf das über wohldefinierte Schnittstellen zugegriffen wird.
SQL	Stuctured Query Language, Standardsprache für den Zugriff auf relationale Datenbanken.
Stern-Schema	Spezieller Typ eines DWH-Datenbankschemas für den Einsatz von rDBMS zur Nachbildung eines multidimensionalen Datenmodells.
Web-Seite	Einzelne, per →HTML beschriebene Seite des →Internet oder →Intranet.
Workbench	In die Benutzeroberfläche integrierte Benutzerschnittstelle.
WWW-Server	Programm, welches auf Basis des →HTTP-Protokolles Daten (→HTML-Seiten oder →JAVA-Applets) versendet.

Abbildungsverzeichnis

Tabellenverzeichnis

Literaturverzeichnis

[Affentranger 97] Affentranger, A.: Risikoadjustiertes Pricing im Kreditgeschäft. In: IOManagement Nr. 6/1997, S. 15.

[Aicher 96] Aicher, C.: Theoretische und empirische Konzipierung eines Marketing-Informationssystems aus der Anwendersicht als Vorstufe eines Data-Warehouse-Projekts in der Konsumgüterindustrie. Diplomarbeit an der wirtschaftswissenschaftlichen Fakultät der Universität Regensburg, 1996.

[Amler 83] Amler, Robert W.: Analyse und Gestaltung strategischer Informationssysteme der Unternehmung; In: Pfeiffer, Werner (Hrsg.): Innovative Unternehmensführung Band 8, Göttingen 1983.

[Angstenberger 98] Angstenberger, J.: Intelligente Verfahren entdecken völlig neue Zusammenhänge in alten Daten. In: Computer Zeitung vom 12.02.1998, 7/1998, S. 32.

[Arnold 97] Arnold, B.: Die Ideen müssen von den Menschen kommen. In: Computerwoche 13/97, S. 37-40.

[Augustin 90] Augustin, S.: Information als Wettbewerbsfaktor. In: Oberhofer H.F. (Hrsg.): Erfolgspotentiale für Unternehmer und Führungskräfte, Köln 1990.

[Ballauf 96] Ballauf, H.: Der Kunde zahlt nicht gerne für ein Datengrab. In: Computerwoche 50/ 1996, S. 61-62.

[Bamberg/Coenenberg 92] Bamberg, G., Coenenberg A.G.: Betriebswirtschaftliche Entscheidungslehre. München 1992.

[Barkow et al. 89] Barkow, G. et al.: Begriffliche Grundlagen für die frühen Phasen der Softwareentwicklung. In: Information Management 4/1989, S. 54 - 60.

[Barquin 97] Barquin, R.: A Data Warehousing Manifesto. In: Barquin, R., Edelstein, H.: Planning and Designing the Data Warehouse. Upper Saddle River, New Jersey (Prentice Hall) 1997, S. 3-16.

[Bartmann/Grebe/Kreuzer 98] Bartmann, D., Grebe, M., Kreuzer, M.: ibi Privatkundenumfrage '97. http://rrwnt2.wiwi.uni-regensburg.de/ibi/Studien/iprivat.htm; Stand: 09.09.1998.

[Baryga 97] Baryga, K.-U.: Supermarkt für Informationen. In: Client Server Computing 3/ 97, S. 62-64.

[Bauer/Goos 91] Bauer, F. L., Goos, G.: Informatik 1, Eine einführende Übersicht. Berlin 1991.

[Behme/Schimmelpfeng 93] Behme, W., Schimmelpfeng, K.: Führungsinformationssysteme: Geschichtliche Entwicklung, Aufgaben und Leistungsmerkmale. In: Behme, W., Schimmelpfeng, K. (Hrsg.): Führungsinformationssysteme, Wiesbaden 1993 S. 3-16.

[Behme 96] Behme, W.: Das Data Warehouse als zentrale Datenbank für Managementinformationssysteme. In: Hannig, U.: Data Warehouse und Management Informations Systeme, Stuttgart (Schäffer-Poeschel) 1996, S. 13-22.

212

[**Behme/Muksch 99**] Behme, W., Muksch, H.: Auswahl und Klassifizierung externer Informationen zur Integration in ein Data Warehouse. In: Wirtschaftsinformatik 41/1999 (5), S. 443-448.

[**Below 98**] von Below, C.: Information als „Hidden Champion". In: Geldinstitute 6/1998, S. 36-37.

[**Bensberg/Weiß 99**] Bensberg, F., Weiß, T.: Web Log Mining als Marktforschungsinstrument für das World Wide Web. In: Wirtschaftsinformatik 41/1999 (5), S.426-432.

[**Beuthner 97**] Beuthner, A.: IBM trimmt ihre Rechnersysteme auf den Einsatz für das Data Warehousing. In: Computer Zeitung Nr. 28 vom 10.7.1997, S. 10.

[**Biethahn/Muksch/Ruf 90**] Biethahn, J., Muksch, H., Ruf, W.: Ganzheitliches Informationsmanagement, München 1990, Band 1: Grundlagen.

[**Bissantz/Küppers 96**] Bissantz, N., Küppers, B.: Intelligente Analyseinstrumente. In: Geldinstitute 11-12/ 1996, S. 68-71.

[**Bissantz/Hagedorn/Mertens 96**] Bissantz, N., Hagedorn, J., Mertens, P.: Data-Mining als Komponente eines Data-Warehouse. In: Muksch, H., Behme, W. (Hrsg.): Das-Data Warehouse-Konzept, Wiesbaden (Gabler) 1996, S.337-368.

[**Boening 93**] Boening, D.: Zukunftsfragen des Vertriebs von Finanzdienstleistungen. In: Boening, D., Hockmann, H.J.: Bank- und Finanzmanagement. Wiesbaden (Gabler Verlag) 1993, S. 157-174.

[**Bold/Hoffmann/Scheer 97**] Bold, M., Hoffmann, M., Scheer, A.-W.: Datenmodellierung für das Data Warehouse. In: Iwi-Heft 139, Universität Saarbrücken, 1997.

[**Bollinger 96**] Bollinger, T.: Assoziationsregeln-Analyse eines Data Mining Verfahrens. In: Informatik-Spektrum 19/1996, S. 257-261.

[**Born 97**] Born, A.: Würfelspiele. In: iX 5/1997, S. 132-135.

[**Brauer 98**] Brauer, K.: Onliner wissen mehr. In: Business Online 5/1998, S. 52-55.

[**Breitner/Herzog 96**] Breitner, C., Herzog, U.: Abhängigkeit von der IT-Abteilung aufgehoben. In: Computerwoche Extra vom 16.2.1996, S. 16-18 u. 46.

[**Bremiker 97**] Bremiker, H.: Kennzahlen. In: Diebold Managment Report 2/97, S. 6.

[**Brockhaus**] Brockhaus 19. Auflage, Band 16.

[**Bruhn 97**] Bruhn, M.: Multimedia-Kommunikation. München (Beck) 1997.

[**Bullinger 90**] Bullinger, H.J., Kornwachs, K.: Expertensysteme: Anwendungen und Auswirkungen im Produktionsbetrieb, München 1990.

[**Bullinger/Niemeyer/Koll 93**] Bullinger, H.J., Niemeier, J., Koll, P.: Führungsinformationssysteme: Einführungskonzepte und Entwicklungspotentiale. In: Behme, W., Schimmelpfeng, K. (Hrsg.): Führungsinformationssysteme, Wiesbaden 1993 S. 44-62.

[**Bullinger et al. 95**] Bullinger, H.J. et al.: Produktivitätsfaktor Information: Data Warehouse, Data Mining und Führungsinformation im betrieblichen Einsatz. In: Bullinger, H.J. (Hrsg.): Data Warehouse und seine Anwendungen, Stuttgart 1995, S. 11 - 30.

[**Burleson/Tabler 97**] Burleson, C.L., Tabler, D.E.: Data Warehousing: Putting it Altogether. In: Barquin, R.C., Edelstein, H.A.: Planning and Designing the Data Warehouse.

Upper Saddle River, New Jersey (Prentice Hall) 1997, S. 117-143.

[**Christ 96**] Christ, N.: Archivierungssysteme als Bestandteil eines Data Warehouse. In: Muksch, H., Behme, W. (Hrsg.): Das Data Warehouse-Konzept, Wiesbaden (Gabler) 1996, S. 301-335.

[**Codd/Codd/Salley 93**] Codd, E.F.; Codd, S.B.; Salley, C.T.: Providing OLAP to User-Analysts: An IT-Mandate, E.F. Codd & Associates, 1993.

[**Comshare 97**] Comshare: Detect and Alert.
http:// www.comshare.com/decision/olapalrt.htm; Stand: 16.10.1997.

[**Davis 88**] Davis, S.M.: Vorgriff auf die Zukunft. Freiburg im Breisgau (Haufe) 1988.

[**Degele 92**] Degele, N.: EXPERTENSYSTEME: Textverstehen erfordert eine Wissensbasis mit Weltwissen. http://www.computerwoche.de/archiv/1992/28/9228c101.html; Stand: 27. 10.1998.

[**Devlin 97**] Devlin, B.: Data Warehouse. Reading, Massachusetts (Addison Wesley) 1997.

[**Disterer/Teschner/Visser 97**] Disterer, G., Teschner, R., Visser, V.: Einsatz von Informationstechnik beim Aufbau einer virtuellen Bank. In: Wirtschaftsinformatik 39/1997 (5), S. 441-449.

[**Drucker 80**] Drucker, P.F.: Management in turbulenter Zeit. Düsseldorf (Econ Verlag) 1980.

[**Drucker 88**] Drucker, P.: The Coming of the New Organization. In: Harvard Business Review, Jan./Feb. 1988.

[**Eckerson 99**] Eckerson, W.W.: Post-Chasm Warehousing. Vortrag der Patricia Seybold Group am 29.07.1999.

[**Edelstein 97**] Edelstein, H.: An Introduction to Data Warehousing. In: Barquin, R.C., Edelstein, H.A.: Planning and Designing the Data Warehouse. Upper Saddle River, New Jersey (Prentice Hall) 1997, S.31-50.

[**Edmonson 97**] Edmonson, B.: A Loan on the Web. In: banking technology, July/August 1997, S. 18-22.

[**Egli/Rüst 97**] Egli, S., Rüst, L.: Banken und die industrielle Revolution. In: Geldinstitute 10/ 1997, S. 90-92.

[**Eilenberger 87**] Eilenberger, G.: Bankbetriebswirtschaftslehre. München (Oldenbourg) 1987.

[**Fasching 95**] Fasching, F.: Verfahren für die Bereitstellung von Information für ein Data Warehouse. In: Bullinger H.J. (Hrsg.): Data Warehouse und seine Anwendungen, Stuttgart 1995, S. 243-282.

[**Ferstl/Sinz 93**] Ferstl, O.K., Sinz, E.J.: Grundlagen der Wirtschaftsinformatik, München 1993, Band 1.

[**Ferstl/Sinz/Amberg 97**] Ferstl, O.K., Sinz, E.J., Amberg, M.: Stichwörter zum Fachgebiet Wirtschaftsinformatik. Bamberger Beiträge zur Wirtschaftsinformatik Nr. 40, Universität Bamberg, Fakultät Sozial- und Wirtschaftswissenschaften, Bamberg 1997.

[**Fischer 98**] Fischer, J.-C.: Geordneter Datenspeicher. In: Byte (Deutschland) 6/1998, S. 102-109.

214

[**Forrester 72**] Forrester, J. W.: Grundzüge einer Systemtheorie, Wiesbaden 1972.

[**Furch 97**] Furch, J.: Die Zeit ist reif fürs Internet. In: Banken & Versicherungen 5/1997, S.14 u. 16.

[**Gabriel/Bergmann/Krizek 95**] Gabriel, R., Bergmann, H., Krizek, I.: Informationsintegration von Absatz und Fertigung durch Marketing-Informationssysteme (MAIS). In: Wirtschaftsinformatik 37/ 1995, S.282-293.

[**Gamma et al. 95**] Gamma, E., Helm, R., Johnson, R., Vlissides, J.: Design Patterns. Reading, Massachusetts (Addison-Wesley) 1995.

[**Genesereth/Ketchpel 94**] Genesereth, M.R., Ketchpel, S.R.: Software Agents. Communications of the ACM (37) 7, New York (ACM-Press) 1994, S. 48ff.

[**Gengler 97**] Gengler, B.: Amerikanische Banken geben Kredite über das Internet. In: Computer Zeitung Nr. 45 vom 6. November 1997, S. 19.

[**Gluchowski 97**] Gluchowski, P.: Data Warehouse. In: Informatik-Spektrum 20/1997, S. 48-49.

[**Gluchowski 97a**] Gluchowski, P.: Architekturkonzepte multidimensionaler Data-Warehouse-Lösungen. In: Muksch, H., Behme, W. (Hrsg.): Das Data-Warehouse-Konzept, Wiesbaden 1996, S. 229-264.

[**Gluchowski/Gabriel/Chamoni 97**] Gluchowski, P., Gabriel, R, Chamoni, P.: Management Support Systeme. Berlin Heidelberg (Springer) 1997.

[**Grebe 95**] Grebe, M.: Kundenpräferenzszenario: Bestandsaufnahme. In: Institut für Bankinformatik (Hrsg.): Studie CCM/5051, Regensburg 1995.

[**Grebe/Kreuzer 97**] Grebe, M., Kreuzer, M.: ibi Privatkundenumfrage '97. In: Institut für Bankinformatik (Hrsg.): Studie CCM/7071, Regensburg 1997.

[**Grebe/Kreuzer 97a**] Grebe, M., Kreuzer, M.: Über eine differenzierte Kundenansprache zum Erfolg. In: Geldinstitute 10/1997.

[**Grebe 98**] Grebe, M.: Das elektronische Firmenkundengeschäft der Kreditinstitute mit dem industriellen Mittelstand. Heidelberg (Physica) 1998.

[**Grochla 75**] Grochla, E.: Betriebliche Planung und Informationssysteme. Reinbeck 1975.

[**Gruber 98**] Gruber, W.: Evaluierung und Auswahl für eine verteilte Internet/Intranet-Applikation und Design und Realisierung eines OLAP-Frontends unter Berücksichtigung der Evaluierungsergebnisse. Diplomarbeit an der wirtschaftswissenschaftlichen Fakultät der Universität Regensburg, 1998.

[**Gutenberg 62**] Gutenberg, E.: Unternehmensführung. Organisation und Entscheidungen; Wiesbaden1962.

[**Habermann 93**] Habermann, G.: Integrationskonzepte externer Wirtschaftsinformationen für Führungsinformationssysteme. In: Behme, W., Schimmelpfeng, K.(Hrsg.): Führungsinformationssysteme, Wiesbaden 1993, S.157-165.

[**Hackathorn 95**] Hackathorn, R., Data Warehousing energizes your Enterprise. In: Datamation vom 15.02.1995, S. 71-76.

[**Hagedorn/Bissantz/Mertens 97**] Hagedorn, J., Bissantz, N., Mertens, P.: Data Mining

(Datenmustererkennung): Stand der Forschung und Entwicklung. In: Wirtschaftsinformatik 39/1997 (6), S. 601-612.

[Hammer 93] Hammer, M.: Reengineering the Corporation: A Manifest for Business Revolution. New York (Harper Business) 1993.

[Hannig 96] Hannig, U.: Data Warehouse und Management Informations Systeme. In: Hannig, U.: Data Warehouse und Management Informations Systeme, Stuttgart (Schäffer-Poeschel) 1996, S. 1-10.

[Hasenauer 73] Hasenauer R.: Entscheidungsprozess und Informationskapazität in der Betriebswirtschaft. Dissertation, Wien 1973.

[Haupt 97] Haupt, G.: Bonität automatisiert prüfen. In: Banken & Versicherungen 5/1997, S. 66-68.

[Häglsperger 97] Häglsperger, F.: Direktbanken als Herausforderung - Integrationsansatz einer Primärgenossenschaft. In: Genossenschaftsblatt Nr. 2 vom 15.02.1997.

[Heimann 96] Heimann, H.: Globales Informationsmanagement dank Data Warehouse und C/S-Middleware. In: Datenbank Fokus 2/96, S. 39-45.

[Heinrich 91] Heinrich, L.J.: Strategische Überdehnung der Informationsinfrastruktur. In: Bartmann, D.: Lösungsansätze der Wirtschaftsinformatik im Lichte der praktischen Bewährung. Berlin Heidelberg 1991, S. 123-135.

[Heinrich 92] Heinrich, L.J.: Informationsmanagement. München 1992.

[Heinrich/Roithmayr 95] Heinrich, L. J.: Roithmayr, F., Wirtschaftsinformatik-Lexikon, München 1995.

[Hettler 97] Hettler, M.: OLAP serves up your data. In: Byte 3/1997, S. 130-134.

[Hichert 97] Hichert, R.: Eine Frage der Macht, nicht der Technik. In: Frankfurter Allgemeine Zeitung vom 11.03.1997, S. B4.

[Hildebrand 98] Hildebrand, E.: One-to-one-Marketing vor dem Durchbruch. In: Net Investor 10/1998, S. 44-45.

[Hohensee 97] Hohensee, M.: Informationen liegen brach. In: Wirtschaftswoche Nr. 44 vom 23.10. 1997, S. 131-133.

[Hohensee 97a] Hohensee, M.: Datenbanken. In: Wirtschaftswoche Nr. 44 vom 23.10.1997, S. 117-128.

[Holthuis/Muksch/Reiser 95] Holthuis, J., Muksch, H. Reiser, M.: Das Data Warehouse-Konzept, Arbeitsbericht des Lehrstuhls für Informationsmanagement und Datenbanken, European Business School, Oestrich-Winkel 1995.

[Holthuis 96] Holthuis, J.: Multidimensionale Datenstrukturen. In: Muksch, H., Behme, W. (Hrsg.): Das Data Warehouse-Konzept, Wiesbaden (Gabler) 1996, S. 165-204.

[Holzinger/Klinker/Löb 98] Holzinger, E., Klinker, G., Löb, H.D.: Der Weg aus dem Datendschungel. In: Client Server Computing 6/98, S. 63-65.

[Hönicke 97] Hönicke, I.: Datenschützer warnen vor dem gläsernen Bürger. In: Computerwoche 18/1997, S. 43-45.

[Hoppe/Kracke 98] Hoppe, U., Kracke, U.: Internet und Intranet: Anwendungsperspektiven für Unternehmen. In: zfbf Nr. 50, 4/1998, S. 390-404.

[Horstmann/Timm 98] Horstmann, R., Timm, U.J.: Pull-/ Push-Technologie. In: Wirtschaftsinformatik 40/ 1998 (3), S. 242-244.

[Hübner 79] Hübner, H.: Integration und Informationstechnologie im Unternehmen. München (Minerva) 1979.

[Hufford 97] Hufford, D.: Metadata Repositories: The Key to Unlocking Information in Data Warehouses. In: Barquin, R.C., Edelstein, H.A.: Planning and Designing the Data Warehouse. Upper Saddle River, New Jersey (Prentice Hall) 1997, S. 225-262.

[Huy 93] Huy, G. im Geleitwort zum Herausgeberband von Behme, W., Schimmelpfeng, K. (Hrsg.): Führungsinformationssysteme, Wiesbaden 1993, S. V-VI.

[IBM 95] o.V.: The Role of Intelligent Agents in the Information Infrastructure. IBM Corporation Research Triangle Park, NC 1996.

[Informix 97] Informix: Designing the Data Warehouse on relational Databases. Broschüre der Stanford Technology Group, einem Unternehmen von Informix. Menlo Park, CA, 1997.

[Inmon/Zachman/Geiger 97] Inmon, W.H., Zachman, J.A., Geiger, J.G.: Data Stores, Data Warehousing and the Zachman Framework. New York (McGraw-Hill) 1997.

[Jacobs 97] Jacobs, C.: MOLAP versus ROLAP - eine neue Grundsatzfrage. In: Computerwoche 28/97, S. 51-52.

[Jahnke/Groffmann/Kruppa 96] Jahnke, B., Groffmann, H.D., Kruppa, S.: On-Line Analytical Processing (OLAP). In: Wirtschaftsinformatik 38/1996 (3), 321-324.

[Kaiser 96] Kaiser, B.-U.: Das Data Warehouse-Konzept - Basis erfolgreicher Managementunterstützung bei BAYER. In: Muksch, H., Behme, W. (Hrsg.): Das Data Warehouse-Konzept, Wiesbaden (Gabler) 1996, S.407-424.

[Kalakota/Whinston 96] Kalakota, R., Whinston, A.B.: Frontiers of Electronic Commerce. Reading, Massachusetts (Addison Wesley) 1996.

[Kehl 93] Kehl, W.: Die Berufsausbildung „Bankkaufmann/ Bankkauffrau" im Wandel. In: Boening, D., Hockmann, H.J.: Bank- und Finanzmanagement. Wiesbaden (Gabler Verlag) 1993, S. 175-192.

[Kelly 96] Kelly, S.G.: Data Warehousing - The route to mass customization. West Sussex (Wiley) 1996.

[Kerscher 96] Kerscher, B.: Deutsche Bank AG strafft ihr Vertriebsnetz. In: Süddeutsche Zeitung vom 14.11.1996, S. 32.

[Kerscher 98] Kerscher, B.: Telekommunikation im Bankgeschäft. Heidelberg (Physica) 1998.

[Kimball 96] Kimball, R.: The Data Warehouse Toolkit. New York (Wiley) 1996.

[Kirchner 96] Kirchner, J.: Datenveredelung im Data Warehouse. In: Muksch, H., Behme, W. (Hrsg.): Das-Data Warehouse-Konzept, Wiesbaden (Gabler) 1996, S. 265-299.

[Kleinherne 96] Kleinherne, R.: Videokonferenzen in Banken - Einsatzfelder und Wirtschaftlichkeit. In: bank und markt Heft 3, März 1996, S. 22-24.

[Koch 97] Koch, J.: Compendium Data Mining. Verlegerbeilage zur Computerwoche Nr. 49 vom 5. Dez. 1997.

[König et al. 99] König, W. et al.: Taschenbuch der Wirtschaftsinformatik und Wirtschaftsmathematik. Frankfurt am Main (Deutsch) 1999.

[Kortzfleisch 97] Kortzfleisch, H. von, Nünninghoff, K., Winand, U.: Ansatzpunkte für die Entwicklung haushaltsgerechter Benutzungsoberflächen beim Einsatz neuer Medien und Kommunikationssysteme an der Kundenschnittstelle. In: Wirtschaftsinformatik 3/1997 (6), S. 253-261.

[Kotzias 97] Kotzias, K.: Architekturplan für Datenwarenhäuser. In: Client Server Computing, 8/1997, S. 72-75.

[Kreuzer 96] Kreuzer, M.: Direktvertrieb über das Internet gewinnt an Bedeutung. Wirtschaftswoche Nr. 47 vom 14.11.1996, S. 142-144.

[Kurzidim 97] Kurzidim, M.: WebSites des Monats. Http://www.heise.de/ct/WebHigh/top1297.shtm; Stand: 24.11.1997.

[Kurzidim 98] Kurzidim, M.: Information total. In: c't Magazin für Computertechnologie 11/1998, S. 47-48.

[Lehmann/Ellerau 97] Lehmann, P., Ellerau, P.: Das Data Warehouse Projekt bei Lawson Mardon Singen. Quelle aus dem WWW: http://fg-db.informatik.tu-chemnitz.de/DBR/19/lehmann/INFLIS29.html; Stand: 07.10.1997.

[Lehner/Maier 94] Lehner, F., Maier, R.: Information in Betriebswirtschaftslehre, Informatik und Wirtschaftsinformatik. Forschungsbericht an der Universität Regensburg.

[Lehner/Hildebrand/Maier 95] Lehner, F., Hildebrand, K., Maier, R.: Wirtschaftsinformatik. Wien (Hanser) 1995.

[Lindblom 59] Lindblom, C.E.: The Science of muddling through, in: Public Administration Review, 19. 1959, S. 79 ff.

[Lipp 98] Lipp, S.: Konzeption der Datenbankanbindung eines OLAP-Frontends unter der Berücksichtigung der Realisierung als Internet/Intranet-Data Warehouse-Anwendung unter Java. Diplomarbeit an der wirtschaftswissenschaftlichen Fakultät der Universität Regensburg, 1998.

[Litke 97] Litke, H.-D.: Von der Vision zur Wirklichkeit. In: Computerwoche Fokus vom 22.08.1997, 4/1997, S. 4-7.

[Lohrbach 94] Lohrbach, T.: Einsatz von Künstlichen Neuronalen Netzen für ausgewählte betriebswirtschaftliche Aufgabenstellungen und Vergleich mit konventionellen Lösungsverfahren. Göttingen (Unitext) 1994.

[Luft 89] Luft, A. L.: Informatik als Technikwissenschaft. In: Informatik-Spektrum 12/1989, S. 267 - 273.

[Maier 96] Maier, R.: Qualität von Datenmodellen. Dissertation Wiesbaden 1996.

[Malkow 97] Malkow, J.: Information als Unternehmenskapital. In: Banken & Versicherungen 5/1997, S. 38 u. 40.

218

[Markowski 97] Markowski, R.: Der Information auf der Spur. In: Frankfurter Allgemeine Zeitung vom 11.03.1997, S. B22.

[Martin 96] Martin, W.: Data Warehousing - Den Kunden besser verstehen. In: Hannig, U.: Data Warehouse und Management Informations Systeme, Stuttgart (Schäffer-Poeschel) 1996, S. 33-43.

[Martin 97] Martin, W.: Die Zukunft hat bereits begonnen. In: is Report 9/1997, S. 24-27.

[Maser 95] Maser, A.: Mentale Manager-Modelle. In: Bullinger H.J. (Hrsg.): Data Warehouse und seine Anwendungen, Stuttgart 1995, S. 439-447.

[Matzer 98] Matzer, M.: OLAP-Systeme erleichtern die schnelle Entscheidungsfindung. In: Computerzeitung Nr. 7 vom 12.02.1998.

[Mechler 94] Mechler, B.: Lernfähige, rechnergestützte Entscheidungsunterstützungssysteme. Dissertation an der Universität Mannheim 1994.

[Meier/Fülleborn 99] Meier, M., Fülleborn, A.: Integration externer Führungsinformationen aus dem Internet in SAP Strategic Enterprise Management (SEM). In: Wirtschaftsinformatik 41/1999 (5), S. 449-457.

[Mertens et al. 91] Mertens, P. et al.: Grundzüge der Wirtschaftsinformatik. Berlin (Springer) 1991.

[Mertens/Bissantz/Hagedorn 97] Mertens, P., Bissantz, N., Hagedorn, J.: Data Mining im Controlling. In: ZfB Zeitschrift für Betriebswirtschaft Nr. 2 vom Feb. 1997, S. 179-201.

[Mertens 99] Mertens, P.: Integration interner, externer, qualitativer und quantitativer Daten auf dem Weg zum Aktiven MIS. In: Wirtschaftsinformatik 41/1999 (5), S. 405-415.

[Merz 96] Merz, M.: Elektronische Märkte im Internet. Bonn (Thomson) 1996.

[Metzger/Gründler 94] Metzger, R., Gründler, H.-C.: Zurück auf Spitzenniveau. Frankfurt/ Main (Campus) 1994.

[Meyer 93] Meyer, H.-M.: Softwarearchitekturen für verteilte Verarbeitung. In: Hansen, W.-R.: Client-Server-Architektur. Bonn (Addison-Wesley) 1993, S. 69-116.

[Meyer/Blümelhuber 96] Meyer, A., Blümelhuber, C.: Dienstleistungen zur Differenzierung bei zunehmender Produkthomogenität, in: Theorie und Praxis der Wirtschaftsinformatik, Heft 187, Januar 1996, S. 24-34.

[Meyers 98] o.V.: Meyers Online Lexikon von A-Z, http://www.iicm.edu/ref.m10; Stand: 07.06. 1998.

[Mimno 97] Mimno, P.R.: Data Warehousing Architectures. In: Barquin, R., Edelstein, H.: Planning and Designing the Data Warehouse. Upper Saddle River, New Jersey (Prentice Hall) 1997, S. 159-178.

[Mintzberg 79] Mintzberg, H.: The Structuring of Organizations: A Synthesis of the Research. New York (Prentice-Hall PTR, Englewoord Cliffs) 1979.

[Muksch/Holthuis/Reiser 96] Muksch, H., Holthuis, J., Reiser, M.: Das Data Warehouse-Konzept – ein Überblick. In: Wirtschaftsinformatik 38/1996 (4), S. 421-433.

[Müller-Wünsch 91] Müller-Wünsch, M.: Wissensbasierte Unternehmensstrategieentwicklung. Berlin, Heidelberg (Springer) 1991.

[Neal 97] Neal, D.C.: How to Justify the Data Warehouse and gain Top Management Support. In: Barquin, R., Edelstein, H.: Planning and Designing the Data Warehouse. Upper Saddle River, New Jersey (Prentice Hall) 1997, S. 91-115.

[Niemeyer 77] Niemeyer, G.: Kybernetische System- und Modelltheorie. München (Vahlen) 1977.

[Nölke/Spieß 95] Nölke, U., Spieß, B.: Wichtiger Trend in der IV. In: Banken und Versicherungen 4/1995, S. 8-10.

[Nwana/Ndumu 97] Nwana, H.S., Ndumu, D.T.: An Introduction to Agent Technologie. In: Nwana, H.S., Azarmi, N. (Hrsg.): Software Agents and Soft Computing - Towards Enhancing Machine Intelligence. Lecture Notes in Artificial Intelligence 1998. Heidelberg (Springer) 1997, S. 3ff.

[Okroy 97] Okroy, M.: Business Objects: Hierzulande wird Decision Support unterschätzt. In: Computerwoche 28/1997, S. 18.

[Österle/Brenner/Hilbers 91] Österle, H., Brenner, W., Hilbers, K.: Forschungsprogramm IM2000: Umsetzung von Informationssystem-Architekturen. In: Bartmann, D.: Lösungsansätze der Wirtschaftsinformatik im Lichte der praktischen Bewährung. Berlin, Heidelberg (Springer) 1991, S. 1-38.

[Österle/Brenner/Hilbers 92] Österle, H., Brenner, W., Hilbers, K.: Unternehmensführung und Informationssystem. Stuttgart (Teubner) 1992.

[Österle 95] Österle, H.: Business Engineering: Prozeß- und Systementwicklung. Heidelberg (Springer) 1995, Band 1.

[o.V. 92] o.V.: Informations-Manager machen die Datenflut transparent. In: Die Welt vom 18.04.1992, Beilage Berufswelt, S. 1.

[o.V. 96a] o.V.: Data Warehousing ändert Unternehmenskulturen. In: Computerwoche 29/1996, S. 13-14.

[o.V. 97a] o.V.: Intranets bewirken neue Unternehmenskultur. In: Computerwoche 10/1997, S. 23.

[o.V. 97b] o.V.: Datenanalyse macht den Kunden zum König. In: Information Week vom 10. Juli 1997, 2/1997, S. 58.

[o.V. 97c] o.V.: OLAP-Datenbank informiert die Entscheider. In: Computerwoche 16/1997, S. 81.

[o.V. 97d] o.V.: Spanische Postbank liefert punktgenauen Service. In: Computerwoche Nr. 43 vom 24.10.1997, S. 29f.

[o.V. 97e] o.V.: Workflow steuert Prozesse im Intranet, schwedische Sparbanken setzen auf lückenlosen Informationsfluß. In: Geldinstitute 10/1997, S. 40-41.

[o.V. 97f] o.V.: Trennung bringt Entlastung. In: Client Server Computing 8/1997, S. 79-81.

[o.V. 97g] o.V.: Meta Group sieht Trend zu ROLAP-Tools. In: Computerwoche 29/1997, S. 52.

[o.V. 97h] o.V.: Warehousing-Analyse: Relationen oder Dimensionen. In: Computerwoche 50/1997, S. 15-16.

220

[o.V. 97i] o.V.: Data-Warehousing: Offene Tools sind Mangelware. In: Computerwoche 19/1997, S. 13-14.

[o.V. 97j] o.V.: Eine Wunderwaffe gegen die Datenflut ist Data-Mining nicht. In: Computerwoche 6/1997, S. 29.

[o.V. 97k] o.V.: Push-Technik macht Softwareverteilung einfacher. In: Computerwoche 28/1997, S. 23-24.

[o.V.98a] o.V.: Kreditkartenfirmen wollen Betrug schnell erkennen. In: Computerzeitung Nr. 7 vom 12.02.1998.

[o.V. 98c] o.V.: Kreissparkasse springt mit Info-Pool ins Intranet. In: Computerwoche vom 10.4.1998, S. 85-86.

[o.V. 98d] o.V.: When Push comes to Shove. In: Bank Technology News, Nr. 4 vom April 1998, S. 10 u. 12.

[o.V. 98e] o.V.: Web-to-Host als Dienst am Kunden. In: Information Week Nr 12. vom 10. Juni 1998, S. 40.

[Peick 93] Peick, H.: Strategische Allianzen in der Kreditwirtschaft. In: Boening, D., Hockmann, H.J.: Bank- und Finanzmanagement. Wiesbaden (Gabler Verlag) 1993, S. 259-270.

[Pendse/Chreeth 97] Pendse, N., Chreeth, R.F.: Synopsis of the OLAP-Report. Quelle aus dem WWW: http://www.olapreport.com/fasmi.htm; Stand: 27.10.1998.

[Pesch 97] Pesch, U.: Videokonferenzsysteme individuell nutzen. In: LAN Line 2/1997, S. 104-109.

[Peters/Waterman 82] Peters, T.J., Waterman jr., R.H.: In Search of Excellence. New York (Harper & Row) 1982.

[Pfeiffer 97] Pfeiffer, S.: Kreditakten elektronisch verwalten. In: Banken & Versicherungen 5/1997, S. 42, 44.

[Picot 97] Picot, A.: Banken im Umbruch - Chancen und Risiken des Strukturwandels im Kreditgewerbe. In: 7. Betriebswirtschaftliche Tagung in Nürnberg: „Kundenorientierung durch Stärkung der betriebswirtschaftlichen Wettbewerbsfähigkeit". Hrsg.: Bayerischer Sparkassen- und Giroverband, betriebswirtschaftliche Abteilung, Sparkassenakademie Bayern, Nürnberg 1997, S.15-39.

[Pradel 97] Pradel, M.: Marketingkommunikation mit neuen Medien. München (Beck) 1997.

[Prahalad/Hamel 90] Prahalad, C.K., Hamel, G.: The Core Competence of the Corporation. In: Harvard Business Review, May-June 1990, S. 79-91.

[Probst 98] Probst, G.: Führen Sie Ihre „Knowbodies" richtig? In: IO Management 4/1998, S. 38-41.

[Radding 96] Radding, A., Support decision makers with a data warehouse. In: Datamation vom 15.03.1996.

[Raden 97] Raden, N.: Choosing the Right OLAP Technology. In: Barquin, R., Edelstein, H.: Planning and Designing the Data Warehouse. Upper Saddle River, NJ (Prentice Hall) 1997, S. 199-224.

[Rauterberg 89] Rauterberg, M.: Über das Phänomen „Information", in: B. Becker (Hrsg.): Zur Terminologie in der Kognitionsforschung (Workshop in der GMD Nr. 335), St. Augustin 1989, S. 222-244.

[Rechkemmer 97] Rechkemmer, K.: A cross-cultural view of executive support systems. In: Wirtschaftsinformatik 39/1997 (2), S. 147-154.

[Rehberger 93] Rehberger, R. in einem Interview mit Hans-Jörg Bullinger: Zu viele Wasserköpfe. In: WirtschaftsWoche Nr. 42 vom 15.10.1993, S. 108.

[Reisinger 78] Reisinger, L.: Betriebsinformatik. Wien, Mainz, 1978.

[Remus 97] Remus, A.: Nach oben offen. In: Client Server Computing 8/1997, S. 67-69.

[Reuter 96] Reuter, A.: Das müssen Datenbanken im Data Warehouse leisten! In: Datenbank Fokus 2/1996, S. 28-33.

[Richter 89] Richter, M.: Prinzipien der künstlichen Intelligenz. Stuttgart (Teubner) 1989.

[Riedesser 93] Riedesser, A.: Zur Profitcenter-Bildung in Vertriebsorganisationen der Finanzdienstleistungsbranche. In: Boening, D., Hockmann, H.J.: Bank- und Finanzmanagement. Wiesbaden (Gabler Verlag) 1993, S. 107-141.

[Rockart 79] Rockart, J.F.: Chief executives define their own data needs. In: Harvard Business Review 1/1979, S. 81-92.

[Rollberg 96] Rollberg, R.: Lean Managemen und CIM aus der Sicht der strategischen Unternehmensführung. Dissertation, Wiesbaden (Deutscher Universitäts-Verlag) 1996.

[Rother 95] Rother, G.: Die neue Art, Daten zu lagern. In: Diebold Management Report 8 u. 9/1995, S. 3-7.

[Saylor/Bansal 95] Saylor, M.J., Bansal, S.K.: Open Systems Decision Support. In: Data Management Review 1/1995, S. 53-60.

[Schallenmüller 97] Schallenmüller, S.: Über das Intranet ins Data-Warehouse. In: Information Week Nr. 14 vom 18.Dezember 1997, S. 55-56.

[Schallhorn 98] Schallhorn, K.: Immer im Fluß. In: Business Online 5/1998, S. 18-25.

[Scheer 96] Scheer, A.-W.: Data Warehouse und Data Mining: Konzepte der Entscheidungsunterstützung. In: Information Management 1/1996, S. 74-75.

[Schepp 98] Schepp, T.: JAVA und ActiveX ersetzen Terminals. In: Information Week Nr. 12 vom 10. Juni 1998, S. 44, 49.

[Schierenbeck 91] Schierenbeck, H.: Ertragsorientiertes Bankmanagement. Wiesbaden (Gabler) 1991.

[Schinzer 97] Schinzer, H.D.: Labortest - Vorgehen und Vergleichskriterien. In: IS Report 9/1997, S. 4-11.

[Schneider 94] Schneider, G.: Bildtelefon - Höchste Zeit für Konferenzen am Arbeitsplatz. In: Betriebswirtschaftliche Blätter 3/1994, S. 115-117.

[Schranner 98] Schranner, S.: Einbindung eines JAVA-basierten Agentensystems in das Data Warehousing-Konzept. Diplomarbeit an der wirtschaftswissenschaftlichen Fakultät der Universität Regensburg, 1998.

222

[**Schreier 96**] Ulf Schreier: Verarbeitungsprinzipen in Data Warehouse Systemen, in: Theorie und Praxis der Wirtschaftsinformatik, Heft 187, Januar 1996, S. 78-93.

[**Schumacher 97**] Schumacher, T.: Bankhaus im Internet. In: Banken & Versicherungen 5/1997, S. 18 u. 23.

[**Schwaninger 95**] Schwaninger, M.: Komplexitätsbewältigung durch Führungssysteme. In: Bullinger H.J. (Hrsg.): Data Warehouse und seine Anwendungen, Stuttgart 1995, S.151-178.

[**Seifert 95**] Seifert, F.: Eine Untersuchung der Kommunikations- und Koordinationsprobleme zwischen Vertrieb und Produktion. Diplomarbeit an der wirtschaftswissenschaftlichen Fakultät an der Universität Regensburg, 1995.

[**Seitz/Seidl 93**] Seitz, J.G., Seidl, J.: Erfahrungen mit einem FIS bei der Deutschen Lufthansa. In: Behme, W., Schimmelpfeng, K.(Hrsg.): Führungsinformationssysteme, Wiesbaden 1993, S.133-143.

[**Selker 96**] Selker, T.: Agents and Desktops on the Web. http://www.almaden.ibm.com/almaden/ npuc97/1996/selker96.htm, Stand: 27.10.1998.

[**Seng 89**] Seng, P.: Information und Versicherung: Produktionstheoretische Grundlagen. Wiesbaden 1989.

[**Sharpe 97**] Sharpe, R.: Intelligent guessing. In: Banking Technology Dec.1996/Jan. 1997, S. 44.

[**Sinz 95**] Sinz, E.J.: Unternehmensdatenmodelle vernachlässigen Prozeßidee. In: Computerwoche Nr. 37 vom 15. September 1995, S. 64-68.

[**Sinz 97**] Sinz, E.J.: Architektur betrieblicher Informationssysteme. In: Bamberger Beiträge zur Wirtschaftsinformatik Nr. 40, Universität Bamberg, Fakultät Sozial- und Wirtschaftswissenschaften. Quelle auch aus dem WWW: http://www.sfb.to/downloads/BB40.pdf; Stand: 09.10.1997.

[**Stahl 97**] Stahl, H.K.: Die Qualität der Kundenbeziehung. In: IoManagement 9/1997, S. 30-35.

[**Stein 98**] Stein, B.: Personalisiert zum Ziel. In: Byte (Deutschland) 7/1998, S. 65,68.

[**Stockmann 98**] Stockmann, C.: Elektronische Bankfilialen und virtuelle Banken. Heidelberg (Physica) 1998.

[**Stüfe 97**] Stüfe, K.: Sichtbarer Markterfolg. In: Banken & Versicherungen 5/1997, S. 83-85.

[**Süchting 92**] Süchting, J.: Bank- und Börsenwesen III, Organisation und Rechnungswesen im Bankbetrieb. Fachbereich Wirtschaftswissenschft der Fernuniversität – Gesamthochschule - Hagen, Hagen 1992.

[**Tabbert 96**] Tabbert, C.: Konzeption und Realisierung einer objektorientierten plattformunabhängigen Klassenbibliothek zur zeitraumbezogenen Aggregation und Disaggregation von Zeitreihen. Diplomarbeit an der wirtschaftswissenschaftlichen Fakultät der Universität Regensburg, 1997.

[**Teuteberg 97**] Teuteberg, F.: Effektives Suchen im World Wide Web: Suchdienste und Suchmethoden. In: Wirtschaftsinformatik 39/1997 (4), S. 373-383.

[Thomsen 97] Thomsen, E.: OLAP Solutions: Building multidimensional information systems. New York (Wiley) 1997.

[Toffler 71] Toffler, A.: Future Shock. New York 1971.

[Uhr/Kosilek 99] Uhr, W., Kosilek, E.: Internet-Quellen zur Integration wirtschaftsrelevanter unternehmensexterner Daten in Management Support Systems. In: Wirtschaftsinformatik 41/1999 (5), S. 461-466.

[Ulrich 68] Ulrich, H.: Die Unternehmung als produktives soziales System. Stuttgart 1968.

[Vetschera 93] Vetschera, R., Walterscheid, H., A Process-Oriented Framework for the Evaluation of Managerial Support Systems. Diskussionsbeiträge Universität Konstanz Nr. 264, Konstanz 1993.

[Vetschera 95] Vetschera, R.: Informationssysteme der Unternehmensführung. Berlin 1995.

[Wagner 97] Wagner, G.: Software mit Managerqualitäten. In: c't Zeitschrift für Computertechnik 15/1997, S. 234-243.

[Watzlawek/Frohnhoff 98] Watzlawek, N., Frohnhoff, S.: Objektorientierte Detektivarbeit. In: CW Extra vom 20.02.1998, S. 27-29.

[Wersig/Hennings 89] Wersig, G; Hennings, R. D.: „Wissen" und „Information" aus informationswissenschaftlicher Sicht. In: Becker, B. (Hrsg.): Zur Terminologie in der Kognitionsforschung. Workshop in der GMD, 16. - 18. November 1988, Arbeitspapiere der GMD Nr. 335. St. Augustin 1989, S. 213 - 221.

[Wicki 96] Wicki, L.-P.: Bankweites Wertschöpfungspotential einer Informatik-Plattform. Dissertation an der Universität St. Gallen, Hallstadt (ROSCH-BUCH) 1996.

[Wiederhold 96] Wiederhold, G.: Intelligent Integration of Information. Kluwer 1996.

[Wittmann 82] Wittmann, W.: Betriebswirtschaftslehre I, 1982.

[Woolridge/Jennings 95] Woolridge, M.J., Jennings, N.R.: Intelligent Agents. In: Proceedings of the ECAI-94 Workshop on Agent Theories, Architectures and Languages. Berlin (Springer) 1995.

[Wörner 98] Wörner, G.: Wirtschaftslichkeitsanalyse elektronischer Bankvertriebswege. Heidelberg (Physica) 1998.

[Wünsche 93] Wünsche, G.: Corporate Identity als Teil einer umfassenden Unternehmensstrategie bei Kreditinstituten. In: Boening, D., Hockmann, H.J.: Bank- und Finanzmanagement. Wiesbaden (Gabler Verlag) 1993, S. 225-238.

[Zapke 98] Zapke, F.: Via Intranet und Informations-Broker in das Data-Warehouse. In: Computerwoche 14/1998, S. 49-50.

[Zick 98] Zick, F.-K.: Ohne Zusatzprodukte geht nichts. In: CW Extra Nr. 1 vom 20.02.1998, S. 18-20.

MIX
Papier aus verantwortungsvollen Quellen
Paper from responsible sources
FSC® C105338

If you have any concerns about our products,
you can contact us on
ProductSafety@springernature.com

In case Publisher is established outside the EU,
the EU authorized representative is:
**Springer Nature Customer Service Center GmbH
Europaplatz 3, 69115 Heidelberg, Germany**

Printed by Libri Plureos GmbH
in Hamburg, Germany